죽었으나 말하는

언약도들

죽었으나 말하는
언약도들

초판 1쇄 발행   2024년 9월 20일

지은이   서창원
펴낸이   정영오
펴낸곳   진리의 깃발
등록일   2019년 1월 31일
등록번호   제2019-000004호
발행처   크리스천르네상스
               경기도 안산시 단원구 와동로 5길 3, 301호(와동, 대명하이빌)

교정   박준혁
편집 · 디자인   토라디자인 (010-9492-3951)

ISBN   979-11-94012-03-0(03230)

가격   18,000원

'진리의 깃발'은 크리스천르네상스의 임프린트(imprint) 브랜드입니다.

죽었으나 말하는

언약도들

추천사

우연인가 필연인가?

우주의 흥망성쇠와 개인의 생사화복이 시간과 공간을 창조하시고 섭리하시는 하나님의 필연의 결과인가? 아니면 우연 또는 우발적인 것인가? 하나님의 섭리란 하나님께서 그의 창조 능력으로 역사와 세상을 보전하시고 다스리는 것이다. 17세기 스코틀랜드 언약도 운동은 우연히 일어난 사건이 아니다. 그들의 경건한 삶과 고난을 통해 순교자적 신앙행적을 표출하면서 신행일치(信行一致)의 그리스도인의 모범을 보이며 신앙을 지킨 것은 오늘의 장로교회를 출범시켰을 뿐만 아니라 세속주의(Secularism), 인본주의(Humanism), 상대주의(Relativism), 물질주의(Materialism), 다원주의(Pluralism) 사회에서 사는 우리와 우리의 후손들에게까지 크게 감동과 산 교훈을 주고자 하신 하나님의 섭리 가운데 일어난 운동이라 해석해야 할 것이다.

교회사학 교수이신 서창원 목사께서 일평생을 그리스도 예수의 복음을 전하기 위해 사시면서, 교회의 박사로서 말씀 선포에 전력하시던 중 기독교 2천 년 역사 중 잊을 수 없는 17세기 스코틀랜드 언약도 운동사를 기록으로 출판하여 한국교회와 이 시대에 내놓으신 것은 동역자의 한 사람으로서 독자와 함께 경하해 마지않는다. 박해받은 언약도들을 앞에서 끌어주고 뒤에서 밀어준 지도자들

의 신학과 신앙을 그들의 설교와 저술, 그리고 경건한 교육과 실천적 삶의 모델
은 하나님 나라 건설에 부름을 받은 이 시대의 장로교도들뿐 아니라 타다 남은
부지깽이 같은 모든 그리스도인이 진실하고 좋은 나무가 되어 좋은 열매를 맺어
야 할 것을 격려해 준다.

국가와 교회의 정체성 : 무슨 권세로 (By what authority?)

16세기 종교개혁 당시 로마 가톨릭의 핍박 속에서 스코틀랜드 언약도들
은 하나님과 민족공동체와의 혼인서약과 같은 국가 언약을 체결하였다. 국가
가 가정예배를 금지하고, 목사들을 추방하는 종교적 탄압을 계속할 때 언약도
들은 예수님을 향한 사랑을 끊을 수 없어 제2의 종교개혁운동이라 하며 스코
틀랜드 온 국민이 일어났다. 그들이 심한 핍박을 견디고 이겨낸 것은 하나님
의 주권이었다고 고백한다.

에드윈 니스벳 무어(Edwin Nisbat Moore)는 "언약도의 역사와 유산에서
박해 언약은 은혜 언약이라 한다."(Our Covenant Heritage : The Covenanter's
Struggle for Unity in Truth as Revelaled in the Memoir of James Nisbet and Sermons
of John Nevay)

그들은 지붕 없는 감옥에 갇혀 교회 업무와 행정에 관한 권리는 교회 회중
(공동의회)에 있는가 아니면 다스림의 직분을 받은 선택된 사람들(당회원)에게
주어진 권리인가를 쟁점적 문제로 고통을 당했다. 그러나 종교개혁자들은 후
자가 맞는 것이라고 믿고 있었다. 화란의 마틴 부처(M. Bucer)는 교회는 목사,
교사(박사), 장로, 집사 즉 항상 교회가 가져야 할 항존직을 성경을 근거로 찾아
가르쳤다. 그러나 로마 가톨릭은 교회 제도가 군주제라고 주장한다. 최고 권
위를 가진 한 사람, 교황이 신율(jure divino)이라 주장한다. 그러나 언약도들은
고린도 교회에 보낸 클레멘트 서신과 폴리캅이 보낸 빌립보 서신들을 인용하

면서 사도들을 직접 계승했던 고린도와 빌립보 교회는 감독제가 아닌 장로회에 의해 다스렸다는 증거가 함유되어 있다고 했다. 종교문제에 있어서 권위라는 것은 양심의 주인이신 하나님에만 있다고 말한 것이다. "우리는 주님의 이름과 인도하심으로 증명할 수 있을 때만 사람들에게 암묵적으로 복종한다. 직접 주님으로부터 오는 것은 아무것도 없다. 주님의 기록된 말씀 외에 그 어디에도 매이지 않는다." 따라서 세인트 앤드루스 대학교의 세인트 메리스 대학(신학부) 학장이었던 앤드류 멜빌에 의해 생겨난 '두 왕과 두 왕국'의 이론은 교회의 영적 사법권이 전적으로 국가의 세속적 사법권과 분리되어 있음을 선포했다. 멜빌주의자들은 교회가 국가보다 우위에 있다고 여겼다. 왜냐하면, 교회는 시민법적 위정자들에게 그들의 직무수행을 경건한 방식으로 지도할 책임이 있다고 믿고 장로주의 신적 권리는 왕들의 권리보다 우월하게 제정되어 있기 때문이라고 했다.

이에 반해 1610년에 제임스 6세(1세)가 스코틀랜드 장로교회를 감독제로 바꾸려고 세인 앤드루스와 글래스고에 사법위원회를 설립하고, 교회 주교들의 지위를 승인하므로 스코틀랜드에서 저항만 일으켰다. 1618년에 제정한 '퍼스 5개 조항'은 제임스 왕의 계획들을 부분 포기케 했다. 특히 성찬식에 무릎을 꿇게 하는 조항은 가톨릭 냄새가 짙게 풍길 뿐 아니라 스코틀랜드 교회를 폭발케 했다.

1625년 제임스 사후에 찰스 1세가 왕위를 계승했다. 그는 무능한 지도자로 그런데도 극단주의자가 되어 스코틀랜드 국민에게 행정적 개혁정책을 밀어붙임으로 스코틀랜드 국민의 커다란 저항에 부딪혔다. 1638년 국가 언약은 군주의 혁신 정책과 비타협성에 대하여 국민의 반기 최절정에 이르렀다. 언약도로 알려진 왕의 반대 그룹은 문서에 서명하였고, 1638년 11월에 글래스고 총회에서 함께 만났다. 여기서 당시 가장 중대사인 스코틀랜드 교회의 머리가 누구인가를 해결하는 것이었다. 제2의 종교개혁운동을 통해 감독교회

제도를 개혁하였다. 왕과 감독이 아닌 하나님께만 순종할 수 있는 권위가 있다는 것이었다. 이때부터 언약도들은 찰스로부터 심한 박해를 받게 되었다.

William Tyndale(c. 1494-1536)은 가톨릭 사제들만 읽던 히브리어와 헬라어로 된 성경을 최초로 영어로 번역 출판(1535년)하여 당시 인쇄술의 발달과 함께 전 유럽에 커다란 파문을 일으켰다. 그 결과 가톨릭교회만 유일 참 교회라 주장하던 것과 교회의 절대 권위를 강조한 것을 하나님의 말씀인 성경의 가르침을 깨달은 이들은 교회(Ekklesia), 정확히 번역하면 회중(Congregation), 불가견적 하나님의 총회(Assembly of God)로서 교황이나 왕이 교회와 국가의 머리가 아니고 예수 그리스도가 교회의 머리라고 주장했다. 그리고 가톨릭교회의 사제들이 하나님과 성도 사이의 중보자가 아니고 오직 그리스도 예수만 중보자 되심을 믿었다. 16세기 마틴 루터의 종교개혁 이전에 Tyndale 교수가 찾아낸 Sola Scriptura(오직 성경만)으로 모든 것이 충분하다는 신앙과 삶의 표본으로 삼는 개혁주의 신학(Reformed Theology)이 태동하였다. 1603년 잉글랜드와 스코틀랜드 왕권 통합으로 스코틀랜드의 제임스 6세, 잉글랜드 제임스 1세는 하나님의 대리자로서 가톨릭교회의 교황과 같은 소위 왕권신수설을 주장하면서 지상의 왕인 자신이 교회의 최고의 머리로서 감독교회 제도를 채택했고, 의회와 주교 등을 왕의 행정 관리들로 임명하였다. "감독이 없으면 왕도 없다." 즉 '두 왕과 두 왕국'이론에 맞서는 교회는 제임스 왕의 이상을 1688년 명예혁명에까지 스코틀랜드의 국가와 교회 간의 갈등을 가져왔다.

1570년 멜톤 백작이 주교들의 권한을 왕의 대리인들에게 부여함으로 갈등이 일어났다. 존 낙스의 제자면서 후계자가 된 세인트 앤드루스 대학의 앤드류 멜빌(Andrew Melville)은 두 왕과 두 왕국 이론은 교회의 영적 사법권이 전적으로 국가의 세속적 사법권과는 분리되어 있음을 주장하면서 당시 에버딘의 시의회와 교회 박사들을 제외하고 국가 언약은 왕의 승인이 없는 것이라고 하여 불법으로 간주하고 박해를 가해 왔으나 스코틀랜드 사람 대부분은 죽음도 함께 하겠다고 하면서 언약서에 서명했다. 그들은 하나님과 언약을 맺었고 그것은 영원한 것이라고 확신했다.

1643년에 250명의 하원의원과 웨스트민스터 총회 목사들에 의해 스코틀랜드 언약도들이 만든 '엄숙동맹과 언약'을 시민적 조약이나 동맹이 아니라 종교적인 언약이므로 자유와 거룩함을 위해 날인 한 것이라고 찬미하면서 받아들여졌다. 잉글랜드 의회는 왕당파를 물리치고 그 언약을 파기하고 '하나님의 말씀을 따라 개혁한다'라는 구절을 독립교회로 이해했고, 스코틀랜드에서는 장로회주의로 받고 있었기 때문에 장로 정치제를 가장 성경적 교회로 이해했다.

엄숙동맹과 언약이 만들어지기 수개월 전 잉글랜드 의회는 웨스트민스터에서 열리는 목회자총회에 스코틀랜드 대표단 파송을 요청했다. 언약도들은 그 회의 주목적이 교회의 교리, 예배와 교회 정치를 정착시키겠다는 하나님의 가장 거룩한 말씀과 개혁교회의 최고 모델에 일치해야만 하는 장로회주의를 심어줄 충분한 능력과 자원이 있는 5명의 목사와 3명의 장로를 공식적 총대는 아니었으나 참관인으로 참여케 함으로 총회 문서 작성 시 큰 영향을 끼친 주도적 역할을 했다. 신앙고백서, 대소요리 문답서, 예배 모범, 교회 정치 문서들이었다. 이 웨스트민스터 총회는 교회적이거나 법정적 회의가 아니라 의회 차원의 자문단 같은 임원회였다. 그러나 총회 후 총회가 제정한 것들이 교리, 예배, 권징 등이 권위 있는 문서들로 정부 당국으로부터 공적 승인을 받게 되었고 스코틀랜드 총회로부터도 승인 채택됨으로 1649년에 의회 법령에 따라 승인받게 되었다. 1560년 존 낙스에 의해 제정된 신앙고백서는 그때부터 장로교회의 전통적인 웨스트민스터 문서들로 대체케 된 것이다.

언약도들은 교회 정치의 영적 독립성과 절대군주제도를 반대하면서 왕에게 새로운 정책을 건의했다. 그들은 금지된 옥외 집회를 계속하면서 정부에 반항의 목소리를 키워갔다. 그들이 굳게 붙든 것은 그들과 왕 사이의 약조뿐 아니라 종교와 하나님의 말씀을 따른 율법에서의 언약을 뜻하였다. 이것이 깨지면 그들이 삶은 의미가 없으니 그것을 유지하기 위해 의롭게 죽었다. 그러나 언약도들에게 복수심은 없었다. 그들의 삶은 성경적이었다. 그들은 박해 중에 집단 농장으로 보냄 받거나 그들을 태운 배가 바다에 침몰당하여 수장되는 순교자들로 죽어갔다. 언약도들의 살아있는 진리에 대한 고백이 없었다면 장로교회는 이 땅 위에서 꽃을 피우지 못했을 것이다.

그들이 싸운 것은 장로교회를 위한 것뿐 아니라 그리스도의 왕권을 위해서였다. "언약도들의 승리는 평민들이 시민권과 종교의 자유를 위하여(로마에 대항하여), 칼빈주의를 위하여(알미니안주의를 대항하여), 장로교를 위하여(감독제를 대항하여), 법치주의를 위하여(독립정치를 대항하여), 스코틀랜드 독립을 위하여(잉글랜드의 간섭에 대항하여), 도덕과 학문과 청교도주의를 위하여(마귀에 대항하여) 일어났다"라고 H.맥퍼슨은 서술했다. 그리스도와 그의 왕권, 그리고 언약도들의 깃발에 새겨진 언약의 원리들을 위하여 그들은 죽기까지 충성한 신실한 자들이었다. 그들의 영광스러운 승리로 얻은 자유를 사랑하는, 그리고 진리를 따라 사는 신앙적 자세는 스코틀랜드인들의 가슴 속에 깊이 새겨져 있다. 언약도들의 사도인 리처드 카메룬, 렌윅, 카길, 그 외의 모든 언약도는 오늘도 죽지 않았으며 영원히 사는 이들과 함께 살아있다.

Covid 19의 펜데믹(Pandemic) 시대에 한국의 정부가 교회에 행정 명령으로 예배를 비대면으로 하라든가 20%로 소수의 교인만 모여 하라는 명령을 하는 지금 스코틀랜드 언약도들의 가장 성경적 신앙적 자세를 견지하면서 국가와 교회 관계를 어떻게 끌어갔는지를 산 교훈으로 배울 수 있을 뿐 아니라 교회와 국가의 원리가 어느 피조물이 아닌 예수 그리스도만이 절대 주권자임을 고백하고 실천하였고 민주적 장로회주의 제도를 정착시킴으로 이 시대에도 교리, 정치, 치리에도 상당한 도움을 받을 수 있을 것이 분명 함으로 독자와 함께 필자는 본서의 일독을 한국 장로교회 목회자와 모든 교회의 지도자들께 간

곡히 추천한다.

이종윤 목사 한국기독교 학술원 원장, 서울교회 원로 목사

16세기 요한 칼빈의 개혁주의 신학과 신앙은 여러 나라에 열매로 나타났었다. 영국의 청교도 운동, 프랑스의 위그노(Hugoenote), 네덜란드의 칼빈주의 운동 등이다. 또한, 스코틀랜드의 언약도(Covenaters) 운동의 지도자들과 성도들의 삶이 있다. 그동안 17세기 언약도들의 사상과 삶, 그리고 언약도 지도자들이 일구어 놓은 불멸의 설교들과 신앙고백 등은 한국에 상대적으로 덜 알려져 있었다.

특히 1628년 2월 28일에 알렉산더 헨더슨(Alexander Henderson) 목사의 주도로 에든버러의 그레이 프라이어스 교회당 앞뜰에 1200여 명이 모였다. 이유는 찰스 왕이 〈짐은 국가에도 머리이고, 교회에서도 머리이다〉라고 하자, 언약도들은 위험을 무릅쓰고 서명을 한 후에 지붕 없는 감옥에 갇혀 모두 순교자의 잔을 마셨다(언약도들의 신앙고백과 서명 원문은 한국칼빈주의 연구원에 있다). 이는 칼빈과 존 낙스와 멜빌의 신앙을 이어받은 위대한 신앙의 결단이었다. 오늘의 장로교회는 그들의 순교가 없었던들 불가능했을 것이다.

한국교회는 청교도만 알았지, 언약도 운동을 별로 잘 몰랐다. 영국과 스코틀랜드의 신앙의 두 줄기는 퓨리턴과 언약도 운동이다. 퓨리턴이 1620년에 먼저 신대륙에 간 것은 맞지만, 언약도들은 그보다 늦게 미국에 가서 신학교를 세우고, 대학을 세우고, 교회들을 세웠다. 신학교로는 피츠벅에 있는 장로회 신학교, 대학으로는 제네바 대학(Geneva College)이 있다. 이 신학교와 대학은 옛날 언약도들의 신학과 신앙을 보수 하는 학교이고, 나는 지난 30여 년 동안 그들과 밀접하게 관계를 맺고 있었다.

특이한 사실 하나, 우리나라 건국 대통령 이승만 박사가 유학하면서 워싱턴에 머물면서 언약교회(Church of Covenant)에 출석했고, 그 당시 담임 목사이던 헴린(Tunis S. Hamlin)목사에게 세례를 받고 신앙의 지도를 받은 것은 놀라운 일이다. 그 당시 헴린 목사는 조지 워싱턴대학의 이사이자, 하버드 대학교의 이사장으로 이승만의 학문하는 과정을 도왔던 것은 뒷이야기였다. 그리고 일제가 신사참배 강요를 했을 때, 만주에서 선교하던 G. J. 보스(Geerhardus John Vos)목사는 언약도로서 한부선 선교사와 함께 일제 신사참배 반대 운동을 하면서 한국 성도들과 신앙고백서를 만들고 끝까지 항거하다가 강제 축출된 후에, 앞서 말한 제네바대학의 성경과 기독교 교육학 교수로 평생을 보냈다. 이것을 후일 한부선 선교사(Bruce Hunt)는 〈한국의 언약도 운동〉이라 명명했었다.

이번에 서창원 교수께서 『죽었으나 말하는 언약도들』이란 놀라운 저술을 했다. 책은 쓸 만한 자격을 갖춘 사람이 책을 쓰는 것이 맞다. 이 책은 서창원 교수만이 쓸 수 있었다. 그는 일찍이 총신을 졸업하고 스코틀랜드로 가서, 언약도들의 신학과 신앙에 심취했고, 언약도들의 설교와 사상과 삶을 몸으로 체득하고, 목회와 교수 생활을 하면서 언약도 전도사로 살아왔었다. 나는 이 책이 모든 목회자와 신학도들에게 필독서라고 생각하여 강력히 추천하는 바이다. 이토록 한국교회가 경건의 모양만 있고, 경건의 능력이 없는 시대에 이 책에 거는 기대가 크다.

정성구 박사 전 총신대, 대신대 총장

오스트리아 출신으로 독일어권에서 가장 유명한 시인 중 하나로 꼽히는 라이너 마리아 릴케(Rainer Maria Rilke 1875-1926)가 시인이 되기를 갈망하는 젊은이들을 향한 메시지가 담긴 그의 책 「젊은 시인에게 보내는 편지」에서 한 말은 유명합니다. "그대가 시를 쓰려고 할 때 그 시를 쓰지 않으면 못 배길 정도가 될 때까지 시를 쓰지 말라." 그 말은 무엇을 가리킴인가요? 시적(詩的) 영감(靈感)의 섬광이 시인의 마음에 유성(流星)처럼 지나가 시인의 마음이 흥분되기 시작하고, 그 영감을 힘입어 그 시인 속에서 시상(詩想)이 자란 후에야 시작(詩作)에 들어가라는 말일 것입니다. 마치 새끼 새가 둥지를 박차고 날아가는 일은 그렇게 할 만큼 자란 후의 일이 되어야 함과 같이 말입니다. 그렇지 못하고 조급한 마음으로 날면 떨어져 크게 다칠 것입니다. 그런 것이 없이 그저 '시를 쓰고 싶다'라는 마음 하나만 가지고 '억지로 시상을 짜내어 시를 쓰면' 그런 시는 자신에게만 아니라 그 시를 읽는 이들에게 아무것도 주지 못할 것입니다.

책을 쓰는 일도 마찬가지라 여겨집니다. 책을 쓴다는 것은 사람이 할 수 있는 여러 일 중에서 가장 큰 일임에 분명 가치를 크고 큰 작업임이 분명합니다. 그런데도 세상에 나온 책 중에는 저자가 고생을 많이 했으나 뜻있는 독자들의 마음을 얻지 못한 책도 많아 보입니다. 그러나 좋은 책들은 저자가 '그 책의 내용'을 자기 혼자 가지고 있을 수 없는 '공유의 책무의 견딜 수 없는 짐'을 부린 것과 같은 것이지요.

이 책은 바로 그런 반열에 들어갈 만한 책이라 여겨집니다. 저자는 '17세기 스코틀랜드의 언약도들 안에 역사하시던 하나님과 그 하나님의 은혜에 순교적 반응을 보인 언약도들을 아는 지식'을 알았습니다. '그 앎'이 저자에게 거룩한 짐과 압박으로 다가와 그 짐을 풀지 않으면 견딜 수 없게 만들었습니다. 그래서 이 책으로 '그 짐을 풀어내었습니다. 그래서 이 책이 가치가 있는 것입니다. 이 책은 지나간 역사 속에 있었던 언약도들의 이야기 정도가 아니라 독자들이 하나님께서 성경으로 계시하신 복음의 영광과 그 능력과 은택을 주목하게 하는 힘을 가지고 있습니다. 이 책은 '언약도들은 죽었으나 여전히 말하고 있음'을 보여줍니다.

어느 시대든지 성경대로의 복음에 호의적일 때는 없었습니다. 물론 시대마다 외적인 양상은 차이가 있으나 예수님 말씀대로 '성경대로 하나님을 경외하고 예수님을 믿는 것'을 세상은 미워하게 되어 있습니다. 정말 세상은 '성경대로만 아니게 믿는 이들'에게는 매우 관대합니다. 우리는 언약도들의 시대와는 외적인 조건에서 차이가 있는 환경에 있으나 여전히 그 본질에서는 차이가 없습니다. 우리의 옛사람의 본성과 세상의 풍조를 따라 역사하는 사탄은 성경대로의 믿음을 부수기 위하여 갖은 수를 다 쓰고 있습니다. 그런데 너무 놀랍게도 우리가 사는 시대 속에서 사탄은 '교회 밖의 세상이 아니라 교회 안의 세상을 통하여' 큰 세력을 얻고 있습니다. 그것을 모른 채 '교회의 허우대만 크면 다 잘되고 있다'라는 식입니다.

이 책을 통하여 우리로 생명의 원천이신 당신께 돌이키게 하시는 성삼위 하나님께 감사와 영광을 돌립니다. 주님, 이 책을 쓰시느라 '거룩한 수고'를 들인 저자에게 더 책을 쓰게 하시는 복을 허락하시고, 이 책을 읽는 독자들에게는 주님을 경외하는 힘이 세상을 이기는 비밀임을 더 알게 하소서. 아멘.

서문 강 목사 중심교회 원로 목사

『죽었으나 말하는 언약도들』

　　이번에 서창원 교수님께서 17세기 스코틀랜드의 언약도에 대한 연구서를 출판하게 된 것을 기쁘게 생각합니다. 저는 서 교수님의 오랜 학구의 여정을 지켜보면서 몇 가지 점에서 그는 이 책을 저술하기에 적절한 학자라고 생각합니다. 우선 그는 스코틀랜드에서 유학하고 귀국한 후 1992년 한국개혁주의 설교연구원을 설립하였고 지난 30여 년 동안 이 연구원을 통해 한국교회의 필요를 채워주었고, 한국교회의 건실한 발전을 위해 노력하였습니다. 그가 설교연구원을 설립한 것은 언약도들이 국가 권력으로부터 심각한 탄압을 받고 있을 때 복음 사역을 계승하기 위해 야외에서 '설교자 학교'를 운영했던 일에서 영감을 받은 것이 아닐까 하는 생각을 했습니다. 또 그는 1993년 격월간지 '진리의 깃발'을 창간한 이래 28년간 이 잡지를 발간하면서 언약도와 언약도 정신을 잇는 건실한 신학자 혹은 목회자들의 주옥같은 논문이나 논설을 소개하였습니다. 이 일 또한 장로교의 모국이라 할 수 있는 스코틀랜드 교회의 역사와 신학을 한국교회에 소개하는 데 이바지했다고 생각합니다. 특히 그는 개혁주의 신학과 장로교 전통에 굳게 선 역사신학자로서 개혁주의 교회의 전통과 예배의식, 예전을 한국에 소개하고자 힘썼던 학자였습니다. 시편 찬송을 한국에 소개하고 시편 찬송가를 편찬한 것도 그가 했던 중요한 일이었습니다. 이런 일은 개혁교회 전통을 계승하고자 하는 그의 염원을 보여주는 것이라고 하겠습니다. 따지고 보면 이런 일들이 이 책을 저술하는데 소중한 토대가 되었다고 생각합니다. 이런 점에서 그는 이 책을 집필할 수 있는 적절한 학자라고 생각합니다.

　　그동안 우리나라는 미국 선교사들이나 일본이나 미국 학자들의 책을 통해 서양 교회의 역사를 배웠습니다. 일본의 카시어이 앤(柏井園)의『基督敎小史』

《기독교소사》는 한국교회에 가장 큰 영향을 준 교회사서였고, 초기에는 신학교에서 주로 미국의 윌리스턴 워커의 책을 번안하여 가르쳤습니다. 그러다 보니 스코틀랜드 교회에 대해서는 상대적으로 무관심했습니다. 이런 형국에서 서창원 교수는 스코틀랜드에서 수학하였고 그 결과 언약도를 공부하게 되었고 언약도들에 관한 이 책을 출판하게 된 것으로 생각합니다. 서양교회사를 가르치면서 잉글랜드의 청교도와 더불어 스코틀랜드의 언약도들에 대해 가르치지만, 서창원 교수는 한국에서 언약도들에 대하여 긴 논문을 쓴 첫 인물이 아닌가 생각합니다. 저를 포함하여 몇몇 학자들이 언약도 운동에 대해 논문을 발표했지만 서 교수는 오랫동안 언약도들에 대해 연구한 결과 이처럼 훌륭한 단행본을 출판할 수 있게 되었다고 생각됩니다. 아직도 이 분야에 관한 연구가 미진한 현실에서 이처럼 귀한 책을 출판하게 된 것을 축하하며 이 책을 통해 잊힌 역사의 흔적을 새롭게 발견하고, 폭압적인 국가 권력에 맞서 장로교 신앙과 전통을 지키기 위해 피나는 고투의 여정을 마다하지 않았던 언약도들의 숭고한 신앙 정신을 배우는 기회가 되기를 바라면서 충심으로 이 책을 추천합니다.

이상규 백석대학교 석좌교수

언약도(言約徒)에 대한 귀한 책 발행을 기뻐하면서

여기 우리들의 스펄전이라고 할 수 있는 서창원 목사님의 또 하나의 귀한 책이 우리에게 선물로 주어졌습니다. 귀한 설교로 유익을 얻는 한국교회가 서 목사님의 언약도(言約徒)에 관한 역사적 탐구로 또 유익을 얻게 됩니다. 이 주제는 서창원 목사님께서 쓰시고 제시하시기에 매우 적절한 주제입니다. 스코틀랜드에서 공부하시면서, 그것도 언약도의 후예들임을 의식하면서 사는 스코틀랜드 자유교회(the Free Church of Scotland)와 깊이 연관하여 공부하시고, 그 교회의 신학교인 (지금은 에딘버러 신학교 [Edinburgh Theological Seminary]라고 불리는) 이전의 자유교회 학교(Free Church College)에서 공부한 여러 한국인 가운데 가장 그 정신에 충실하고자 하는 분의 한 분이시기 때문입니다.

구약 시대에 유대인들은 자신들이 하나님과 언약을 맺고 그 언약 관계 가운데서 사는 사람들이라고 의식하며 살았습니다. 이때는 특히 타락한 우리에게 언약을 내리셔서 구원하시고, 이 땅에서와 영원히 하나님과 맺은 언약 가운데서 살게 하신 그 "은혜 언약"을 생각하면서 그렇게들 의식하고 말한 것입니다. 타락한 이후에 주께서 주시는 언약(言約)을 잘 살펴본 사람들은 창세기 3:15에 이미 우리를 구원하려는 의지가 담긴 원복음(proto-euangelion)을 주셨음을 생각하였습니다. 특히 16세기 중반과 17세기 개혁파 선배들은 이 원복음이 주어지기 이전의 언약 관계를 "행위 언약"이라고 하면서 그 넓고도 감사한 의미를 깊이 생각해 왔고, 또한 타락 직후부터 우리에게 주신 언약을 모두 "은혜 언약"이라고 잘 의식하며 표현해 왔습니다. 타락한 아담이 이 언약을 믿고 하나님을 의지하면 살 때 그는 이 땅에서 은혜 언약 가운데서 사는 사람이 된 것입니다. 타락한 인간들에게 은혜로 구원하실 언약을 주신 것을 너무나 감사한 일이었습니다. 그런데 상당히 많은 사람은 하나님께서 내려 주신 이 은혜 언약을 지키지 아니하였습니다. 이 땅에 거의 모든 사람이 이 은혜 언약을 믿지 않고 거부한 상황 가운데서 하나님께서 아브라함을 불러내셔서 그와 언약을 세우시고 이것이 구약의 언약 백성을 있게 한 사건이 되었습니다. 아브라함과 맺은 그 언약을 그 아들인 이삭과도 갱신하시고, 야곱과도 갱신하시면서 그 언약의 하나님께서 당신님을 "아브라함의 하나님, 이삭의 하나님, 그리고 야곱의 하나님"이라고 하시는 것을 부끄러워하지 않으셨습니다(출 3:6). 그 후손인 유대인들은 자신들을 하나님의 언약 백성이라고 의식(意識)하면서 살았습니다. 백성들이 이 언약에 신실하지 않을 때 하나님께서는 언약적 징벌을 내리면서까지 이들이 언약 백성으로 살기를 촉구하셨습니다. 그들이 하나님과 맺은 언약을 저버려서 결국 유대인들이 바벨론 포수기(捕囚期)를 경험할 때에도 신실한 백성들은 자신들이 언약 백성임을 의식하면서 언젠가는 자신들을 돌이키셔서 다시 고토(古土)로 회복시키실 것임을 믿고 있었고, 하나님께서는 그 약속도 이루어 주셨습니다. 그러면서 예레미야서와 에스겔서가 말하는 "새 언약"을 세워 주시기를 고대하였습니다.

드디어 우리 주 예수님을 통해서 그 일이 이루어져서 주께서 그의 피로 새우는 새 언약을 맺어 주셨습니다(특히 눅 22:20). 신약 교회는 이전에 주셨던 구약의 언약을 갱신하고 확대한 새 언약 가운데 있는 것입니다. 예수님께서 다시 오실 때까지 신약 교회는 계속해서 자신들이 그리스도의 피로 세운 새 언약 가운데 있음을 의식하면 살아가는 사람들입니다. 신약 시대의 모든 성도가 그러합니다. 그런데 특별히 이것을 잘 의식하면 산 사람들이 스코틀랜드의 신실한 장로교인들이었습니다. 그래서 그분들은 자신들을 "언약도"(言約徒)라고 부르기를 좋아하였습니다. 그러나 그분들만이 언약도가 아니라, 모든 하나님의 백성들은 다 언약도들입니다. 그래도 스코틀랜드의 그 언약도들이 귀한 것은 이 사실을 특히 의식하면서 1638년 2월 28일에 알렉산더 헨더슨(1538-1646) 등을 중심으로 하나님과 그리고 모든 주의 백성들과 함께 언약을 체결하고(에딘버러, 특히 그레이 프라이어 교회의 예배당 마당은 이 언약을 체결한 장소로 의미가 있습니다), 그 언약에 대해 신실할 것을 거듭거듭 다짐한 것입니다. 그들은 그야말로 이 언약에 충실하여 살고 죽었습니다. 물론 그들은 그리스도께서 피로 세우신 새 언약만을 생각한 것이 아니라, 그것에 근거해서 스코틀랜드 전부가 그 언약에 충실한 교회와 나라가 되기를 간절히 바라면 같이 체결한 언약을 더 염두에 두었습니다. 그래서 그들은 칼을 빼서 언약을 체결하였고, 이 언약을 위해 살고 이 언약을 위해 주는 언약도임을 분명히 했습니다. 성경이 말하는 철저한 개혁파 신앙과 장로교회적 제도에 충실하기로 한 것입니다. 그러므로 엄밀하게 말하면 스코틀랜드 교회(the Church of Scotland), 즉 스코틀랜드 땅에 있는 장로교회는 언약교회였던 것입니다.

그러나 세월이 흐르자 그 언약도들의 혈연적 후예들(스코틀랜드 사람들) 가운데서 하나님과 맺은 이 언약, 하나님 앞에서 그들의 선조들이 피로 맹약한 이 언약에 대한 기억을 희미하게 하였고, 그것의 토대인 성경에 충실하지 않게 되었습니다. 이를 지적하면서 다시 성경에 충실하자고 토마스 찰머스(Thomas Chalmers, 1780-1847) 등이 외쳤을 때 스코틀랜드 교회의 절반 정도만 그 목소리에 반응하여 스코틀랜드 자유교회가 탄생하였고(1843), 이리저리 분열을 거듭한 결과 이제는 아주 소수의 무리만이 이 전통을 유지하고 있습니다. 안타까운 일입니다.

여기 스코틀랜드 언약도들을 잘 소개하는 서창원 목사님의 귀한 책이 우리에게 주어졌으니 우리 모두 잘 읽고서 다시 한번 더 그 언약도들의 모습을 확인하고, 21세기 한국 땅에 진정한 언약도(言約徒)로 스스로를 의식하고서 하나님과 맺은 언약에 충실한 사람들이 되었으면 합니다. 그러려면 첫째로, 성경의 언약 역사를 잘 공부하면서 그 은혜 언약 속에 우리가 있음에 충실해야 합니다. 둘째로, 우리들의 교회가 이 은혜 언약에 충실한 교회가 되도록 해야 합니다. 흥미롭게도 은혜 언약에 충실한 교회는 행위 언약도 잘 인정하며 아담이 우리의 언약적 대표로서 하나님 앞에서 지키지 못한 그 실패가 모든 사람에게 영향을 미치고 있음을 잘 의식합니다(롬 5:12; 15상; 16중; 17상; 18상; 19상).
물론 언약도는 그리스도 안에서 주어진 새 언약을 잘 의식하면서 새 언약에 충실한 교회가 되도록 합니다. 셋째로, 교회의 일은 교회 자체인 그 회중이 결정하며 교회의 일에 국가나 다른 사람들이 개입해서는 안 된다는 원칙에 충실해야 합니다. 넷째로, 이전 언약도들이 교회뿐 아니라 자신들의 나라가 하나님과 맺은 언약 가운데 있음을 생각하고 그런 나라가 되도록 애쓴 것을 생각하면서 오늘날 모든 나라는 하나님과 언약 관계 가운데 있지 않은 것이니 그 차이를 생각하면서도 적어도 언약의 복음의 간접적 영향이 사호에 미치기 위해 애쓰는 사람들이 되어야 할 것입니다.

서창원 목사님의 귀한 노고에 감사드리면서 우리도 이 책을 열심히 읽고 진정한 언약도, 그리스도 안에서 주어진 새 언약에 충실하며, 성경적 교회가 이 땅에 드러나도록 애쓸 수 있었으면 합니다.

이승구 합동신학대학원대학교 조직신학 교수, 한국복음주의신학회 회장

40여 년 세월을 목회해온 목사로서 정치 사회적인 세상을 살아가는 성도들에게 참된 성경적 신앙을 가르치는 것이 얼마나 힘든 것인가를 절감했다. 올해 3월 5일로 교회 개척 37년을 맞으면서 믿음은 행함과 함께 일하고 행함으로 온전하여진다는 야고보 사도의 말씀을 가슴에 새기고 실천적 신앙인으로서의 바른 삶을 추구하고자 노력해 왔지만 수 없는 한계 상황에 부딪힐 때가 너무도 많았다. 이런 상황에서 하나님의 말씀을 전하는 목회자로서의 정체성과 그동안 겪지 못했던 코로나 펜데믹 시대에서 어떤 자세로 목양을 해야 하는지 지난 1년 고민에 빠질 때가 많이 있었다.

저자는 장로회주의의 본 고장인 스코틀랜드에서 다년간 연구한 역사신학자로 『죽었으나 말하는 언약도들』이라는 본서에서 이러한 고민을 해결하는 대안을 제시하고 있다. 저자는 하나님을 영화롭게 하고 그를 영원토록 즐거워하며 예배자로서 살아야 하는 이 시대 기독자들에게 스코틀랜드 언약도 들의 신앙을 제시하면서 비대면 예배로 동력을 상실해가는 한국교회 앞에 분명한 지침을 제시하는 것이 본 서이다. 저자는 이러한 삶의 모범을 보이려 했던 존 낙스와 개혁주의 신앙과 신학 사상을 지키려 했던 충성된 믿음의 사람들인 언약도 들의 숭고한 신앙과 삶을 제시하면서 저 악명높은 살인 시대에 저들 언약도들이 어떤 믿음의 자세로 대처하였나를 기술하는 것이 이 책의 주된 내용이다.

저들 언약도들이 살인의 시대를 극복할 수 있었던 힘은 바로 언약도 지도자들인 목회자들이 가르친 가정예배와 목숨을 걸고 외친 성경 중심의 말씀 선포가 그 동력 제공의 원천이었음을 강조한다. 이 책은 지금 이 시대가 만난 21세기 흑사병이라 불리는 코로나 펜데믹 시대에 소위 관용적 국가주의인 종교는 국가에 예속된다는 것에서 무너진 언약도 운동 청교도 운동과 뉴잉글랜드

의 청교도 운동이 그 실현을 이루지 못한 이상적 신정국가의 비전을 제시한
다.

특히 본서는 정치 사회적 상황에서 우왕좌왕하며 풍전등화와도 같아 백척
간두에 선 한국교회 지도자들에게 하나님의 전권대사로서 담대하게 죽으면
죽으리라는 순교적 신앙으로 목양해야 함을 강조한다. 저자의 이 책은 코로나
펜데믹 사회에서 흔들리는 목회자들과 성도들에게 참된 신앙과 신학을 제공
하는 책이기에 독자 여러분들에게 일독을 권하는 바이며 특히 위기의 한국교
회에 이러한 귀한 책을 쓰신 서창원 교수의 노고를 위로하면서 추천사를 가름
한다.

수원 권선동 은파재에서

이종찬 목사

스코틀랜드 교회사의 언약도 운동에 관한 저술을 세상에 내놓은 서창원 교수는 스코틀랜드에서 오랫동안 공부한 역사신학자이다. 스코틀랜드의 청교도들이라 불리는 언약도들의 역사적 발자취와 사상과 삶을 글로 그려낸 서창원 교수는 신학자이면서 목회자이다. 저자는 오랫동안 교회를 목회한 목회자로서 한국교회 목회강단의 현실을 지켜보면서 성경적 진리가 강단에서 가감 없이 전해지기를 바라는 목사이다.

서창원 교수는 그동안 목회사역과 함께 총신대학교 신학대학원 교수로 재직하면서 스코틀랜드 교회 언약도들에 관한 역사적이고 신학적인 배경과 그들의 투쟁, 그들의 활동, 그들의 삶 그리고 그들이 끼친 영향력에 대하여 가치 있는 내용을 담은 글을 출판하게 되었다. 언약도 운동에 관한 글은 아직도 많은 목회자와 평신도들에게 생소하게 들리는 용어이다. 그러나 저자는 그의 글을 통해 스코틀랜드에서 장로교주의의 신앙과 정치제도를 지키기 위해 투쟁하고 노력한 개혁교회 지도자들의 헌신적인 노력과 국민의 동맹에서 큰 역사적 의의를 찾고 있다.

저자의 글은 지나간 역사적 유물로만 볼 것이 아니라 오늘의 장로교회들이 이어가야 할 신앙 운동의 유산으로 보아야 할 것이다. 스코틀랜드 교회 영적 지도자들의 가르침에 참여하여 이 역사적 운동을 세상에 드러내게 한 평신도들의 노력 또한 한국교회가 본받아야 할 부분이다. 바쁜 교수사역과 목회사역 가운데서도 귀한 저술을 출판하게 된 서창원 교수의 연구에 감사드린다. 한국교회를 함께 섬겨가는 목회자의 한 사람으로서 서창원 교수께서 집필한 책을 많은 목회자와 평신도들이 읽고 장로교도들의 뿌리와 정신을 신앙과 삶 속에서 드러내기를 간절히 바란다. 많은 분이 이 책을 읽도록 널리 소개하고, 읽은 자들이 감동하고 신앙과 신학의 정체성을 튼튼히 세워가는 기회가 되기를 소망하며, 이 책을 기쁜 마음으로 추천한다.

배광식 목사 대한예수교장로회(합동) 부총회장

17세기 개혁 신앙과 장로교 정치제도의 순수성을 지키기 위해 시작된 전국민적 동맹운동이었던 언약도 운동은 장로교 정치원리에 토대를 둔 스코틀랜드 국가교회를 세우게 만든 역사적 운동이었다. 성경의 진리와 장로교 원리들을 지키기 위해 잉글랜드의 왕정파 세력과 교권주의에 맞서 투쟁한 역사 속에 묻혀버릴 수 없는 이 역사적 가치를 이어진 한 폭의 병풍처럼 그린 역사적 풍경이 한 역사신학자에 의해 마침내 세상에 드러나게 되었다. 역사신학자요, 설교자요, 목회자요, 저술가인 서창원 교수는 스코틀랜드에서 체득하고 발견한 역사적 사료들을 기반으로 언약도 운동의 역사를 촘촘히 캐내고, 역사적 여정을 더듬어 발견하고, 운동의 중심에서 백성들을 지도한 영적인 리더십의 주인공들을 찾아내고, 그 결과가 어떠했는가를 그의 글을 통해 밝히고 있다. 서창원 교수는 종교개혁운동의 소용돌이 속에서 자칫 진리를 향한 방향감각을 잃고, 국가 권력에 의해 교회가 좌초되고, 국민이 거짓 진리에 휩쓸려 정처 없이 떠내려갈 것을 염려하여 반장로교적 문서들을 폐기하고, 국민적 동맹을 통해서라고 장로회주의를 지키려는 눈물겨운 투쟁의 역사를 한국교회 앞에 내놓았다.

특별히 저자는 스코틀랜드 언약도 운동의 원칙을 지키기 위해 교회와 국민 앞에 자신들을 헌신한 7인의 영적 리더들의 리더십을 글을 통해 소개하고 있다. 순교하기까지 교회의 영적 자유와 독립성을 지키기 위해 국교회주의자들을 대항하여 싸우고, 교회를 거룩한 진리의 말씀 위에 세우도록 지도한 그들의 리더십은 한국교회 영적 지도자들이 가슴 깊이 새겨야 할 목회철학으로 연결되어야 한다. 영적 리더십의 중심에 '자신이 진실로 하나님께로부터 소명 받은 자라는 것을 증거하기 위해서라도 자신의 목회사역에 신적인 승인(인침)을' 받아야 한다는 글은 설교 말씀을 빙자하여 세속적 가치관을 독버섯처럼 퍼뜨리는 교회 강단에 신선한 충격을 줄만 한 가르침이라 생각한다.

이 책은 위대하고 소중한 개혁신학과 장로교주의 유산을 이어가야 할 한국의 장로교회가 무관심하고 외면한 언약도 운동의 역사적인 정신과 가치를 이 땅에 되살아나게 하려는 저자의 애탐이 고스란히 담긴 가치 있는 저술이다. 이 책은 정말 읽을 가치가 있고, 가슴에 담아야 할 정신이 있다. 종교다원화사상에 깊이 물들어 장로교주의 정체성의 색깔이 희미하게 퇴색되어버린 오늘에 장로교회가 세속적 가치관으로 덧칠한 껍질을 벗겨내고 명확하고 밝게 빛나는 진리의 속살을 드러내어 지도자들과 성도들이 함께 신앙 정신뿐만 아니라 삶의 구석구석에 경건의 모습이 되살아나도록 하는 일에 방향을 제시할 것이다. 언약도 운동의 역사적 뿌리를 더듬어 그 정신과 사상을 고스란히 담아내려고 긴 시간을 연구에 쏟아부은 서창원 교수의 노고에 감사드리며, 귀한 저술의 출간을 축하한다. 이 책이 한국교회 목회자들과 성도들의 신앙과 신학의 정체성을 일깨우는 지침서가 되리라 확신하면서 기쁜 마음으로 일독을 권하며 추천한다.

황봉환 목사 전. 대신대학교 신대원장 겸 부총장 일반적으로 역사(歷史)는 있는 그대로의 객관적인 역사인 역(歷)과 역사가에 의해서 해석되어 기록된 역사인 사(史)로 말합니다. 사실과 해석이라고도 할 수 있습니다. 그러나 성령님의 영감에 의해서 기록된 성경에 등장하는 역사 이외 인간의 역사는, 실제로 객관적이라고 말하기 어렵습니다. 의도하든 의도하지 않든 그것을 기록한 자의 시각에 의해서 해석되어 기록될 수밖에 없기 때문입니다. 그래서 지금까지 남아 있는 역사 대부분은 주로 힘과 권력을 가진 자들의 눈으로 기록된 경우가 많다고 할 수 있습니다. 진리는 반드시 다수를 의미한다고 말할 수 없는 이유가 바로 여기에 있습니다.

이런 맥락에서 비록 아직 까지는 대중에게 널리 알려지지는 않아도, 역사적으로나 신학적으로 중요한 의미가 있는 역사를 꼽으라면 그 가운데 하나가 바로 본서에서 다루고 있는 스코틀랜드 언약도라고 할 수 있습니다. 그들의 이야기는 척박한 17세기 스코틀랜드에서 하나님과의 언약의 신실함을 지키기 위해서 스스로 역사의 좁은 길, 고난의 길을 자초한 사람들의 역사입니다. 당시의 역사 속에서 그들은 힘이 없었고 패배자로 보였기 때문에 그들에 대한 기록과 그것에 근거한 연구가 많지 않았습니다.

서창원 박사의 본 저서는 지금까지 스코틀랜드 언약도를 정치적이고 사회경제적인 측면에서도 다루거나 혹은 반사회적인 열광주의자들로만 바라보았던 기존의 편향된 시각을 깨고 있습니다. 본서를 읽어 보면 스코틀랜드 언약도는 단지 정치적이고 교회론적인 외피를 입은 운동이 아니라, 숭고한 스코틀랜드 종교개혁의 신앙을 가열차게 뒤따르던 장로교주의자들이었다는 명확한 그림을 그릴 수 있을 것으로 기대합니다.

본서는 언약도의 배경이 되는 17세기 스코틀랜드의 역사적 배경에서부터 시작해서 그들의 영적 에너지의 근원이 어디에서 나왔는지를 밝히고 있습니다. 이 신앙에 근거해서 어떻게 영적인 공동체를 이룩했는지가 뒤이어 설명되고 있습니다. 이어서 본서는 일곱 명의 언약도 지도자들을 소개하고 있으며, 마지막으로 언약도 운동이 가져다준 열매를 기술하면서 마무리되고 있습니다.

저는 본서가 독자들에게 몇 가지 큰 유익이 있을 것으로 기대하면서 추천하고 싶습니다.

첫째로 본서는 우리의 신앙과 삶은 눈에 보이는 것이 아니라, 비가시적이지만 영원한 하나님의 나라를 추구해야 한다는 것을 감동적으로 가르쳐 주고 있습니다.

둘째로 이 책은 그리스도인들은 이 세상에서의 일시적인 승리에 연연하지 말고 하나님의 진리를 붙잡고 살아야 한다는 것을 극적으로 보여주고 있습니다.

셋째로 신실한 그리스도인들은 건강한 가정과 공동체를 세우기 위해서 힘써야 한다는 것입니다.

저는 무엇보다 본서가 한국 땅에 청교도와 스코틀랜드 장로교회의 역사와 신앙을 선구적으로 소개했고 수려한 영어 실력을 갖춘 서창원 박사님이 직접 스코틀랜드에서 수년간 공부했던 결실이라는 점에서 더 귀하게 여겨집니다. 본서가 신학교의 강의실뿐 아니라 성도들의 손에서도 널리 읽혀져서 점차 생명력을 상실해가고 있는 한국교회가 다시 한번 도약할 수 있기를 기대하면서 적극적으로 추천하는 바입니다.

안인섭 교수 총신대학교 신학과

『죽었으나 말하는 언약도들』

서창원 교수님의 『죽었으나 말하는 언약도들』이라는 저서는 17세기 스코틀랜드에서 국가 권력의 교회에 대한 부당한 간섭을 반대하고 성경적인 장로교 제도를 지켜내기 위해 부단한 노력을 다했던 "언약도"(Covenanters)에 관한 책입니다. 영국의 청교도 운동과 더불어 스코틀랜드의 언약도 운동은 한국 장로교회가 신봉하고 있는 신앙과 제도가 어떻게 형성되고 발전되었으며, 그러한 과정에서 어떠한 희생이 따랐는지를 깨닫게 하는 중요한 신앙 운동입니다. 언약도들은 장로회주의 언약을 맺은 국가로서의 스코틀랜드 교회에서 종교개혁자들의 신학 사상을 가장 신실하게 수행한 신실한 하나님의 사람들이었습니다. 초기 한국교회 선교역사에서도 미국 장로교 선교사 중에서 상당수가 언약도의 후손들이라는 사실을 언급하긴 했지만, 사실 언약도에 관한 연구나 인식은 생소했던 것이 사실입니다.

그런 면에서, 『죽었으나 말하는 언약도들』은 스코틀랜드 언약도 운동이 당시의 정치적 정황 가운데서 어떻게 장로교회의 신학 전통과 제도를 형성하고 발전시켜 왔는지를 역사적 배경과 함께 주요 지도자들의 영적 지도력과 그들이 사용한 영적인 수단들을 중심으로 생생하게 묘사하면서, 어떠한 영향력을 발휘했는지도 한 눈에 발견하게 합니다. 이러한 과정에서 독자들은 우리가 전수(傳受) 받은 장로교 신앙의 역사와 전통이 어떠한 것인지를 바르게 인식함으로 점점 더 희박해져 가는 신앙의 맥(脈)을 새롭게 역동(逆動)시킬 수 있는 강력한 자극을 받게 될 것입니다. 또한, 이 책은 세속주의와 종교 다원주의의 여파 속에서 그리스도의 참된 교회를 이 땅에 세워나가는 일에도 귀한 촉매제 역할을 감당할 것입니다.

박응규 교수 아세아연합신학대학교/ACTS, 역사신학

발간사

언약도(The Covenanter)들은 17세기 스코틀랜드의 죽어가는 세상 속에서 살아있는 진리의 사람들이었다. 그들은 뼛속 깊이까지 철저하게 장로회주의자들이었고 장로교인으로 살았던 사람들이다. 오늘날 교파 간의 경계선이 희박해진 상황에서 장로회주의자라는 말이 그리 대단하지 않을지는 몰라도 그들에게 장로교는 그들의 마음으로부터 결코 빼앗길 수 없는 진리였다. 장로회주의 원리가 성경적이고 개혁신학적인 것이 아니었다고 한다면 거기에 목숨을 걸 이유가 없었을 것이다. 물론 그들은 완전한 자들은 아니었다. 그러나 그들은 잉글랜드의 청교도들 못지않게 하나님의 말씀에 완전히 일치하는 삶을 살기를 열망했던 자들이다. 나는 장로교도로서 장로교회의 위대한 선진들을 소개하는 영광을 가지고 있으나 솔직히 송구한 마음이 더 크다. 왜냐하면, 그들처럼 살아내지 못한 믿음의 여정만이 아니라 성경적인 장로회주의 원리를 심고자 목숨 걸고 투쟁한 적이 없기 때문이다. 그럼에도 불구하고 우리의

위대한 선조들의 믿음의 활약상들을 소개하는 것은 이 시대의 목회자들과 장로교인으로 살아가는 성도들에게 엄청난 도전과 감동을 주고도 남는 기록물들이라고 믿는다.

따라서 본 저서에서 나는 언약도 운동의 역사적 배경을 바탕으로 하여 왜 언약도들이 그토록 강력하게 교회 정치와 또한 국가와 교회 사이의 영적인 독립성에 대한 자신들의 신념을 수호하였는지에 대한 몇 가지 이유를 설명하려는 것이다. 언약도들이 가지고 있던 세 가지 주된 원리들은 다음과 같다. 첫째는 오직 성경(Sola Scriptura)의 원리며, 둘째는 그리스도의 유일한 주권자 되심에 기초한 두 왕, 두 왕국 원리요. 마지막 원리는 왕에게 왕권신수설(Divine Right of King)을 부여하는 '국가만능주의(Erastianism)'에 저항하는 장로교정치였다. 이들은 이 원리에 근거하여 장로교회를 자신들의 조국에 지켜냈고 전 세계에 장로회 정치원리에 입각한 주님의 공교회 확장에 이바지하였다.

그들에게 있어서 교회의 참된 표지는 존 낙스의 가르침에 따라 복음의 신실한 선포, 올바른 성례의 시행, 그리고 정당한 권징 시행이었다. 이 표지는 지금도 개혁교회가 내세우는 삼대표지이다. 이것이 없는 교회는 사이비 종교집단에 불과한 것이다. 설교자로서 나는 언약도들이 행한 설교가 어떠했는지도 소개하고자 했다. 그들의 설교는 전적으로 성경적이며 개인적인 경건에 기초한 강력한 복음 설교였다. 이것은 일반 그리스도인들이 큰 박해 아래에서도 그리스도를 신실하게 따르게 한 열매를 낳았다. 그들이 환난 중에 즐겨 애창한 곡조 붙은 기도로서의 시편 찬송은 그리스도와 그의 진리로 인하여 받는 모든 심한 능욕과 고난을 능력 있게 그리고 기쁨으로 인내할 수 있게 한 자양분이었다.

본 저서에서 나는 살인 시대의 대 박해 기간의 언약도 여성들이 보여준 역할에 관해서도 소개하고자 했다. 실질적으로 교회는 신실한 설교자들의 헌신과 이에 적극적인 반응을 보인 여성들의 뜨거운 헌신으로 보전되기도 하고 확장되기도 했다. 실제로 언약도 운동은 1638년의 국가 언약을 맺기 전인 1637년에 제니 게데스(Jenny Geddes)라고 하는 한 젊은 여성에 항거로 시작된 것이다. 1678년의 여성 언약도들은 그 시대의 여성들이 언약도 운동에 얼마나 크나큰 역할을 했는지를 명백하게 보여주는 위대한 증거물이다. 그녀들은 박해당하는 언약도 지도자들의 신실한 제자들이었고 세상이 감당치 못하는 믿음의 영웅들이었다.

언약도들은 왕들에게 있어서는 반역도들이요 나라를 혼란케 하는 주범들로 보였지만, 그들은 순수한 종교인들이었다. 그럼에도 불구하고 국가와 교회 양자를 통제하기를 원했던 왕들이 행한 독재정치의 희생물이 된 것이었다. 물론 일부 학자들의 눈에 비친 언약도들은 또한 어떤 의미에서는 극단주의자들이었다. 단순히 장로회주의 원리들을 굳게 지키고자 목숨을 아끼지 아니한 자들이었기 때문이 아니라 그들의 거대한 담론 즉, 종교와 시민의 자유를 위한 그들의 투쟁은 옳았으나 장로회 정치원리를 배격하는 다른 교파의 사람들에게 그들과 같은 장로교인이 되도록 강요했다는 것 때문이었다.

그럼에도 불구하고 언약도들은 신약성경 히브리서 11장의 믿음의 영웅들과 마찬가지로 현대 그리스도인들에게 위대한 모델이 됨을 부정할 수 없다. 박해 기간 보여준 언약도들의 가정사, 개인적인 경건의 헌신, 신학적 확신과 목회사역은 세속주의와 종교 다원주의 사상에 깊이 물들어버린 오늘날의 교회에 큰 도전이 될 것이다. 본 저서가 소개하고 있는 언약도 신앙생활의 진면목은 인간 삶의 모든 영역에서 가지고 있었던 영적인 능력의 실제가 어떤 것인지를 우리에게 보여주는 안내자의 역할을 확실하게 해 줄 것이다. 그런 위대한 믿음의 사람들을 만들어낸 그 당시의 영적인 지도자들은 어떤 사람들이었는가? 지면상 그 많은 인물을 다 소개하지는 못하였지만 박해 기간 언약도들이 보여준 영적 지도력의 일곱 모델을 제시하였다. 그들은 '공의대로 소송하는 자들도 없고 진리대로 판결함이 없는' 시대에서 사장된 진리를 꺼내어 활활 타오르게 하였고 믿음의 역사를 찾기 힘든 사회 속에서 살아있는 신실한 믿음이 무엇인지를 가슴 깊이 새기게 해주었다. 그들은 사무엘 루터포드, 제임스 거쓰리, 휴 맥카일, 도널드 카길, 리처드 카메론, 알렉산더 페든, 그리고 제임스 렌윅이다.

그들의 눈부신 활약에 힘입어 언약도 운동은 사회경제적인 측면과 1688년 명예혁명으로 살인 시대가 종식되면서 참된 장로회주의의 재정립이라는 커다란 영향을 끼쳤다. 솔직히 오랜 시간 동안의 종교전쟁으로 인하여 장로회주의에 대한 식상한 면을 일으켰다. 그리고 장로교가 더 이상 신사의 종교가 아니라는 생각은 명예혁명 이후에도 팽배해 있었던 것도 사실이다. 그럼에도 불구하고 17세기 언약도들은 스코틀랜드가 오늘날까지 장로교 국가로 존속하게 되었고 18세기 대각성 운동의 여파와 식민지 개척의 정치적 상황에서 전 세계에 복음 전파라는 선교의 역사에 장로교회를 확산시키는데 이바지한 유일한 원동력이었음을 지적하지 않을 수 없다. 언약도들이 자신들의 삶을 정확무오한 하나님의 진리 말씀을 굳게 신뢰하는 데서 정립했던 것과 같이 오늘날 그리스도의 모든 교회는 선포와 가르침과 심방이라는 목회사역에서 그들의 모범을 따라야 할 필요가 있다. 현대 그리스도인들도 언약도들과 같이 같은 성경을 소유하고 있고 같은 하나님을 믿는다. 그런데 왜 우리에게서는 그러한 효력이 충분히 나타나지 않는가에 관한 의문점을 언약도들이 확실하게 해결해 줄 것이다.

본 저서는 내가 1980년대에 런던과 스코틀랜드에서 학업하면서 만나게 된 언약도들에 대한 논문을 이제야 한국어판으로 소개하는 것이다. 정말 일찍 소개했어야 했다. 너무 늦었다고 생각하였지만 1991년부터 지난 30년 동안 총신신대원에서 장로교회사를 가르치며 소개한 17세기 언약도 운동사를 총정리하여 은퇴를 앞둔 마지막 해에 소개할 수 있어서 그나마 다행이라고 생각한다. 언약도 운동사를 한국의 교회 앞에 소개하는 것은 논문이나 소책자가 더러 있었지만 상세한 소개는 본 저서가 처음이라고 생각한다. 초벌 번역에 수고해 준 사랑하는 제자 허동원 목사와 본 저서의 출판을 위해 수고한 박준혁 목사 그리고 언제나 내 곁에서 든든한 지원군이 되어준 사랑하는 아내 유명자 여사에게 깊이 감사를 드린다. 본 저서에 혹 오류나 결점이 있다면 그것은 전적으로 저자의 책임이다.

1

서 론

제 1 장

서 론

    그리스도인의 믿음은 삶의 일부분이 아니라 삶의 전부여야 한다. 적어도 20세기 초반까지 서구 기독교 국가에서는 그것이 사실이었다. 대부분의 인간 활동은 종교적인 힘으로 지도되고 통제됐으며, 사람들은 종교적 신앙관을 그들의 삶을 주도적으로 이끄는 근원으로 간주하며 살아왔다. 그러나 기독교회들은 삶의 모든 영역 위에 있던 과거 영광의 위상을 상당히 많이 상실해버렸다. 17세기 언약도들이 온몸으로 반대했던 일종의 국가 만능주의와 세속주의가 인간 삶의 큰 영역들을 통제하는 열쇠가 되어가고 있다.

존 칼빈(1509~1564)

    존 칼빈과 같은 16세기 종교개혁자들은 지상에 하나님 중심적이고 신정국가적인 하나님의 영광스러운 왕국을 건설하기를 열망했다. 오늘날 복음주의 기독교인들도 비록 상황은 완전히 다를지라도 같

에라스투스(1524~85)

은 목표를 갖고 있으나, 인간의 역사는 그것이 성공하지 못하였음을 증언한다. 청교도 운동, 언약도 운동, 그리고 뉴 잉글랜드 청교도 운동은 지구상에 그들만의 이상적인 형태의 정부를 건설하려 했으나 실패했다. 오늘날 그 목표가 실현 불가능해 보이는 이유는 인간의 죄악 된 본성 때문만이 아니라 다양한 기독교 교회들의 분파작용들 때문이기도 하다. 우리 믿음의 조상은 성경만을 유일하고 궁극적인 권위로 굳게 믿었지만, 이제 더는 모든 기독교인이 성경에 대해 같은 신앙을 가지고 있지 않다. 하나님 말씀에 구속되지 않는 인간의 자유와 국가의 권력이 실질적으로 인간 삶의 모든 영역을 통제하는 힘이다. 요한네스 보스가 지적했듯이 '참된 종교적인 자유는 지나갔으며, 그 반대 사상인 관용적 국가 만능주의[Erastian toleration, 국가 만능주의: 에라스투스주의라고도 하며 종교는 국가에 종속되어야 한다는 국가 만능주의를 말한다. 에라스투스(Erastus)는 스위스의 의사요 신학자]가 그 자리를 대신 차지하였다.'[1] 그러므로, 현재 상황에 대한 명확한 성경적 이해를 얻기 위해서 그리고 삶의 모든 영역에서 하나님을 영화롭게 하고 그를 영원토록 즐거워하는 목적을 달성하기 위해서 스코틀랜드 언약

---

1)   J. G. Vos, *The Scottish Covenanters*, (Crown and Covenant publications, 1980), I.

도들의 역사는 현대 기독교인들이 일상생활에서 순례자의 삶을 살아가는데 필요한 안전한 기준을 도출하도록 조명하여주고 격려하는 은혜를 힘입게 될 것이다.

banner of covenant

스코틀랜드의 개신교 역사에서 언약도 운동은 장로교주의라는 상황에 있는 국가에 끼친 특성과 영향 때문에 놀라운 운동으로 평가받는다. 비록 그 운동이 하나님과의 언약을 위해서 박해를 경험했던 사람들의 편에서 신앙을 지키기 위해 일어난 순수하게 종교적인 운동이었음에도,

그에 관한 대부분의 연구는 그 운동의 사회적, 경제적, 그리고 정치적인 면들에만 집중한 나머지 언약도들을 단지 권위에 대항한 저항자들로 묘사하는 면이 농후하다.

17세기 언약도 운동은 스코틀랜드 총회가 가지는 교회의 힘에 따라서 다르게 해석됐다. 교회에 온건파(Moderate party)가 우세할 때에는 언약도 운동이 왕실의 권위에 맞서는 광신도들이거나 저항자들인 것처럼 여기면서 무시되거나 왜곡되었다. 대조적으로, 복음주의파(Evangelical party)가 주요세력으로 교회를 지배한 19세기 중반에는 특히 언약도 운동이 교회에 영적인 독립뿐만 아니라 왕성하고 순수한 종교적 부흥의 차원에서 가장 큰 영향을 끼친 것 중 하나로 재도입되었다.[2] 이처럼 언약도 운동이 온건파의 학자들에게는 큰 호감을 얻지 못하였을지라도 그 이후의 학자 대부분은 언약도들을 높이 평가하고 있음을 볼 수 있다.

I. B. 코완이 말하듯이, '언약도들은 반국가만능주의의 전형으로 혐오를 받았으나', '오늘날 그들은 감독교회와 장로회주의 사이의 통일된 접근을 방해해서 실제로 하나의 교회가 되는 것을 막은 비합리적인 못된 사람들로 간주하는 경향이 더 많이 있다.'[3] 그래서 언약도 운동에 대한 두 개의 상반된 견해들은 헨더슨의 입장에 동의해야 하지 않을까 생각된다. 즉 '언약도들에 대한 상반된 의견들은 기질적인 문제로 남아 있어만 한다'라는 것이다.[4] 따라서 필자는 스코틀랜드에서 장로교를 재확립하기 위한 목적을 가진 자들의 종교적 운동으로서 언약도들을 재음미하는 것이 신앙적 차원에서 매우 유용한 일이라고 생각한다. 성 앤드루스 대학의 로저 메이슨은 '이것을 스코틀랜드 교회사의 종교적인 차원에서 하나의 총체적인 것으로 간주해야 한다'[5]라고 제안하였다. 그는 '언약을 맺

---

2) Thomas McCrie, *Life of Alexander Henderson (Edinburgh, 1846), Sketches of Scottish Church History*, 2 vols., 1846-1849, Edinburgh. 도널드 믹(Donald Meek)은 그의 논문 '부흥(스코틀랜드 교회사 및 신학 사전에 실림, 1993. Nigel Cameron 편집)'에서 종교개혁을 부흥의 관점에서 이해한다. 그는 언약도 운동을 종교개혁의 한 부분이었다고 보는 데 그럼으로써 언약도 운동은 제2의 종교개혁이라는 연장 선상에서 감독제도의 권위로부터 '단지 대중적인 광신주의 혹은 기껏해야 실수로 빚어진 순교'였다고 이해될 수 있다(G.D. Henderson, *Religious life in 17th century Scotland*, (Cambridge, 1937), 158).

3) I. B. Cowan, 'The Covenanters', in *Scottish Historical Review*, vol. 47. 1968. p. 37. I. B. Cowan, *The Scottish Covenanters 1660-88* (London, 1976).

4) G. D. Henderson, *Religious life in 17th century Scotland*, (Cambridge, 1937), 158.

5) Roger A. Mason, 'Usable Pasts: History and identity in Reformation Scotland' in *Scottish*

은 교회와 사람들의 역사는 언약이 처음으로 실행되고 계속해서 재확립될 때의 그러한 순간들의 역사로서 기록되어야 할 것이라'고 주장한다.[6]

이러한 정황 속에서 언약도 운동은 먼저 그리고 무엇보다도 존 낙스(John Knox)의 이상이었던 스코틀랜드에 언약 국가를 세우고자 하는 영적 혁명의 한 행동으로 보아야만 한다. 그러므로 언약도 운동은 스코틀랜드에서 선과 악, 참 교회와 거짓 교회, 하나님과 악마, 그리스도와 적그리스도, 경건한 자와 불경건한 자, 성경적인 것과 비성경적인 것 사이의 투쟁 선상에서 예정된 놀라운 결말을 추구하는 데 놓여 있다. 언약도들은 장로회주의 언약을 맺은 국가로서의 스코틀랜드 교회에서 종교개혁자들의 신학 사상을 가장 신실하게 수행한 충성스러운 종들이었다.

그러므로 교회와 국가 권력 사이에 치열한 다툼의 현장에서 영적 리더십을 발휘한 스코틀랜드 언약도 운동의 종교적인 측면은 세속주의와 종교 다원주의 여파 속에서 그리스도의 참된 교회를 이 땅에 세워가는 일에 큰 촉매제가 될 것을 확신한다. 더욱이 장로교도로서 그들이 보여준 모습들은 우리가 단지 입으로만 장로교회 목사요 성도라고 말하는 것이 아니라 분명한 확신 속에 장로교도임을 말할 수 있도록 큰 자극을 줌이 틀림없다.

Historical Review, Vol. LXXVI, No 201: April 1997, 1.

6)   Mason, 68.

그와 같은 믿음의 눈으로 언약도들과 그들의 시대를 제대로 이해하기 위해서는 그 시대의 모든 측면을 고찰하는 것이 필수적이지만 본 저서는 17세기 언약도들의 활약 가운데 가장 무시무시한 이른바 '살인 시대'(Killing Times) 동안에 박해받던 언약도 지도자들의 종교적 활동 측면들을 주로 다루면서 또한, 다음과 같은 이유로 그들의 영적 지도력에 초점을 두고자 한다.

첫째, 스코틀랜드 교회사의 과거의 경향들이 주로 정치적이고 사회경제적인 요인들에 더 주목하여왔기 때문이다. 비록 스코틀랜드 사람들의 일반적인 삶을 형성하게 된 그러한 전환기적 동력들을 파악하는 것이 중요하지 않다고 말할 수 없지만, 평범한 사람들이 그들의 확고한 신앙 때문에 기꺼이 죽기까지 붙들려고 했던 종교적 힘을 발휘한 것이 없었더라면 역사가 대부분이 도출하고자 했던 그러한 결론은 불가능했을 것이다. 그러므로 나는 미래 세대를 위한 시대의 전환기적 흐름을 강조하는 한편 또한 종교적 동력들을 드러내고자 한다.

둘째, 나는 시대를 선도하였던 그들이 살인 시대의 박해 기간에 왕과 왕의 지지 세력들의 폭력에 저항하게 한 종교적 확신을 가진 자들이었음을 믿기 때문이다. 그러므로 이것은 매일 매일의 영적 갈등 속에 살아가는 성도들을 목회하는 현대의 기독교 목회자들에게 유용한 격려가 될 것이다. 언약도들은 양무리들이 합법적인 방법으로 인내심을 가지고 믿음을 굳게 지키도록 격려하는 큰 도구가 되고도 남음을 확신한다.

셋째, 나는 언약도들의 순교가 그들의 정치적 확신보다는 종교적 확신에서 나왔다고 믿기 때문이다. 그들 중에는 물론 자기 나라를 위해 기꺼이 죽은 훌륭한 이들도 있었을 것이다. 그러나 비록 왕의 박해가 완전히 정치적인 성격의 박해였음이 사실이라 해도 언약도 순교자들은 박해 시대 동안 순수하게 자신의 종교적 확신 때문에 순교했다. 나는 이 책에서 기독교인의 신앙과 삶의 가장 본질적인 세 가지 측면들을 고찰함으로써 이러한 점을 입증할 것이다. 거기에는 정치-교회적인 측면, 신학적 측면, 실제적이며 신앙 고백적인 측면들이 있다. 17세기 언약도들을 연구하는 학자 대부분이 정치-교회사적인 문제들만을 다루었지만, G. D. 헨더슨이나 헥터 맥퍼슨과 같은 몇몇 학자는 이런 다양한 종교적 측면들을 연구하여줌으로써[7] 저자의 생각을 개진해 감에 있어서 큰 도움을 주었다.

마지막으로, 언약도들의 종교적 측면에 깊은 관심을 두는 것은 죽어가는 세상 속에서 살아있는 진리로 살아갔던 그들이 교회와 사람들의 일상생활에 끼친 막대한 영향 때문이다. 나는 이 글이 오늘날 포스트모던 사회 속에서 많은 적대세력에 직면하고 있는 기독교 지도자들에게 강력한 도전이 될 수 있음을 믿는다.

---

7) G. D. Henderson, *Religious Life in 17th Century Scotland* (Cambridge University Press, 1937), Kerr, J. *First International convention of Reformed Presbyterian Churches* (Glasgow, 1895), Hector Macpherson, *The Covenanters under Persecution* (Edinburgh, 1923).

2

17세기 스코틀랜드
언약도 운동의 역사적 배경

제 2 장

17세기 스코틀랜드 언약도 운동의 역사적 배경

17세기 언약도 운동은 상당히 오랫동안 논쟁의 대상이었다. 한편으로는 정치적인 극단주의자들이나 저항자들로 여겨져 왔으며, 또 다른 한편으로는 시민의 자유와 종교의 자유를 위하여 순교한 자들로 간주되었다. 그러므로 언약도에 대한 역사가들의 관점은 그 운동에 대한 냉혹한 비난과 우호적인 찬사를 표명하는 견해 사이에서 갈팡질팡 해왔다. 따라서 역사신학을 공부한 한 사람으로서 언약도 운동의 참모습을 제대로 이해하기 위해서는 '순교자들에 집중해서도 안 되고 저항자들을 간과해서도 안 되며 그 반대의 경우도 마찬가지라는 것'에 전적으로 동의한다.[1] 그러므로 언약도 운동이 탄생하게 된 역사적 배경을 다룸에 있어서 그들의 정치적인 몇몇 측면들을 묘사하지 않을 수 없지만, 그보다 그들이 보여준 영적인 리더십을 통하여 드러난 박해받은 언약도들의 영적 삶을

---

1) G. D. Henderson, *The Religious life in Seventeenth Century Scotland* (Cambridge, 1937), 158

중점적으로 조명하고자 한다. 그렇기에 본 책은 현시대 교회 지도자들을 위한 영적 지도력이 어떠해야 하는지를 제공해주는 언약도들의 신앙과 실천적 행동에 대한 내용을 말하는 것이다.

언약도들의 삶과 그들이 고난 겪었던 방식은 다원주의 사회 속에서 공존해가는 관용을 미덕으로 높이고 있는 현대 기독교 지도자들과 신앙인들에게 커다란 자극과 도전을 제공해주기에 충분할 것이다. 그들의 삶은 거친 가시밭길 한가운데에서 꽃을 활짝 피웠다. 어떻게 그들은 그러한 고난을 견뎌낼 수 있었는가? 그들의 육체적이고 영적인 힘은 박해받은 사역자들의 지도력 아래서 소위 '경건한 삶'(Godly Life)으로부터 피어났다. 언약도들에 있어서 경건함(Godliness)이란 그들의 실제 종교적인 삶의 가장 큰 특징이었다. 오늘날 언약도들의 신앙을 재발견한다는 것은 쇠퇴해져 가고 있는 현대교회들을 회복시키는 데에 이바지할 수 있다고 믿는다. 현대인들이 생각하는 것처럼 경건함이란 시대착오적인 생각이 아니라 모든 시대 모든 나이의 기독교인들이 실천해야 할 성경적 의무이다. 그것은 사회에서나 교회에서 또 가정에서도 기독교인들이라면 구현해야 할 삶의 형태이다. 왜냐하면, 기독교의 하나님은 거룩하신 분이시기 때문이다.

박해받은 언약도 지도자들의 종교적 특징들을 다룸으로써 그들이 견지했던 신학적 입장들과 교회와 국가 사이의 성경적인 관계 설정이 어떠했는지를 눈여겨보고자 한다. 설교 사역을 통한 그들의 영적 지도력과 편지를 포함한 글들과 가르침 또한 주목할 대상이다. 또한, 그들의 지도력을 보완하는 측면들-신자들을 위한 본보기로서의 경건하게 훈련된 삶-도 강조할 것이다. 더욱이 현대 장로교 목사들과 신자들 가운데 가정에서의 신앙과 예배, 그리고 자녀의 영적 교육을 증진하는데 깊은 관심을 기울이고 실천하는 이들은 언약도들의 실천적 삶은 큰 자극이 될 것이다. 언약도들의 실질적인 힘이 영적으로 세상 권위들을 능가하였기 때문에 하나님의 선택된 신자들과 현대교회들은 지상에 하나님의 나라를 건설해 나가기 위하여 그러한 힘을 다시 붙들어야만 할 필요가 있다. 특히 영적 전쟁터에서 치열한 접전을 벌이는 성도들을 어떻게 지도해야 할지 고민하는 기독교의 참된 지도자들에게 언약도들의 실천적 삶은 큰 격려와 지혜를 얻게 해 줄 것이다.

휴 비닝(1627-53)

모든 기독교인의 교회와 가정들이 언약도들의 본을 진실하게 실천한다면 남녀노소가 무신론자들이 되는 것을 막고 인간 삶의 모든 영역에서 주님의 진리가 다시 한번 주도적인 역할을 감당하는 열매를 따게 됨이 분명해질 것이다. 이런 관점에서 휴 비닝(Hugh Binning)이 말했던 것은 옳다: '자연 본성에 대한 피상적인 지식은 인간을 무신론자로 만들지만, 그것에 대한 심오한 이해는 인간을

경건한 자로 만든다.[2]

언약도들의 목적이 하나님의 진리를 증거하는 것이었고 모든 인간의 반대에도 불구하고 주님을 위하여 싸우는 것이었기 때문에, 이 글은 지상의 삶의 모든 영역에서 그리스도를 위하여 살아간 언약도들의 비전을 추구하기를 바라는 사람들에게 큰 감동을 줄 것이다. 언약도들의 삶은 잔인한 반대파들의 위협 속에서도 예수 그리스도의 강력한 복음을 증거 한 삶이었다. 오늘날 세상은 그 사실을 그리스도인의 삶 속에서 여전히 발견할 수 있게 되어야 한다. 언약도들은 그 일을 성취해 갈 수 있도록 현재의 교회들이 이 사회를 변화시킬 능력을 되찾는 데 도움을 줄 것이다. 마지막으로 이 글은 언약도 운동의 결과와 그들이 미친 영향들 그리고 참된 장로회주의를 재정립하는 노력과 사회경제적 영향들이 어떠했는지를 살펴봄으로 기독교 복음 정신을 사회 구석구석에 심고자 수고하는 이들을 격려하고자 한다. 본 내용을 위하여 특별히 주목한 것은 그들의 회고록들, 설교들, 공식 혹은 비공식 자료들, 그리고 일기와 같은 것들이었다. 그러나 어떤 경우에는 다양한 이유로 인해서 일차 자료들에 대한 접근이 제한적인 탓에 부가적인 설명이 곁들여져야 했다.

---

2) Hugh Binning, *Treatise on Christian love* (Edinburgh, 1743), 38.

1. 정치적-교회사적인 배경

16세기는 종교에서뿐만 아니라 정치에서도 혁명적인 시기였다. 비록 종교개혁의 기원이 종교적인 운동에 있다고 하더라도 그것은 또한 정치적, 지성적, 그리고 사회-경제적인 변화를 양산하는 결과를 가져왔다.[3] 종교개혁은 스코틀랜드를 개신교 국가로 만들었을 뿐만 아니라 또한 장로교 국가로서의 국가적 정체성을 이루는 기초를 제공했다.[4] 그러므로 우리는 이러한 정치적-교회사적인 배경들을 다루는 데 있어서 중요한 일련의 사건들을 고찰하지 않을 수 없다.

종교개혁의 초기부터 민족주의의 문제는 일반적 현상이었다. 그것은 교회의 문제들과 정치적인 문제들 모두에 있어서 최고의 권력을 의미하는 '절대왕정'을 위한 문을 열었다. 종교개혁의 중심적인 현안들 가운데 하나는 교황의 보편적인 권위에 대한 거부였다. 이전에는 교황과 황제에게 적용되던 이러한 권력이 지금은 군주들의 특권으로 주장되었다. 영국에서는 그러한 절대주의의 성장이 엘리자베스 1세의 통치 기간에 더 명확해졌다. 1603년의 영국과 스코틀랜드 사이의 '왕권 통합'으로 인해서 스코틀랜드의 제임스 6세(잉글랜드의 제임스 1세)는 양 국가에 대해 어떤 인간에게서 기원

---

3)   Michael Lynch, *Scotland: A New History* (London, 1991), 186ff.
4)   William Ferguson, *The Identity of the Scottish Nation* (Edinburgh, 1998), 98ff.

하지 않으며 모든 법을 초월하는 하나님의 대리자로서 통치할 수 있는 신적 권리를 가진 자라고 선포했다.[5] 소위 왕권신수설의 등장이었다. 그러한 '절대왕정'을 지지하기 위해서 왕은 자신을 지상에 있는 교회의 최고의 머리 된 군주로서 인정하는 감독교회 제도를 채택했고, '의회파 주교(parliamentary bishops)'들을 왕의 행정관리들로 임명했다. 그러므로 '감독이 없으면 왕도 없다'(No Bishop, No King)라는 말은 바로 '두 왕과 두 왕국' 이론에 맞서는 교회라는 제임스 왕의 이상을 잘 나타냈다. 그러한 태도는 1688년에 명예혁명이 일어날 때까지 스코틀랜드에 국가와 교회 사이의 끊임없는 갈등을 가져다주었다.

앤드류 멜빌(1545-1622)

첫 번째로 예측 가능한 갈등은 1570년에 일어났다. 멜톤 백작이 교회를 왕권의 지배하에 두기 위한 시도로 주교들의 권한을 왕의 대리인들에게 부여하였다.[6] 그러나, 앤드류 멜빌(Andrew Melville)에 의해서 생겨난 '두 왕과 두 왕국' 이론(doctrine of the "Two kings and Two kingdoms")은 교회의 영적 사법권이 전적으로 국가의 세속적 사법권과는 분리되어 있음을 선포하였다. 시민적 왕권은 교회의 왕국 안에서 그 권력을 행사할 수 없으며 교회 또한 시민법

---

6)   Magnus Magnusson, *Scotland: The History of A Nation* (London, 2000), 382.

적 문제들에 대해 권한 행사를 할 수 없다. 그러나 멜빌주의자들은 실제로는 교회가 국가보다 우위에 있다고 여겼다. 왜냐하면, 교회는 시민법적 위정자들에게 그들의 직무수행을 경건한 방식으로 행할 수 있게 지도할 책임을 가졌다고 믿었기 때문이다.[7] 그리고 장로회주의의 신적 권리는 왕들의 권리보다 우월하게 제정되어 있기 때문이다.

제임스 6세(1566-1625)

1610년 성 앤드루스와 글래스고에 최고 사법위원회가 설립되었다. 이에 굴복한 총회는 잉글랜드 사람들에게서 성직 임명을 받은 교회 주교들의 지위를 완전히 승인해버리고 말았다.[8] 이 사건은 제임스 6세(1세)가 스코틀랜드 장로교회를 감독제도 교회로 바꾸려는 의도를 여실히 보여주었다. 그러나 장로교를 음해하려는 왕의 시도는 다만 스코틀랜드에서 더 큰 저항만을 불러왔다.

잉글랜드 교회의 예배형식을 스코틀랜드에 강요하려는 움직임은 특히 제임스 6세의 정책들을 널리 반대하는 결과를 낳았다. 이른바 1618년에 제정한 소위 '퍼스 5개 조항'(Five Articles of Perth)은 스코틀랜드 사람들을 격동시킨 나머지 제임스 왕은 그 계획들을 대

---

7) *Ibid.*, 388.
8) *Ibid.*, 412ff.

부분 포기하고 또 예배의 통일성을 위한 계획까지도 단념해야만 했다.[9] 이 조항에서 대부분의 스코틀랜드 사람들을 격노케 한 것은 성찬식 때 무릎을 꿇게 하는 다섯 번째 조항이었다. 가톨릭의 냄새를 진하게 풍기는 것으로 간주하였기 때문이다. 퍼스(Perth) 5개 조항 선언의 사건은 단지 종교적인 행동만이 아니었다. 애버딘 대학교 스코틀랜드 역사학 강사인 D. Stevenson은 그의 책『언약도들(The Covenanters)』에서 지적하듯이 그 위기는 '군주가 스코틀랜드를 떠나있으면서 불거진 문제들의 전초 증상'이었다는 사실이다.[10] 사실은 제임스는 스코틀랜드에서 오랫동안 왕좌에 있었음에도 그의 마음은 스코틀랜드 사람들에게서 점점 멀어져만 갔다. 결과적으로 멀리 떨어진 잉글랜드 정부에게서 스코틀랜드가 소홀히 취급당하였고 오해를 사는 일들이 많았다는 점이다. 왕은 1607년에 약속한 것과는 달리 '서민들도 존중하려 하지 않았고, 귀족들도 소홀히 했다.'[11]

1625년 제임스의 사후에 찰스 1세가 왕위를 물려받았다. 제임스는 종교적 개혁에 있어서 온건하고 신중하였으나 그의 아들 찰스는 고집 세고 어리석으며 그의 아버지가 지녔던 정치가가 지녀야 할 능력도 별로 없었다.[12] 스코틀랜드 교회를 다룸에서도 그의

---

9) Rosalind Mitchison, *Lordship to Patronage: Scotland 1603-1745* (Edinburgh, 1983), 6.

10) D. Stevenson, *The Covenanters* (The Salitire Society, 1988), 15.

11) Mitchison, *Lordship*, 12.

12) G. D. Henderson, 161.

찰스 1세(1600-1649)

목표는 그의 부친의 독재주의와 다를 바가 없었다. 그래서 그는 부친이 하고자 했던 종교적 통일을 서둘러서 단행하기로 했다. 이로 인해 그는 극단적으로 치달았고 스코틀랜드의 대중들이 따르게 될 종교에 대한 행정적인 개혁정책을 밀어붙였다.[13]

　그러한 정책은 1633년 찰스 1세가 스코틀랜드를 처음으로 방문하면서 더욱 가속화되었다. 그는 스코틀랜드 교회의 예배가 혐오스럽고 단순하며 잉글랜드 교회의 예배와 비교해볼 때 예배 의전적인 측면이 결핍되어 있다고 확신했다. 그러나 그의 조국 스코틀랜드 방문은 종교적으로나 정치적으로도 다 실패였다. 그 결과 찰스 1세는 스코틀랜드 백성들을 버릇없는 촌뜨기들로 간주했다. 그 반면에 스코틀랜드인들은 왕권 통합 이후로 그들의 왕실이 얼마나 멀리 잉글랜드 쪽으로 기울어졌는지를 알게 되었다. 어떤 측면에서 보든지 왕은 이제 잉글랜드 사람인 것이다.[14] 부친인 제임스 왕은 그의 조국 스코틀랜드 백성들의 정서가 어떤지를 잘 알고 있음을 늘 자랑했다. 그러나 아들 찰스는 왕의 주권적인 통치권이 도무지 속마음을 알 수 없는 그의 신하들과

---

13) *Ibid*, 17.
14) *Ibid*, 20.

의 협의로 실천돼야 할 권력임을 결코 생각하지도 못했다.[15]

찰스 1세가 런던으로 돌아와서 스코틀랜드 교회에 잉글랜드 교회의 예배와 교리의 일치를 가지도록 강요하라는 그의 신하들의 말에 귀를 기울였다. 이 목적을 위하여 그는 새로운 교회법(1635)과 라우드(Laud) 예식서라고 알려진 개정된 기도서(1637)를 만들었다.[16] 그러나 이 문서들은 의회나 총회 그 어디로부터도 승인을 받지는 못했고 오로지 왕의 권위로만 재가 받은 것이었다. '그 문서들은 내포된 신학적인 문제들이 무엇이든지 일단 정죄 될 만한 요소들을 무척 많이 지닌 것이었다는 사실이다.'[17] 이것은 '하나의 왕, 하나의 교회'라는 찰스 1세의 종교정책의 결과로서 스코틀랜드에서 장로회주의와 시민의 자유를 몰아내기 위한 근거로 작용했다. 그러한 조치들은 모든 장로교로부터 격렬한 분노를 자아냈다. 왜냐하면, 많은 면에서 그러한 조치들은 전통적인 스코틀랜드 장로회주의와는 상반되는 것이었기 때문이다.

찰스 1세가 기탄없이 그 조항들을 몰아붙이겠다고 확언함으로써 즉각 스코틀랜드의 저항에 맞부딪치게 되었다. 1637년 7월 23일 성 자일래스 교회당에서 잉글랜드 감독이 새로운 예배형식을

---

15) J. D. Douglas, *Light in the North* (The Paternoster Press, 1964), 22.

16) 라우드는 캔터베리 대주교로서 왕은 그 직위를 잉글랜드와 스코틀랜드의 종교적 연합을 이루는 데 이용했다.

17) Ian B. Cowan, *The Scottish Covenanters 1660-1688* (London, 1976), 20.

읽으며 예배를 집전하자마자 회중들은 격렬한 저항으로 응수했다
(이것은 전통적으로 감독의 머리를 향해서 의자를 집어 던진 제니 게데스의 행동과 관계되어
있다).[18] 그것은 교회 문제에 있어서 "혁신"을 추구하는 왕의 정책에
반기하는 광범위한 저항의 신호탄이었다. 장로회주의에 대한 옹
호는 곧바로 널리 퍼져나갔고, 의회의 일부 의원들이 왕을 적극 지
지할 준비가 되어있다고 하더라도 찰스 1세에 대한 불신은 사람들
사이에 더 깊이 뿌리를 내렸다.

1638년의 국가 언약[19]은 군주의 혁신 정책과 그것의 비타협성
에 대하여 국민이 반기를 들게 된 최고의 절정이었다. 많은 귀족과
지주들, 시민들과 목사들이 그 언약문서에 서약하는 데에 동참했
고, 사회적 엘리트 계층들 가운데서도 폭넓은 지지를 보여주었다.

---

18) Cowan, 23. 제니 게데스는 '악당이여, 감히 내 귀에 대고 미사를 하라고 말하는가?'라고 소리쳤다.

19) 언약도 운동과 언약도들의 이름이 연유하게 된 이 문서는 단지 목적을 이루기 위한 수단이었다. 문서
의 내용에 대해서는 이번 장 후반부에 논의될 것이다. 제임스 도드는 '50년의 투쟁사'에서 다음과 같
이 묘사했다: '저 가장 어리석은 연대기 기록자가 역사적이고 막중한 과업의 책임을 맡은 장관과 의원
들이 2월의 그 아침에 어떻게 하여 일찍 모이게 되었는지를 묘사했을 때 얼마나 경외심의 불길이 타
오르게 만들었는가. 트위드에서 타이까지, 또 머서에서 겔로웨이까지 얼마나 많은 순교자들이 그레
이프라이어스로 모여들어 교회와 교회 마당을 가득 채웠는가. 그리고 얼마나 훌륭하고 위대한 역사
적 인물들이 그곳에 연달아 나타났던가. 헨더슨은 얼마나 진정한 천국의 열정으로 고관 귀족들 앞에
서 기도하였는가. 그 귀족들은 그와 더불어 전 국민이 언약을 맺으려고 시도하였는가 - 헨더슨은 그
당시 가장 웅변이 유창하기로 소문난 사람이었다. 워리스톤 경이 언약을 낭독할 때 사람들은 얼마나
진지하고 헌신적으로 귀를 기울였던가. 그 언약을 낭독한 뒤에는 얼마나 거룩한 침묵, 즉 사람이 마치
하나님의 직접적인 현존하심 앞에 엎드려 맹세하는 듯한 침묵이 흘렀던가. 서덜랜드 백작이 깊이 감
동한 채로 앞에 나와서 국가 언약에 최초로 서명하였을 때에 이토록 두렵고 확실한 정적이 어떻게 하
여 깨어졌던가. 그리고 난 다음에 오랫동안 지속한 열정의 폭풍이 모인 무리의 가슴 속을 쓸고 지나갔
다. 이름에 이름을 연이어 서명하고 전광석화같이 신속하게 서명을 다 하였다. 어떤 이들은 큰 소리로
울었고, 어떤 이들은 마치 전쟁에서 승리의 함성을 지르듯이 크게 소리치며 찬양했다. 어떤 이들은 서
명한 뒤에 '죽을 때까지'라는 글을 덧붙였고, 어떤 이들은 손목을 그어 혈서로 이름을 써서 서명하였
다.'

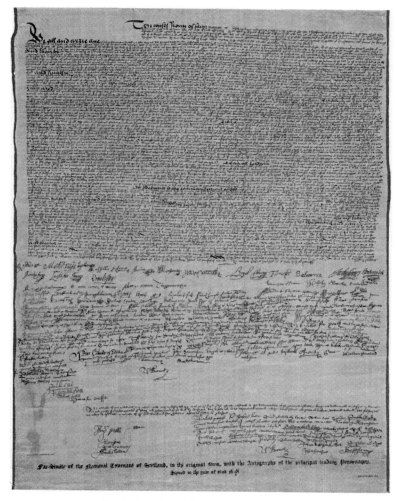

[1638 국가언약 문서] (출처: 한국칼빈주의 연구원)

언약문서의 초안은 알렉산더 헨더슨 목사(1583-1646), 아치발드 존
스톤(Archibald Johnston) 경과 와리스톤(Warriston) 경(1611-1663)이 만들
었다. 그들은 언약문서 안에서 왕에게 충성한다는 것을 고백하면

국가언약서명 광경

서도 최근에 교회로 들어온 타락한 왕의 혁신정책들을 신랄하게 고발하였다. 그러나 국가 언약 자체는 왕에게 도전을 주긴 했어도 왕의 정책을 완전히 변화시키지는 못하였다.[20]

언약도라고 알려진 왕의 반대 그룹은 그 문서에 서명하였고 1638년 11월에 40년 만의 자유롭게 열린 글래스고 총회에서 함께 만났다. 그 총회의 주된 목적은 그 시대의 가장 중요한 현안, 즉 '스코틀랜드 교회의 머리가 누구인가?'를 해결하는 것이었다. 왕의 특사인 해밀턴은 그 총회가 불법이라고 선언하였지만, 총회는 왕의 재가가 없었어도 이를 개의치 않고 계속 진행되었다. 이것이야말로 스코틀랜드 역사에서 제2의 종교개혁의 서막을 알리는 것으로서 감독교회 제도로부터의 개혁을 말한 것이었다. 이렇게 하여 국가 언약과 글래스고 총회는 정당한 회집이었음을 입증하였다.[21]

이제 스코틀랜드인들은 그들의 왕에 대한 순종의 근거와 한계

20) 찰스 왕은 자신이 스코틀랜드 장관으로 임명한 해밀턴에게 편지를 썼다: '나는 내가 그대에게 바라는 대로 그대가 저들을 의기양양하게 만들 충분한 시간을 주겠다. 그대의 주된 목표는 내가 저들을 제압할 준비가 될 때까지 시간을 충분히 벌어주는 것이다…. 나는 저들의 무례하고 저주받을 요구사항을 들어주기보다는 차라리 죽는 게 더 낫겠다.' A. Peterkin, Records, p.70. J. D. Douglas 'Light in the North', p.25에서 인용.

21) King J. Hewison, *The Covenanters* (Edinburgh, 1908), 316

점에 대해 생각하기 시작하였다. 이것이 이른바 감독제도 교회 문제에 있어서 왕의 독재정치로부터의 '제2의 종교개혁'의 내용이었다. 그것은 철저하게 영적인 문제에서는 교회가 지상의 군주에게 순종의 의무를 지는 것이 아니라 오직 교회의 머리이신 하나님께만 순종하는 것을 강조한 것이었다. 그것은 찰스가 언약도들의 주장을 무력으로 압제하게 만들었다.[22]

한편 모든 스코틀랜드인이 국가 언약을 지지한 것은 아니었다. 이른바 '애버딘 박사들'이라고 불린 소수의 사람은 그 언약문서를 반대했다.[23] 국가 언약과 관련하여 그들이 일반적으로 요구한 사항은 왕의 동의가 없는데 그러한 언약 관계를 만드는 것은 내용이 어떠하든 불법적이라는 것이었다.[24] 그들은 주장하기를 언약 그 자체는 그것이 기초하고 있는 1581년의 부정적 고백(Negative Confession)과 같은 것은 아니라는 것이었다.[25] 국가 언약은 왕이나 어떠한 권위 있는 기관으로부터 승인받은 것이 아니다. 그 언약문서에 대한 애버딘 박사들의 반대는 언약도들에 대한 그들의 답변

---

22) F.N. McCoy, *Robert Baillie and the Second Scots Reformation* (London, 1974), 39.

23) Cowan, 54; 108.

24) Mitchison, *Lordship*, 44ff.

25) 스코틀랜드의 신생교회를 위협하는 가톨릭의 영향력이 미칠까 하는 두려움이 궁정에 있었기 때문에 새로운 형태의 종교적 연대의 필요를 느꼈다. 그리하여 제임스 6세와 그 식솔들은 한 문서를 작성하여 서명하였다. 그것은 그들이 진심으로 개신교에 헌신하겠다고 강조한 것이었다. 이 문서는 '부정적 고백(혹은 왕의 고백)'이라고 알려진 것이다. 이것에 서명한 것은 추밀원과 총회의 규정에 따라서였다. 그것은 서명에 참여한 당사자들 각각이 왕을 지지하고 정의의 집행을 지지하는 공동의 목적으로 결합하는 것이었다(스티븐슨, 언약도 p30. 참조). 그것은 1590년에 새로운 개혁교회에 대한 충성과 가톨릭 거부에 대한 증거로서 되살아나 서명되었다.

에 잘 나타나 있다.[26]

찰스 1세는 그 언약문서에 반대하는 입장이었기 때문에 박사들과 애버딘의 시의회에 그들의 노력에 대한 감사의 편지를 보냈다. 그러나 언약도들은 부정적 고백에 대한 박사들의 해석에 동의하지 않았다. 특히 알렉산더 헨더슨(Alexander Henderson)은 애버딘 박사들의 주장에 대한 응답으로 그 당시의 분위기가 어떠했는지를 밝히 드러냈다.[27] 국가 언약은 짧은 기간 안에 대부분의 스코틀랜드 사람들로부터 서명을 받았다. 언약도들은 자신들 스스로가 과거에도 적법하게 행한 것과 같이, 진리를 위해서라면 함께 행동하며 함께 서서 만약 필요하다면 죽음도 함께 하겠다고 맹세했다.[28] 그들은 하나님과 관계에 있어서 하나님의 일을 하고 있다고 확언했다. 그들은 자신들의 하나님과 언약을 맺었고 이것은 영원한 것임을 확정했다.[29]

잉글랜드에 있는 그들과 뜻을 같이하는 동지들을 통해서 언약도들은 지금 왕이 하고자 하는 바가 무엇인지를 금세 알아차렸다. 그리하여 그들은 왕에게 저항할 군대를 조직했다. 반면에 찰스 왕은 군대를 모집할 충분한 자금이 없었던 관계로 언약도들의 나라를 침공할 수가 없었다. 잉글랜드 의회는 그에게 목적에 부합하는

---

26) G. D. Henderson, *Religious Life in Seventeenth Century Scotland,* Cambridge 1937, pp. 168f.

27) J. D. Douglas, *Light In the North*, The Paternoster Press, 1964, p.51.

28) Walter Makey, *The Church of the Covenant*, 1637-1651 (Edinburgh, 1979), 16.

29) Hector Macpherson, *Scotland's Debt to Protestantism* (Edinburgh and London, 1912), 76.

제안(침공의 허락)을 할 수 있었음에도 몇 년 동안 의회가 열리지 못했다. 그래서 왕은 단기의회를 소집했지만[30] 의회는 왕이 필요로 하는 것을 지원하는 데는 반대했다.

그동안에 언약도들은 이전에 네덜란드에서 구스타브 아돌프(Gustavus Adolphus)를 섬겼던 알렉산더 레슬리(Leslie) 장군의 지휘 하에 군대를 일으켰다. 물론 언약도들은 왕을 대적하는 전쟁을 일으키려는 것이 아니었다. 그들은 왕이 교황제도와 고위 성직제 철회를 촉구하면서 왕이 스코틀랜드인들의 이해관계에 대한 더 많은 존중을 보여주기를 촉구한 것이었다.[31]

그 이후에 일명 '장기의회(The Long Parliament)'가 열렸다. 마침내 1641년 8월 10일[32]에 의회는 통일령(Uniformity)을 제외하고서 언약도 운동의 반란으로 말미암아 언약도들이 요구하는 모든 것을 얻게 해준 조약을 제정했다. 뉴 컬리지 전 학장인 J. H. S. 벌레이(Burleigh)와 같은 몇몇 역사가들은 만약 찰스 왕이 "그 조약 안에서 자기들의 교회법과 정치체제에 의해서 그리고 그들 자신의 법령과 헌법으로" 운영해가는 왕국들을 다스리는 입헌군주제의 입장을 기꺼이 수용했더라면 1641년의 그 조약은 당시의 갈등과 다툼을 종식하는 전

---

30) 1640년 4월 13일에 의회가 열렸고 5월 5일에 해산되었다. 그러므로 단기의회라는 이름으로 알려진 것이다.

31) Makay, The Church, 26.

32) K.J. Hewison, The Covenanters (Glasgow, 1908), Vol. 1. 352ff을 보라.

환점이 되었을 것이라는 의견에 동의한다.[33]

잉글랜드 의회는 스코틀랜드로부터의 군사적 도움을 원했다.

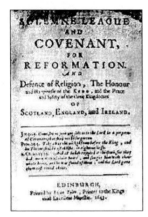

엄숙동맹 조약문서

왜냐하면, 그들의 군사력이 왕당파 세력들을 막아내기에는 충분하지 못했기 때문이다. 그러나 언약도들은 그 이상을 요구하였다.[34] 많은 논쟁을 거친 후에 알렉산더 헨더슨에 의해서 초안 되고 스코틀랜드 총회와 컨벤션 재무회의(Convention of Estates: 국왕의 소집이 없이 열린 의회의 일종)가 인준한 '엄숙동맹과 언약(Solemn League and Covenant)'은 1643년 9월에 잉글랜드 의회에서 받아들여졌다.[35] 그 제목이 가리키듯이 그것은 단순한 시민적 조약이나 동맹이 아니라 종교적인 언약이었다.[36] 그러나 잉글랜

---

34) Stevenson, 51.

35) John Morrill (ed.), *The Scottish National Covenant in its British Context* (Edinburgh, 1990), 90.

36) 그것은 1643년 9월 25일에 250명의 하원의원과 웨스트민스터 총회의 목사들에 의해 만들어진 것이다. 로버트 번즈는 그것을 '자유의 거룩함을 위해 날인된 것'이라고 찬미한다. 헨리 할램은 그 내용을 이렇게 요약한다: '국가 언약은 다음과 같은 맹세로 이루어진다. 모든 사람이 두 왕국에 가입하여 그들 스스로 스코틀랜드 교회의 개혁 신앙을 보존하고 하나님의 말씀과 최선의 개혁교회의 규칙을 따라 교리와 예배와 권징과 정치를 준수하며, 스코틀랜드와 잉글랜드, 하나님의 나라, 이 세 왕국에서 하나님의 교회들에 신앙고백과 교회 정치형식과 예배 모범과 교리문답의 최근접 일치와 통일을 위해 힘쓰고, 사람에 구애됨이 없이 교황제, 감독제와 같이 참된 경건의 교리와 능력에 모순되는 것은 무엇이든지 뿌리를 뽑도록 노력하겠다는 것과 의회의 권리와 특권을 보장하고 왕국의 자유를 수호하고, 종교개혁에 걸림돌이 되고 백성들을 분열시키는 선동자들과 왕당파들을 가려내는 데에 힘써서 그들이 마땅한 처벌을 받도록 힘쓰고, 마침내 모든 국민이 이 언약을 맺는 것을 돕고 수호할 수 있도록 하며, 또한 언약을 배반하는 고통에 이르지 않도록 하여 반대파를 향해 폭동을 일으키거나 가증스러운 무관심이나 중간적인 자세를 취하거나 하지 않도록 노력할 것을 서명한다.'(A. Smellie, *Men of Covenant*, p.13-14).

드 의회는 왕당파를 물리치자 그 언약을 즉시 파기하였다. '하나님의 말씀을 따라 개혁한다'라는 문구 때문이었는데 양편이 이해하는 것이 달랐다. 스코틀랜드에는 이 문구가 장로회주의를 의미하였으나 잉글랜드에는 독립교회를 뜻했던 것이다.

엄숙동맹과 언약이 만들어지기 몇 달 전, 잉글랜드 의회는 웨스트민스터에서 열리는 목회자총회에 스코틀랜드 대표단들을 파견해 달라고 요청했다. 그 총회의 주된 목적은 잉글랜드 교회의 교리 개혁, 예배와 교회 정치를 정착시키기 위한 것이었다. 그것은 하나님의 가장 거룩한 말씀과 개혁교회의 최고 모델에 가장 일치해야만 하는 것이었다(언약도들에게 있어서 이것은 장로회주의를 말하는 것이다).[37]

웨스트민스터 총회는 교회적이거나 법정적 회의가 아니라 의회 차원의 자문단 같은 위원회였다. 의회가 모든 결정에 있어서 최종적인 결정을 쥐고 있었다. 스코틀랜드 대표단들은 총회에서 그들에게 요구하는 모든 일을 정확하게 처리하는 능력이 충분한 분들이었다.[38] 그들은 총회의 공식적인 총대 회원이 아니라 참관인

---

37) 언약도들이 그들의 불관용의 정신을 국경을 넘어서까지 확장하려고 했다는 비판에 대한 해명은 다음과 같은 사실에서 발견된다: 그들이 살았던 시대는 철학적 관용론에 대해 호의적이지 않았다. 언약도들에게 관용이란 로마 가톨릭에 양보하는 것이요, 로마 가톨릭에 양보한다는 것은 개신교를 파괴하는 것을 의미했다. Hector Macpherson, Scotland's Battle for Spiritual Independence, p.91.

38) 5명의 목사들: 알렉산더 헨더슨(Alexander Henderson), 로버트 베일리(Robert Baillie), 사무엘 루터포드(Samuel Rutherford), 조지 길레스피(George Gillespie) 그리고 더글러스(Douglas). 3명의

들이었다. 그런데도 그들은 총회의 문서들을 만드는 데 큰 영향을 끼친 주도적인 인사들이었다[39]: 이들의 맹활약에 힘입어 신앙고백서, 대소요리문답, 예배모범과 교회 정치 문서들이 탄생되었다. 이것들은 총회에 두 가지 결과를 가져왔다. 첫째는 총회가 제정한 것들이 교리와 예배와 교회 권징에 있어서 권위 있는 문서들로 정부 당국자들로부터 공식적인 승인을 받게 된 것이었다. 둘째로 그것들은 스코틀랜드로 보내어져서 총회로부터 승인받고 채택되었으며 1649년의 의회 법령에 따라서 장로교회의 공식 문서로 승인된 것이 되었다.[40] 결과적으로 1560년 존 낙스에 의해 제정된 스코츠 신앙고백서는 이제 웨스트민스터 문서들로 대체된 것이었다.

한편 언약도들 내부에서 심각한 불화가 일어났다. D. 스티븐슨

잉글랜드의 시민 전쟁

은 스코틀랜드가 잉글랜드 내전에 개입함으로써 언약도들 가운데서 심각한 분열을 일으켰다고 주장하고 있다. 특히 귀족들은 실리적인 이유든지 혹은 그들이 원하는 모든 것을 허락해 준 왕에 대한 정

장로들: 카실의 백작(Earl of Cassils), 메이틀랜드 경(Lord Maitland), 외리스톤의 존(Johnston of Warriston). 그러나 더글러스 목사와 카실의 백작은 총회에 불참하였다.

39) Iain Murray, 'The Scots at the Westminster Assembly: With Special reference to the Dispute on Church Government and its Aftermath' in The Banner of Truth Magazine, 1994(웨스트민스터 총회에서 스코틀랜드 대표단의 활동: 진리의 깃발지 1994년 한국판 9호, 10호 참조.)

40) Stevenson, 54.

당치 못한 공격을 감행했다는 이유로 반대했다.[41] 왕당파의 몽트로스 후작은 왕의 반대자들을 제압하라는 명령을 받아 군대를 일으켰다. 그리하여 이전에 언약도들을 이끌었던 몽트로스 후작은 소수의 아일랜드계 로마 가톨릭 및 하이랜더(이들은 왕에 대한 충성에서라기보다는 왕에게 부여된 권위를 제거할 의도로 법령의 변화를 추구한 아어가일에 대한 증오심에 충동질 당하였다) 세력을 이끌고 언약도들의 군대와의 싸움에서 연속으로 여섯 번 승리를 거두었다.[42] 그러나 그는 1645년 9월에 필립파우(Philiphaugh)의 전투에서 크게 패배하였다.

몽트로스 후작이 패배를 당한 그즈음에 잉글랜드의 '시민 전쟁'은 의회파가 승기를 잡아가고 있었다. 한편 잉글랜드 의회에서는 스코틀랜드의 오만한 행동으로 인해 그들에 대한 굉장한 반감이 생겨났다. 게다가 스코틀랜드로부터의 군사적 원조가 더는 필요하지 않게 되자, 잉글랜드 의회는 스코틀랜드 언약도들과의 동맹으로부터 돌아서 버렸다. 그들은 필요할 때에는 언약도들의 군사적 도움을 매우 약삭빠르게 받아들였으나 일단 전쟁에서 승리하게 되자 약속된 대가를 치르는 것을 완강하게 거부했다. 따라서 1640년대 중반에 일어난 사건들은 언약도들에게 있어서 큰 전환점이 되었다. 특히 올리버 크롬웰이 잉글랜드에서 세력을 잡게 되자 찰스 왕은 언약도들에게 도움을 요청했다.[43]

---

41) Ibid, 53

42) Morrill, Covenant, 68ff.

43) David Stevenson, Scottish Covenanters and Irish Confederates (Belfast, 1981), 14.

올리버 크롬웰(1599~1658)

　　그러한 상황을 어떻게 대처해야 하는 지에 대해서 언약도들 사이에 깊은 불일 치들이 생겨났다. 처음에는 언약도 운동 을 적극적으로 수용했었으나 이제는 더욱 극단적인 언약도들과 대립하는 입장에 선 귀족 대부분은 해밀턴 공작의 주도하에 왕당파가 되었다. 그들은 1647년에 일명 '서약(Engagement)'으로 알려진 한 비밀 조 약을 맺고자 왕과 협상했다. 이 서약에서 왕은 언약도 정신을 수용 하겠다고 했다. 실제로 그들은 이것이야말로 언약도들이 다시 힘 을 얻게 될 수 있는 유일한 길이라고 믿었다. 그러나 아어가일 후 작을 포함해서 스털링의 제임스 거쓰리 목사와 같은 더욱 급진적 인 언약도들은 그 서약을 받아들이기를 거부했다. 왜냐하면, 그들 에게 왕은 신뢰할 수 없는 인물이었기 때문이었다. 목사들 대부분 은 이러한 입장이었다. 그러나 이 두 그룹 사이의 충돌로 인해 교 회는 1638년의 언약도들이 승리를 거둔 이래로 누려왔던 강력한 지배력을 잃게 되었다.[44] 이것은 언약도들이 장차 살인 시대를 직 면하게 되는 가혹한 핍박의 문을 여는 전초가 되었다.

　　그러나 또 다른 기회가 언약도들에게 찾아왔는데 그것은 1648 년 서약파들(Engagers)의 군대가 잉글랜드를 침공하였으나 올리버

---

44) Ibid., 33ff.

크롬웰에게 프레스톤 전투에서 패배를 당한 때였다.[45] 이 패배의 결과로 스코틀랜드에서는 권력의 공백이 생겨났기 때문이었다. 아어가일과 급진적인 언약도들은 급히 군대를 조직하고 크롬웰의 도움을 받아서 권력을 얻었다. 이후로 그들은 교회파(Kirk Party)로 알려졌다. 그것은 교회가 다시 한번 정치력 행사에 영향을 미친다는 것을 시사하는 것이었다. 이제 그들은 참된 거룩한 나라를 건설할 수 있을 것으로 믿었다. 그러한 이상 사회를 구현하기 위해서는 가난한 자들을 억압하는 부패한 귀족들과 다른 지주들과는 각을 세워야만 했다. 그리고 언약도들은 서약파들에게 적대적인 자들이 되었다. 언약도들은 계속되는 재난들은 스코틀랜드에 닥친 하나님의 심판으로 해석했다. 그들에게 있어서 스코틀랜드를 향한 하나님의 자비를 다시 구하는 유일한 길은 "공공생활 영역에서 불경건하게 행해지는 모든 부도덕한 것들을 정화하며, 국가에 가장 엄격한 도덕적 권징을 부여하는 정책들을 추구하는 것"이라고 믿었다.[46]

그들은 이러한 목적들을 달성하기 위하여 이른바 '계급법(Act of Classes)'을 제정하였다. 그 법은 언약 사상에 적대적인 사람들을 모두 시정과 군대 요직에서 배제해버렸다. 이것은 언약도들에게 "목회사역이 눈에 띄게 정결해진 것"을 의미하는 것이었다. 그러나 언약도 운동의 목적으로 행해진 이런 과감한 정책은 많은 문제점을 일으

---

45) Jane Lane, *The Reign of King Covenant* (London, 1956), 201.
46) Stevenson, *Covenanters*, 56

찰스 1세의 처형(1649년 1월 30일)

컸다. 로우 매티슨은 그것을 이렇게 말하고 있다: "그런 많은 법령은 최악이며 야만적인 것이다-그것들은 모두 일관성이 없고, 모호하고, 장황하며, 과도하고 혼란스러우며, 모든 장래의 일들을 고려하기보다 당장 코앞에서 실현 가능한 목표만을 앞세워 모든 정치적 수완들을 부정하는 것임을 증명하는 것이다."[47]

계급법이 통과된 지 일주일 내에 찰스 1세는 화이트홀에서 참수되었다(1649년 1월 30일). 그는 혈통 상으로 스코틀랜드인이었기 때문에 그의 아들은 네덜란드로 유배된 상태에서 찰스 2세로 스코틀랜드인들에 의해서 스코틀랜드에 장로교를 국교로 지키겠다는 서약 하에 스코틀랜드 왕으로 추대되었다. 이러한 왕의 추대는 이전 왕들의 치하에서 겪은 모든 고난에도 불구하고 왕에 대한 그들의 충성심을 드러내는 것이었다. 그는 언약문서에 서명한 뒤에 스코틀랜드로 귀환하였다. 그러나 그의 스코틀랜드 귀환은 잉글랜드인들의 침략을 불러일으켰다. 교회파의 군대는 던바에서 크롬웰의 군대를 만났으나 방향을 돌렸다. 그들의 좌절은 매우 충격적인 것이다. 왜냐하면, 그것은 '국가적인 힘과 이상'이 되고자

---

47) Acts of the parliament of Scotland, Vol. II, p.107, J. Douglas, *Light in the North*, p. 37에서 인용.

한 그들의 시도가 차질을 빚었기 때문이다. 던바에서의 패배가 지닌 또 다른 중요한 의미는 스코틀랜드 국민이 그것을 단지 종교적 전투가 아니라 오랜 앙숙에 대한 국민적인 전쟁으로 간주한 전투에서의 패배를 의미했기 때문이다. 그래서 국민들은 잉글랜드 족속들을 물리치기 위하여 경건한 자들과 불경건한 자들, 서약파들과 왕당파들이 서로 손을 잡고 싸워야 한다고 외쳤다. 이것 때문에 두 계파가 결성되었다: 중도 수정적인 결정을 받아들인 결탁자들(Resolutioners)과 불가피한 것을 수용하기를 거부했던 저항파(Protesters) 혹은 항거파(Remonstrants)들이었다.[48] 저항파 혹은 항거파들은 스털링의 목사인 제임스 거쓰리(Guthrie)가 이끌었다. 그들은 대부분 언약도 운동의 후기에 하나님을 위하여 그리고 언약문서를 굳게 지키기로 했던 주된 이유로 인해서 고난을 겪었던 자들이었다. 코완이 말했듯이 1651년 이래 그들은 역동적인 정치적 군사력이 아니라 분리된 교회가 되어갔다.[49] 왜냐하면, 그들의 목적은 순수하게 장로회주의를 수호하고 교회의 머리이신 그리스도를 높이고자 한 기치 때문이었다.

왕당파—국수주의자들의 우선순위는 잉글랜드 사람들과 맞서

---

48) 코완의 설명에 의하면, '결탁자들은 900명의 교구 목사 중에 750명이었으나 이것은 항거자들이 150명의 헌신 된 지지자들을 자기편으로 끌어들일 수 있었음을 의미한 것이 아니었다. 왜냐하면, 불참자들과 마음에 결정을 못 내린 자들이 이 숫자를 더 감소시켰음이 분명하기 때문이다.' 그러나 750명의 결탁자들 중에 오직 600명만이 실제로 결의를 지켰으나, 이들 중에 40명은 1661년 감독제로 전향하였다. 그러나 900명의 목사 중에 1/3은 결탁자들 정착지의 감독교회적 성향에도 불만을 품었던 것으로 보인다. I. B. Cowan, *The Scottish Covenanters*, 32.

49) Cowan, 31.

는 것이었다. 그러나 그들의 시도는 1651년 워세스터(Worcester)에서 크롬웰이 이끄는 잉글랜드 군대를 직면하게 되자 붕괴되었다. 이제 스코틀랜드는 정복된 나라가 되었고 연방 국가인 잉글랜드 사람들의 무력에 의해 그들이 다스리는 한 나라로 통합되었다. 그들은 연방 의회에 30명의 대표를 파견했고 잉글랜드와는 자유무역을 행했다.

한편 잉글랜드에서의 정치적인 변화가 일어났다. 올리버 크롬

찰스 2세의 왕정복고(1660년)

웰이 죽고 나서 그의 아들 로버트 크롬웰이 정권을 잡았으나 그의 무능력으로 인해 공화정치에서 벗어나 왕정복귀 운동이 일어난 것이다. 결국, 왕정복귀는 1660년에 성사되었다. 자연스럽게 저항파들은 찰스 2세가 스스로 1651년에 서명했던 언약문서들을 상기시켰다.[50] 실지로 1660년 5월에 찰스 2세의 복귀는 스코틀랜드인들의 충성과 정서에 극적인 변화를 가져왔다. 그것은 외세의 지배와 고난에서 해방되는 것을 의미했다. 20여 년 이상 사람들은 전쟁과 반역과 혁명과 반혁명, 음모와 계략의 압제하에서 견뎌내야만 했다. 왕이 선조들의 권좌로 복귀한다는 것은 삶의 모든 영역에서 안정을 가져옴을 의미했다. 언약도들의 교회는 이제 스코틀랜드 교회 정치

---

50) Mitchison, *Lordship*, 58ff.

체제가 장로교 정치체제로 정착되겠다고 기대했다. 그러나 시대 상황의 변동은 예측 불가능하였다. 1660년에 이르러 스코틀랜드 교회는 정치적으로 무기력했고 한목소리를 낼 수가 없었다. 총회는 약 7년 동안 열리지 못했다. 사람들 대다수도 장로회 정치체제를 더는 본질적인 것으로 여기지 않았다. 주도적인 장로교 지도자들 가운데 하나인 로버트 더글러스는 다음과 같이 썼다. "잉글랜드 땅에 정착하게 되는 교회 정치가 어떤 것이든지 그것은 스코틀랜드 왕국에 영향력을 끼치게 될 것이다; 왜냐하면 이 새롭게 등장한 세대의 대부분은 장로교 체제에 애정이 없기 때문이다: 그러나 스스로를 감독제나 온건한 감독제의 환상 아래 매어두는 그러한 멍에에도 지쳐있다. 우리의 소망은 장로회 정치가 정착되는 것이다; 그러나 만약 그렇지 못한다면 우리는 맹세한 언약을 파기해도 전혀 문제가 없게 될 것이다."[51]

가장 중요한 변화는 장로회주의가 봉건 귀족들의 정신과 전통에 낯선 것이라고 결론 내린 젊은 귀족들 사이에서 일어났다. 더글러스의 우려는 현실이 되었다. 그들은 장로회 체제를 감독제로 대체하고자 했는데 그것은 뚜렷한 이유가 없이 단지 왕의 의지였기 때문이었다. 그러므로 여기에 놀란 장로교 지도자들은 스코틀랜드에 종교적인 안착을 위한 자신들의 소망을 다시 점검하였다. 특사로 파견된 제임스 샤프가 1660년 8월에 찰스 2세의 편지를 가지고

---

51) Robert Wodrow, *The History of the Sufferings of the Church of Scotland* (Glasgow, 1828), Vol. 1., 21.

돌아왔는데, 그 편지에서 왕이 다음과 같이 약속하였다. "우리는 진실로…. 법에 기록된 것과 같은 것을 위반하지 않고 스코틀랜드 교회의 정치를 보호하고 보존할 것을 결의한다."[52] 그러나 제임스 거쓰리나 존 리빙스톤과 같은 많은 장로교 목회자들은 이러한 약속을 의심하였다. 왜냐하면, 왕의 마음에 변화가 있다는 진정성을 볼만한 증거가 없었기 때문이었다. 그리고 그들의 의심은 왕이 감독들이 되돌아올 것을 법으로 공포하고, 왕이 의회와 함께 언약을 불법화하였을 때에 곧바로 입증되었다. 1661년 3월 28일에는 1640년 이래로 의회가 정한 모든 법을 철회하는 무효 법(Act of Rescissory)이 통과되었고, 왕과 개별 영주들이 대부분의 교구에서 교구 목사들을 지명하는 평신도 성직 임명권을 되찾게 되었다. 이 법은 각 교구에서 성직 임명권이 회복되지 않는다면 목사들은 스코틀랜드 교회의 참된 목사들이 아니라는 것을 선포한 것이었다. 이것은 왕이 근자에 엄숙히 지키겠다고 약속한 기존 교회들의 법적인 정당성의 기초를 제거하려는 것이었다.[53]

몇 년이 안 되어서 그 무효 법으로 인해 스코틀랜드 교회의 목사 1/4이 목회직에서 물러나게 되었다.[54] 왜냐하면, 그들은 이러한 왕정복고 체제의 교회가 들어서게 된다는 사실을 받아들이

52) *Ibid.*, 81.
53) Clare Jackson, *Restoration Scotland, 1660-1690* (Suffolk, 2003), 14.
54) 이전에 스코틀랜드의 장로교 목사였던 사람 중에 2/3가 왕의 명령으로 감독제 성직자가 되었다.

고 싶지 않았기 때문이었다. 귀족 대부분은 장로회주의가 신사들의 종교가 아니라고 믿었다. 그러나 가장 흥미로운 것은 '쫓겨난(outed)' 목사들은 자신들이 섬기던 회중들로부터 뜨거운 지지를 얻게 되었다는 사실이다. 예를 들어, 아이롱그레이(Irongrey)에서는 존 낙스의 증손자인 존 웰쉬(John Welsh,1624-1681)를 대체하려고 온 새로운 영국 교회 목사가 교구 여인들이 던지는 돌 세례를 피해서 달아나야만 했다. 이렇게 해서 생긴 옥외 비밀집회는 불가피한 것이었다. 시간이 지나면서 기도와 설교를 위해 모인 가정모임을 포함한 옥외 집회들은 정부에 큰 위협이 되었다. 왜냐하면, 그 수가 급증하였기 때문이었다. 이때부터 그들은 언약도 운동을 지속하기 위해 싸운 '비밀집회자(경멸적인 호칭은 분리주의자, Conventiclers)'로 불리게 되었다. 그러나 '언약도'란 말은 교회와 국가에 대해 언약의 의무들을 지키라고 촉구하며 고난을 겪은 사람들에게만 지속해서 사용되었다. 나중에 그들은 리처드 카메론을 따르는 자들이라고 해서 '카메론주의자들'로 알려지게 되었다. 왜냐하면, 1638년의 국가 언약을 특징 지웠던 고결한 이상들이 결국에는 그들 가운데서만 유지되었기 때문이다.[55]

그러는 동안에 이른바 '살인 시대'(Killing Times)로 알려진 기간에 주목해야 할 또 하나의 사건은 성 앤드루스의 대주교 제임스 샤프

---

55) Alexander Smellie, *Men of the Covenant* (London, 1909), 337.

(1618-1679)였다. 그는 이전에 왕의 뜻을 수행하는 가장 중요한 도구로 활약하면서 언약도들을 옥외 비밀집회로 내몰았고 죽음에 처하게 만든 장본인이었다. 그는 유명한 애버딘 박사들의 지도로 킹스 컬리지에서 교육을 받았다. 영국의 시민전쟁 이후 그는 스코틀랜드로 돌아와서 언약에 서명하고 1643년 성 앤드루스에 있는 성 레오나르드 컬리지의 학장이 되었다. 그는 결탁자들의 지위를 차지하여 1656년에 런던으로 가서 호민관 올리버 크롬웰과 함께 거쓰리와 워리스톤의 지도력과 반대되는 행동을 하였다. 그의 행동은 그 스스로를 '자발적 배교자이며 이중 첩자'로 만들었고, '잘 조작된, 냉혈한, 교묘한 속임수를 사용하는 인물로서 역사상 그에 필적할 만한 자는 없다'[56]는 평가를 받았다. 심지어 왕조차도 그를 자신의 목적을 위해 이용했음에도 불구하고 그를 '가장 사악한 인간 중에 하나'로 생각하였다.[57]

1661년 12월 15일에 제임스 샤프, 앤드류 페어포울(Fairfowl), 로버트 레이튼(Leighton) 그리고 제임스 해밀턴(Hamilton)은 런던의 웨스트민스터 대성당에서 감독주의 주교직에 임명되었다. 1662년 1월 2일자 왕의 편지는 장로교 치리회는 감독의 승인이 없이는 열릴 수 없음을 명시하였다. 1662년 10월 교구 주교 총회가 전국적으로 모였다. 감독제를 중심으로 종교적 통일성을 회복하려는 정

---

56) J. Dodds, *The Fifty years' Struggle of the Scottish Covenanters* (London, 1868), 99.
57) *Wodrow*, 301.

부의 그러한 시도는 언약도들을 반발하게 했다. 결국, 1663년 2월에 이르러 언약도들 대부분은 자신들의 교구에서 추방되었다.

그 이후로 스코틀랜드 교회 역사는 언약도들을 억압하는 시도들 혹은 회유책을 발효하는 이야기들로 점철되었다. 1662년의 법령으로 인해 옥외집회는 금지되었다. 1663년의 '마일 법(Mile Act)'은 이전 교구에서 이십 마일 내에 유능한 목사들이 거주하는 것을 금지한 것이었다. 그리고 같은 해에 자신의 교구 교회에서 주일에 행하는 평상적인 예배모임에 의도적으로 불참하는 모든 자에게는 벌금이 부과되었다. 이런 억압정책으로 인해서 언약도들은 1666년 11월 펜트랜드 봉기(Pentland Rising)를 일으키게 되었다. 그것은 사회적으로 가장 비천한 지위에 있는 사람들, 곧 현직 농부들과 같은 자들이 소수의 전직 목사들과 소지주들의 지도와 격려에 힘입어 일으킨 봉기였다.[58] 이 봉기는 정부에 도전을 준 것뿐만 아니라 정부의 사회적 지도층들에게도 도전을 가져왔다. 비록 그 봉기의 범위는 작을지라도 '스코틀랜드 역사에서 일어난 최초의 대중적인 민중봉기로 환영받았다.'[59]

추방된 목사들에게는 개신교 자유령(Indulgences)이 주어졌다. 그 결과로 자유를 얻은 목사들은 국가의 절대적인 사법권 아래

---

58) Stevenson, *Covenanters*, 61.

59) *Ibid.*, 62.

있는 교회로부터 또 다른 분리자들이 되었다.[60] '살인 시대' 동안
에 1672년과 1679년에 두 차례의 개신교 자유령 선포(Declaration of
Indulgence)가 이루어졌다.[61] 그 결과는 공공의 결단으로서 이전 세
대의 언약도들을 분리하는 데 성공한 것처럼 언약을 옹호하는 자
들 사이에서 분열을 일으킨 것이었다. 개신교 자유령은 왕이 국가
뿐만 아니라 교회를 통제하려는 명백한 야심을 드러냈다. 합법적
인 감독교회 성직자 한 사람이 이러한 국가적 행동에 반하여 이의
를 제기하였을 때에[62], 왕은 한 문서를 읽은 다음에 말하기를 "이
문서(Lauderdale Paper)는 주교들과 감독들도 가장 악명 높은 장로교도나
저항파들과 똑같이 악독한 자들임을 보여주는구먼"[63]이라고 했다. 왕의
욕망은 항거하는 언약도들을 제외하고는 성취되었다. 그것은 왕의
의회가 절대 군주권에 대한 법을 통과시켰을 때였다. 그 내용은 이
러하다: "국왕 전하가 이 왕국 내에 있는 모든 사람과 교회들 위에 최고의 권
위와 권력을 가진다; 그리고…. 교회의 외형적 정치형태나 정책들은 다 왕에
게 속하며 그의 계승자들도 이 권한을 천부적으로 가진다."[64]

---

60) G. N. M. Collins, *The Heritage of our Fathers* (Edinburgh, 1974), 29.

61) 현대 작가들은 때때로 이 용어를 박해의 전체 시기와 동의어와 같은 의미로 사용한다. 그러한 시기
를 살아나간 사람들은 가장 극심했던 박해 기간을 그렇게 불렀다. 그러나 나는 1667년 스코틀랜드
에 계엄령이 선포된 이래로 명예혁명이 일어날 때까지 하이랜드 종족들(스코틀랜드 북부의 야만인
들)을 보내서 언약도들을 죽이도록 이용한 시기(1677-1688)라는 뜻으로 사용한다. 알렉산더 쉴즈
는 '살인 시대'의 시초에는 이 모든 악행의 주범이 찰스 2세이며 결국 죽음을 당해 사라졌다고 말한다
(Patrick Walker, *The Six Saints of the Covenant*, p.133).

62) 글래스고 대주교 알렉산더 버넷, 글래스고 대학 학장 제임즈 램지, 이후에 성 앤드루스 대주교가 된
아더 포스 등이 1669년 신교 자유령에 대해 반대하며 깊은 탄식을 어느 문서로 표현하였다.

63) Lauderdale Paper, vol. II, 139, 166, J. D. Douglas, *op, cit.*, 130에서 인용.

64) Acts of the Parliament of Scotland, vol. VII, 554, J. D. Douglas, *op, cit.*, 130에서 인용.

그러나 교회 정치의 영적인 독립성을 수호하기 위한 언약도들의 투쟁은 계속되었다. 절대 군주법을 반대하는 이가 아무도 없게 되었을 때, 심지어 왕에게 새로운 정책을 건의했던 레이튼조차도 그가 결정한 것을 평생 후회했음에도 불구하고 그 법 조항들을 끝내 받아들이기로 결론을 내렸다. 그가 후회한 것은 그것이 왕을 교황과 같이 만들었기 때문이었다. 오직 항거자들인 언약도들만이 옥외집회를 계속하면서 정부에 반항의 목소리를 키워나갔다. 그들만이 이렇게 혐오스러운 법이 가장 고약한 국가 만능주의와 교황주의를 포함하고 있을 뿐만 아니라 그로 인해 찰스 왕에게 천부적인 왕권을 부여했다는 것을 아는 유일한 당파였다.[65] "공공정책에서나 사적인 삶에서나 모두 타락한 자들인 사회의 지배층들은 하나님을 위하는 것(신앙)을 포기하고 무자비한 박해로써 언약도들의 신앙을 파괴하려고 했다. 단지 평범한 시민들만이 참된 경건을 지키기 위해 저항을 준비했으며, 그 결과로 그들은 야만적인 억압을 겪게 되었다."[66] 여기서 주목해야 할 것은 초창기 언약도 운동은 귀족들의 지도를 받았지만, 이제는 소수의 유능한 목사들의 지도로 평민들에 의해서 진전되었다는 것이다. 달리 말해서, 1638년의 국가 언약은 그 정신과 범위, 그리고 의도에서는 범국민적이었으며, 사람들 대다수의 보편적인 지지를 얻었다는 점이다. 그러나 저항적이며 박해받은 후기의 언약도들은 수적으로는 소수였으나 언약도 목사들의 지도하에 놓인 대다수 평민

---

65) W. Row, *The Life of Mr Robert Blair* (Edinburgh, 1848), 529.
66) Stevenson, *Covenanters*, 64.

으로 구성되어 있었다.[67] 그들이 굳게 붙든 서약은 단지 그들과 왕 사이의 약조를 의미한 것만이 아니라 종교와 하나님의 말씀을 따른 율법과의 맹세를 뜻하였다. 그리하여 만일 이것이 깨어지면 그들의 삶은 별 의미가 없게 되는 것이었다. 이러한 기초위에서 그들의 삶을 영위하였고 그들은 의롭게 죽어갔다. 반면에 많은 귀족 특히 몽트로스와 같은 자는 이전에 언약도였을지라도 이제는 제일 앞장서서 공공연히 절대왕정을 지지하는 자가 되었다.

왐프레이(Wamphray)의 존 브라운(1610-1679)이 말했던 것처럼, 저항적인 언약도들에게 있어서 개신교 자유령을 수용하는 것은 단지 불리하고 어리석은 행동이었던 것이 아니었다. 그것은 하나님을 대적한 반역이었다.[68] 왜냐하면, 그것은 교회의 머리 되신 그리스도에게 해가 될 뿐만 아니라 장로교 원리에도 어긋나는 것으로 비쳤기 때문이었다. 언약도들이 보기에 개신교 자유령은 국가 만능주의를 촉진하기 위해 의도된 것이었으며 언약도 운동을 불신하게끔 만드는 것이었다. 왐프레이의 존 브라운은 이렇게 말했다. "나는 그러한 자유가 어떻게 하여 죄지음이 없이 채택되거나 수용될 수 있는지 모르겠다."[69]

---

67) I. B. Cowan은 '평신도들의 지지 범위는 더욱 예외적이어서 극소수의 영향력 있는 지지자들이 개신교를 지지하기만 한다면 소작농들과 하층계급의 사람들은 기존의 교회들뿐만 아니라 기존 사회에 대항할 때에 많은 것들을 잃어버렸음에도 불구하고 어느 지역들에서는 적어도 놀랄 만큼 장로교를 지지했다는 사실을 보여준다'라고 말한다. *The Scottish Covenanters*, p.53.

68) J. D. Douglas, op. cit., 132.

69) Ibid.

이 기간에 박해받는 언약도들이 군사적인 특성을 갖게 되는 것은 불가피한 일이었다. 그것은 1679년의 해밀턴에서 한 것과 같은 선언문들에 잘 구현되어 있다.[70] 1년 후인 1680년에 중요한 의미를 지닌 상콰르(Sanquhar Declaration) 선언문이 만들어졌다.[71] 명예혁명 이후의 모습을 관찰했던 다니엘 디포우는 『스코틀랜드 교회사 회고록』에서 이렇게 기록하였다: "카메론주의자들은 언제나 하나님을 자유롭게 예배하기를 사모한 고요하고 평화로운 사람들이었다. 인간들이 부과한 모든 규제로부터 자유롭기를 갈망했던 사람들이었다. 비록 그들은 이미 모든 종류의 억압과 불공평함을 겪었음에도 아무에게도 폭력을 행사하지 않은 사람들이었다."[72] 벌레이 교수는 고난당한 자들(카메론주의자들)이 대개 비천한 사람들, 농부들, 혹은 독립적인 정신을 소유한 기술자들이었음을 인정하고 있다.[73] 그들 언약도들에게는 보복의 정신이 없었다.[74] 그러므로 그들의 가르침과 실천적 삶의 모든 본질적 기초는 성경적이었다. 그렇지 않았으면 그 시대의 메시지에 굶주린 사람들이 개신교 자유령을 거부한 목사들과의 만남은 이루어지지

---

70) 5월 29일은 왕의 권위를 복고한 것에 대해 엄숙한 감사를 드리는 기념일로 제정되었다. 그날에 머리령을 선포하였는데, 이것은 언약도들을 정죄하고, 기존 교회 정치의 전복을 막는 법이며, 감독제도를 정착시키는 법이며, 그리스도의 목사들, 곧 말씀에 따라 하나님의 교회 정치를 세우는 의회와 총회의 모든 법령을 무효로 하는 법에 따라서 결코 국교도로 전향할 수 없는 자들을 추방하는 법이다…. (모리스 그란트, p.146)

71) Ibid., 140.

72) Daniel Defoe, *Memoir of the Church of Scotland* (Perth, 1844), 233.

73) Burleigh, 251.

74) Macpherson, *The Covenanters under Persecution*, 40.

못했을 것이다.[75] 한 사람의 박해자는 제거되었을지라도 박해의 악독함은 줄어들지 않았다.[76]

1679년 언약도들은 잔인하기로 악명 높은 클레버하우스(Claverhouse)의 제임스 그레함(Graham)이 이끄는 부대와 싸운 드럼클록(Drumclog)에서의 전쟁에 승리하면서 두 가지를 촉진했다. 하나는 항거자들의 수적증가를 이루었다. 둘째는 항거자들에 대한 더 극렬한 박해가 일어나서 살인 시대가 무려 1688년까지 지속하였다는 점이다. 그러나 그들 중 이 백여 명은 언약을 굳게 지킨 결과 집단 농장으로 보내어지는 정죄를 당했고, 그들을 태운 배가 오크니섬에 좌초함으로써 모두 바다에 수장되어 죽임을 당했다.[77]

찰스 2세는 1685년 2월 6일에 죽었고, 나흘 후에 그의 동생이 제임스 7세로 즉위했다. 제임스는 그의 왕국 전체를 통틀어 로마 가톨릭의 나라로 완전히 복귀시키기로 하였다.[78] 무엇보다도 1687년에 제임스 7세는 그의 종교정책을 반영하는 두 개의 개신교 자유령을 발표했다. 첫째 것에는 장로교도들은 오직 개별적인 집에서만 예배하도록 허락되었다. 그러나 심지어 개별적인 가정예배조

---

75) Jackson, *Restoration*, 118.

76) *Ibid.*, 119.

77) David Stevenson, *The Scottish Revolution, 1637-1644* (Devon, 1973), 79.

78) Mitchison, *Lordship*, 116.

차도 가족이 아닌 사람 다섯 명 이상이 참석한다면 반역으로 간주하였다. 둘째로 옥외 집회만을 제외한 나머지 다른 모든 종교적 회합들은 허가되었다. 이것은 기존 교회의 안정적 지속을 위한 유일한 희망으로 카메론주의자들을 제외하고 대부분의 비국교도 목사들에게 받아들여졌다. 박해당하는 언약도들은 왕의 의도가 개신교를 손상하고 전복시켜서 스코틀랜드에 교황제를 정착시키려는 것임을 깨달았다. 그러한 법들로 인해 비밀집회들은 증가하였다. 어느 비밀집회에는 6백 명의 무장한 남자들과 7천 명의 비무장한 사람들이 성찬이 집행될 때 복음을 듣기 위해 참가하였다.[79] 이들의 급속한 수적 증가는 왕으로 하여금 그들을 더욱 엄격하게 반대하게 만들었다. 그러나 그의 통치는 이미 말기에 다다랐다. 왕은 대주교 상크로포트(Sancroft)와 여섯 명의 다른 주교들을 반역의 혐의를 씌웠다. 왜냐하면, 그들이 왕의 정책을 지지하지 않았기 때문이다. 투옥된 주교들의 행동은 많은 스코틀랜드인의 지지를 받았다. 왕의 독재적인 행동으로 말미암아 그의 신하들의 눈이 열려서 왕의 정책이 진정 어떤 성격의 것인지를 깨닫게 했다.[80]

1688년 11월 5일, 제임스 7세의 장녀와 결혼한 '오렌지의 윌리엄 공'이 토베이에 군대를 이끌고 상륙하여 왕위를 주장했다. 스코틀랜드 주교들과 대다수의 감독교회 목사들은 윌리엄을 거부하고

---

79) John C. Johnston, *Treasury of the Scottish Covenant* (Edinburgh, 1887), 147.
80) Jackson, *Restoration*, 152; 212.

제임스 왕을 합법적인 왕으로 충성하며 남았다. 그러나 윌리엄의 가장 열렬한 지지자들은 장로교도들이었다. 이러한 분위기로 인해 스코틀랜드 상황이 극적으로 변했다. 만약 스코틀랜드 감독주의자들이 윌리엄을 받아들였다면 감독제는 살아남았을 것이다. 그러한 변화들 가운데 장로교는 다시 한번 1690년에 회복되었다. 백성들 사이에는 더는 장로교만이 유일한 신앙의 형태라고는 생각하지 않은 자들이 늘어가기는 했으나, 스코틀랜드 사람 대부분은 장로교를 하나님의 말씀에 가장 어울리는 것으로는 받아들였다.

그러나 언약도들은 죽어가는 시대에 살아있는 진리들이었다. 그들의 고백이 없었다면 장로교의 승리는 불가능했을 것이다. 그들이 싸운 것은 장로교 때문이 아니라, 그리스도의 왕권을 위해서였음을 주목해야만 한다. 헥터 맥퍼슨이 다음과 같이 말한 것은 옳다. "서로를 파괴하는 두 개의 신적인 권리들을 대신하여 언약도들이 선언한 시민과 종교의 자유는 잘 만들어진 것이며, 스튜어트 왕가와 관계를 단절하는 데로 나아간 카메론주의자들의 행동은 충분히 정당화된다."[81] 스튜어트 왕가의 독재에 저항하는 것은 대체로 대중적인 저항이었다. 언약도 운동의 요점은 주로 교회의 영적인 독립성을 위한 것이며 본질적으로 민주적인 것이었다. 비록 많은 지도자가 귀족들부터 중산층까지 연이어 일어났지만, 이 박해의 시기 동안 비밀집회에 참여한 대다수 무리와 지배자의 독재에 저항한 자들은 지역 공동체의 더

---

81) Hector Macpherson, *The Covenanters under Persecution, A study of their Religious and Ethical Thought*; Henderson, 36.

가난한 계층들이었다. 그러므로 언약도들의 승리는 평민들이 시민권과 종교의 자유를 획득한 승리였으므로 다음과 같은 평가가 정당할 것이다. "언약도들은 종교개혁을 위하여(로마에 대항하여), 칼빈주의를 위하여(알미니안주의를 대항하여), 장로교를 위하여(감독제를 대항하여), 법치주의를 위하여(독재정치를 대항하여), 스코틀랜드 독립을 위하여(영국의 간섭을 대항하여), 그리고 도덕과 학문과 그 모든 것에 있어서는 청교도주의를 위하여(마귀에 대항하여) 일어났다."[82] 그리스도와 그의 왕권, 그리고 언약도들의 깃발에[83] 새겨진 언약의 원리들을 위하여, 그들은 죽기까지 충성한 신실한 자들이었다.

"사형대 앞에서도 언약도들은 영광스러운 승리를 쟁취했다"라는 것을 기억하는 것이 가치 있는 일이 될 것이다. "그들이 피의 기록으로 남긴 글들은 자유를 사랑하는 모든 스코틀랜드인의 가슴 속에 간직될 것이다." 언약도의 사자인 리처드 카메론과 렌윅, 카길, 그리고 나머지 다른 고귀한 무리는 죽지 않았다—그들은 영원히 사는 자들과 함께 살아있다.[84]

2. 역사적-신학적인 배경

그리스도의 수장권, 예배의 자유와 즉흥적인 기도, 교회 정치

---

82) Henderson, *The Religious Life*, 169.
83) 언약도들의 깃발에는 '그리스도의 왕권과 언약을 위하여'라고 새겨졌다.
84) Hector MacPherson, *Scotland's Debt to Protestantism* (Edinburgh, 1912), 78

형태와 기타 등등에 관한 언약도들의 주장들은 그들의 신학적인 믿음을 따라서 행해진 것이었다. 그들을 국가 언약에 서명하도록 이끌고 간 신학적 믿음이란 무엇이었는가? 야만적인 법령이 공포되어 사형의 처벌이 내리고, 비밀집회에서 설교하는 것이 금지되었음에도, 그리고 엄청난 벌금이 가해지고 아들이 아버지를 감옥에 보내며 혹은 자매가 형제를 빵 때문에 감옥에 보내는 아픔에도 불구하고 그들이 그토록 커다란 억압에 저항하게끔 만든 힘은 무엇인가?

그 답은 그들이 그토록 강건하게 붙들었던 칼빈주의 신학 안에 놓여 있다. 헥터 맥퍼슨은 '언약도들이야말로 이론적인 측면에서 보면 정통주의 중에 정통이다'라고 선언했다.[85] 19세기 스코틀랜드의 성경 지리학자이며 역사학자인 W. J. 도슨 경은 '언약도들을 탄생시킨 것은 존 칼빈의 엄격하고도 훌륭한 신학'이라고 진술했다.[86] 이 신학에서 비록 국가언약이 스코틀랜드와 하나님의 특별한 관계를 보여주는 사상을 상세히 설명하지 않았음에도 불구하고 그들은 국민적 정체성의 의미를 발견하였다.[87] 그러므로 여기에서는 언약도들의 세 가지 특수한 교리적 입장들을 다루지 않을 수 없다. 성경의 교리, 언약신학의 교리, 그리고 신적 권리와 교회 정치의 교리이다.

---

85) Hector Macpherson, *The Covenanters under Persecution*, 58.

86) J. C. Johnston in *Alexander Peden*, Mourne Missionary Trust, 4쪽에 의해서 인용.

87) David Stevenson, *The Covenanters*, Saltire Pamphlets series 11, 1988, 41쪽을 보라.

1) 성경의 교리적 입장

언약도들이 성경적 원리들에 따라서 국가를 건설하려고 노력하였기 때문에 그들의 성경관을 연구해 보는 것은 결코 하찮은 일이 아니다. 언약도들은 칼빈과 낙스의 사상을 따라서 종교적 행위와 신앙에 있어서 성경을 매우 소중하고 가치 있게 여겼다.[88] 그들은 신구약 성경을 하나님의 말씀이며 그리스도인의 신앙과 행위의 유일하고 정확무오한 규범으로 생각했다. 성경은 그들에게 있어서 영원의 세계를 알려주는 변함없는 보물들을 담고 있는 유일한 황금 사슬이었다. G. D. 헨더슨은 '언약도들의 인생에서 가장 소중한 유물은 성경'이라고 지적한다.[89] 언약도 목사들은 사람들이 개인마다 성경을 가지고 읽게끔 독려하였다. 심지어 문맹자들조차도 한 권씩 자기 성경을 갖도록 요구했으며, 그들을 위해 읽어줄 누군가를 고용하라고 했다. 1642년 총회 이후에 가난한 자들에게는 성경이 무료로 주어졌다. 1660년까지 언약도 교회들의 그러한 노력에 따라서 거의 모든 가정이 성경 한 권씩을 소유했으며, 더욱이 전국 대부분에서 나이가 찬 아이들은 성경을 읽을 수 있을 때가 되면 부모들이나 목사들로부터 성경을 받았다.[90]

---

88) 스코틀랜드 신앙고백서(*Scots Confession*) 서문과 제1치리서(*First Book of Discipline*)의 서문은 성경을 하늘에서 직접 내려온 말씀으로 보는 그러한 태도를 보여준다.

89) G. D. Henderson, *Religious life in 17th Century Scotland* (Cambridge University Press, 1937), 5.

90) J. Kirkton, *The Secret and True History of the Church of Scotland,* ed., by Sharpe, 1817, 64, G. D. Henderson, op., cit, 4f로 다시 인용됨.

칼빈주의적 교리의 근본토대가 되는 성경은 확실한 규범이요, 하나님의 영으로 감동되었으며, 정확무오하고, 통일된 권위를 가지며, 충족적이고 자기 해석적이다. 언약도들은 비록 스코틀랜드 신앙고백서가 신론의 교리로 시작했음에도 불구하고 웨스트민스터 신앙고백서의 첫 조항이 '성경에 관하여'인 것을 반대하지 않았다. 웨스트민스터 총회에 참석한 스코틀랜드 대표들은 웨스트민스터 신앙고백서 작성에 큰 영향을 끼쳤으며, 성경의 궁극적 권위를 완전히 받아들였다. 왜냐하면, 성경의 저자는 하나님이시기 때문이다. 그러므로 그들은 성경의 권위를 훼손하는 것을 두려워했다. 펜윅의 목사인 W. 거스리(1620-1665)는 '주님의 성령이 성경의 신성함을 증거해야 하며, 그것이야말로 하나님의 말씀의 정확무오함이요, 이를 위해서 사용될 수 있는 다른 모든 문서를 능가하는 것이다'라고 했다.[91] 성경을 사용하는 예는 목사들의 강의와 설교에서, 순교자들이 죽임당하는 고백 속에서, 시대의 소책자들 속에서, 일기나 저널, 회고록 속에서도 완전히 드러나 있다. 의심의 여지가 없이 성경은 신적으로 영감된 하나님의 전적인 의지를 드러내는 계시이며 신앙과 행위의 필요한 모든 것을 포함하고 있다. 그것은 영적인 삶을 추구하는 데 있어서 유일한 안내자이다.[92]

91) William Guthrie, *The Christian's Great Interest*, 78.
92) Gilbert Burnet, *History of His Own Time* (London, 1838), 140, G. D. Douglas, *Light in the North*, 134쪽에서 인용.

'그 시대 정치에서도 성경은 언제나 참고서였다.'[93] 사무엘 루터 포드의 『Lex Rex』(법, 왕)는 바로 그러한 예이다. R. A. 해밀턴의 『납달리』(Naphatali)[94]에서 '언약도들은 하나님의 말씀 위에 서 있는 자들이다'라고 주장한다.[95] 그들의 모든 설교 주제들과 신학적 문제들은 성경적인 방식으로 이루어졌다. 언약도들에게 있어서 모든 신학적인 측면에서나 종교적인 작품에서 성경에 호소하는 것은 매우 자연스러운 것이었다. 그것은 그들이 성경에 너무나 친숙한 나머지 성경만을 자신들의 신앙과 행위의 안내자로 삼았기 때문이다.[96] 스코틀랜드의 목사들이 성경공부에 도움이 되는 많은 작품을 제공하기가 쉽지 않았기 때문에 단지 성경에 관한 책들만을 읽기보다는 성경을 읽으며, 성경에 대한 의미를 간접적으로 받아들이기보다는 스스로 성경의 의미를 묵상하려고 시도하는 것이 사람들에게 훨씬 더 직접적인 유익을 준다고 한 것은 매우 흥머로운 사

---

93) G. D. Henderson, 13.

94) 그 저자들은 제임스 스튜어트 경, 파이슬리의 스털링 경이다. 그것은 그리스도의 왕국을 위한 스코틀랜드 교회의 투쟁들에 대한 것이다. 아울러 1660년 이후로 진리를 위해 순교한 많은 자의 유언과 증언을 담았고, 1680년에 출판되었다.

95) Henderson, 13.

96) Henderson은 그들이 쓴 성경연구서들을 다음과 같이 열거한다: William Guild's *Moses Unvailed*(1620), Robert Fleming's *Fulfilling of Scripture* (1669), Strang's *de Voluntate* (1657), Rutherford's *Examen Arminianismi*(1668), Durham and Dickson's *The Sum of Saving Knowledge* (1650), Patrick Gillespie's *Ark of the Covenant Opened* (1677) Dickson's *Truth's Victory* (1684)-a survey of the Westminster Confession of Faith, Blair's *Autobiography*, *Brown's Apologetical Relation* (1660), *Naphtali* (1667), Jamieson's *Apology for the Oppressed Ministers*(1677), William Guthrie's *Christian's Great Interest* (1658) and Henry Scougall's *Life of God in the Soul of Man* (1677).

실이다.[97] 언약도들은 그러한 습관을 갖게 된 복을 누렸으며, 그들의 사고나 행동에서도 성경 중심적인 사람이 되었다.

2) 언약신학의 교리적 입장

언약신학이란 무엇인가? 그것은 언약גְּרית의 개념에 중심적인 지위를 부여하는 신학 형식이다. 언약이란 단어는 결혼과 같이 양자 간에 동등한 언약(약속)들과 관련해서 쓰이지는 않는다. 오히려 그것은 일방적인(편무적인) 언약διαθηκη에 관계된다. 이러한 언약의 형태는 바로 '나는 너의 하나님이 되고 너희는 내 백성이 될 것이다'라는 전문에 잘 나타나 있다. 이러한 언약의 개념은 신구약 모두에서 중심적인 개념이다. 그것은 하나님의 언약적 관계가 하나님이 선택하신 자들과 관계있다는 사상을 의미하며, 그들은 곧 하나님과의 관계에서 세상과 구별된 자들이다. 이것이 바로 성경해석에 있어서 다음 이백 년간 중심적인 기준이 되었다.

언약신학은 17세기 스코틀랜드에서 매우 환영받았다. 그것은 본질적으로 추상적이고 사변적인 본성을 지닌 고등 칼빈주의와 알미니안주의에 대항한 신학이었다. D. 스티븐슨은 '발전하는 언약신학의 역할은 확실히 저항의 정당성과 그 성취의 확신에 중심적인 것으로서, 언약도 운동에 일관성 있는 이념적 연결고리를 주고 사회 모든 계층을 통합시킨다. 그 종교적인 이념은 보편적인 타당

---

97) G. D. Henderson, 22.

성을 보장해주었다.[98] 그러므로 언약신학은 17세기 스코틀랜드와 영국에서 사회-정치적인 사고에 잘 들어맞는(매우 적당한) 것이었다.

봉건제도의 붕괴와 더불어, 자유를 위한 투쟁이 시작되면서 사람들은 '무리', '계약', '언약' 등을 만들어냈다. 그것은 절대주권과 관계하여 백성의 자유를 수호하고 인권을 보존하며, 백성들과 관계하여 절대주권의 권리를 보존하는 것이다. 그러므로 언약신학이 어떠한 영적인 목적을 위해 상호 언약을 맺고 국가 전체를 하나님과 관계된 언약 아래에 두기를 추구한 교회의 지도자들에게 수용된다는 것은 자연스러운 일이다. 성경적 개념도 그와 마찬가지로 기록되었건 혹은 성경에 함축되었건 간에 언약신학은 시대를 통해서 하나님이 인간들을 섭리하신다는 것을 강조한다. 그러한 신학을 갖고서 교회의 지도자들은 서로서로 간에 어떤 목적을 위해 언약을 맺었고 국가 전체를 하나님과의 언약적 관계 아래 위치시켰다.[99]

이리하여 언약도 운동은 신학적 중요성(언약신학)을 얻었을 뿐만 아니라 정치적 차원(정치 신학)으로도 존속되었다.[100] 그 정치적인 의미로 인해서 일반인들조차도 국가 언약을 시민적 자유를 위한 그

---

98) David Stevenson, *The Scottish Revolution*, 318.

99) Hector Macpherson, *The Covenanters under Persecution*, 57

100) J. B. Torrance, 'Covenant or Contract' in *Scottish Journal of Theology*, Vol. 23, 1970, 53

들의 투쟁에서의 하나의 표상으로 이해하게끔 했다.

『구원 얻는 지식의 모든 것』
(Sum of Saving Knowledge)

신학적으로나 교회적으로나 언약신학의 완전한 표현형태는『구원 얻는 지식의 모든 것』(Sum of Saving Knowledge)이라는 두 사람의 공동저서에서 발견된다. 그들은 제임스 더람과 데이빗 딕슨으로 그 시대의 지도적인 스코틀랜드 목사들이다. 1650년에 출판된 '구원 얻는 지식의 모든 것'은 웨스트민스터 예배 모범과 함께 대중적인 평가를 받았다. 웨스트민스터 신앙고백서도 또한 언약신학에서 특별한 위치를 차지한다. 고백서 7장 2항과 3항을 보면 특별히 '인간과 맺은 하나님의 언약에 관하여'에 참되게 나타난다. 한 19세기 학자는 '스코틀랜드의 옛 신학은 실로 언약신학으로 서술됐다'라고 말했다.[101]

신학적인 정당성을 얻게 되자마자 언약도들은 함께 행동하며 나아갔다. 그들은 스스로 하나님의 일을 한다고 주장했다. 이러한 경향은 확실히 언약도들의 주된 목적이 하나님을 추구하기 위한

---

101) J. Walker, *The Theology and Theologians of Scotland* (Edinburgh, 1888), 73.

경건한 삶을 살기로 맹세했을 뿐만 아니라 국가교회의 경건한 개혁까지도 추구하기를 맹세했음을 나타낸다. 몇몇 중요한 문서들을 보면 그들은 하나님이 주도권을 행사하신 은혜 언약에다가 하나님과 언약도들 사이에 하나님이 주도하시는 은혜 언약에 대한 부가적인 언약적 관계를 첨가했다.

3) 신적 권리와 교회 정치의 교리적 입장

언약도 운동의 또 하나의 신학적 양상은 교회와 국가 모두에 대한 그리스도의 머리되심이었다. 스튜어트 군주제 아래서 교회가 점점 더 절대적인 독재정치에 직면하게 되자 나타난 결과가 스코틀랜드 언약도들의 출현이었다. 찰스 1세가 라우드 예식서를 모든 목사가 받아들여 각 교구에 두 권씩 보내기를 강요하자 전국이 불같이 들끓었다. '교회법'은 절대 군주권의 법령을 외적으로 인정하기를 요구한 것만이 아니었다. 그 주된 목적이란 또한 스코틀랜드에서 장로교회를 뿌리 뽑는 것이었다. 왕은 양심적인 이유로 예식서를 정죄하며 감독제를 거부하는 모든 자를 출교하겠다고 위협했다. 찰스 왕은 스코틀랜드에서 감독교회 회원이 아니라면 누구든지 어떤 종류의 직무도 가질 수 없다고 명령했다.[102] 비록 그 투쟁이 두 개의 신적 권리들 곧, 엄한 세습 군주의 권리와 사도적 특권을 갖는 설교자들의 권리 간의 충돌이었음에도, 그리스도의 머리

---

102) Acts of the Parliaments of Scotland, VII, 455, C.9. (1663).

되심은 단지 교회의 표어가 아니라 모든 언약도가 전적으로 충성하고자 노력했던 원리였다. 그 원리에 대한 충성은 제자도에 대한 시험이요, 개개인의 영원한 운명에 대하여 결정적인 것이었다.[103]

그러한 태도는 앤드류 멜빌이 제임스 6세에게 행했던 유명한 진술에 기원을 두고 있다.[104] 그는 왕의 신적 권리에 대항하여 교회의 신적인 권리를 제정했다. 멜빌주의자들처럼 언약도들 또한 모든 것 위에 군림하시는 그리스도의 왕권을 굳게 신뢰한다. 그리스도는 교회의 머리가 되신다. 언약도들에게 있어서 시민법은 성경에 명시된 것과 같이 하나님의 법과 조화가 가능한 것이었다. 그 원리들은 주요 언약도 지도자들 가운데 한 사람인 알렉산더 헨더슨이 1638년 3월 성 앤드루스에서 한 설교에 잘 반영되어 있다. 이것은 시민적 현안들에 관련된 언약도들의 입장을 전형적으로 표현한 것이다.[105] 이 사상은 언약도들의 사도인 사무엘 루터포드(1600-1661)의 『Lex Rex』(법, 왕)에 더 잘 발달한 사상이다. 그의 사상은 스튜어트 왕가의 왕권신수설에 대항해서 세워진 것이다. 여기에서 그는 성경을 그리스도인 시민 정부의 진리로 강력하게 제시하였

---

103) Hector Macpherson, *The Covenanters*, 82.

104) 앤드류 멜빌은 제임스 6세 앞에서 설교했었던 존 낙스의 후계자이다. 제임스 왕은 장로교는 신사들의 종교가 아니며 감독제가 절대 군주권과 정책을 지지하는 데 더욱 필수적이라고 선언했다. 멜빌은 그에게 말하기를, '왕이여, 두 왕국과 두 나라가 스코틀랜드에 있으며, 그리스도와 그의 왕국, 곧 교회는 제임스 6세도 그 안에 한 회원이고 왕국의 일원이며, 왕이나 군주나 머리도 아닌 그저 한 사람의 백성일 뿐입니다.' Calderwood's *History of the Scotland Church*, Vol. 5, p. 440에서 인용.

105) J. D. Douglas, 39; 40.

다. 그는 '법은 왕에게 속한 것이 아니라 왕을 믿고 위탁한 것이다'라고 했다.[106] 루터포드의 논변은 제임스 6세와 1세의 가정교사였던 조지 뷰캐넌의 정부이론에서 도출되었다. 그는 '왕들은 백성들에 의해 선택되고 직무상 존속된다. 왕들은 인간의 법과 신의 법에 모두 종속된다'라고 했다.[107] 언약도들은 하나님께 참된 예배하는 것과 왕에 대한 충성, 그리고 공공의 행복과 번영을 위한 왕국의 평화를 유지하는 데에 큰 노력을 기울였다.

그리스도의 가시적(可視的)인 왕국으로서의 교회의 영적인 독립성은 언약도들만의 고유한 고백이 되었다. 『Lex Rex』(법, 왕) 소각 사건 이후에 그것에 더 큰 초점이 맞추어졌다. 1661년 1월 1일 '술 취한 스코틀랜드 의회(The Drunken Parliament)'[108]는 왕의 절대적 권위는 모든 사람과 모든 문제 위에 있다고 결의했다.[109] 결국, 장로

---

106) *Tercentenary of the National Covenant of Scotland, 1638-1938* (Glasgow, 1939), 23

107) 같은 책, 16쪽. 그런 사상은 존 낙스의 '종교개혁사'에서 나온 것이다. '하나님이 정하신 권위와 그 권위 속에 자리한 인물들 사이에는 커다란 차이가 있다.' 1권, 168쪽.

108) 하루 이틀이 지나면서 그들이 점점 더 술에 취했을 때, 그런 모험을 감행하기로 했다. 글래스고 추밀원은 모든 회원이 모여 술에 취해 흥분된 혼란 틈에 추방령을 통과시켰다. 그러나 단 한 명, 리의 제임스 록하트 경은 그것을 반대했다(Hector Macpherson, *The Covenanters under Persecution*, 41-42).

109) 찰스 2세가 법을 제정함으로써 자신을 스코틀랜드의 교황이자 왕으로 선포했기 때문에, 워드로우(Wodrow)는 1681년의 시험령을 '교황제, 감독제, 국가 교회주의, 자기모순의 총합'이라고 불렀다(R. Wodrow, *The History of the Sufferings of the Church of Scotland from the Restoration to the Revolution* (Edinburgh, 1721), vol. 1. p. 92). 그것이 자기모순인 이유는 이렇다. 이 서약을 받는 자는 누구든지 다음과 같이 맹세해야 하기 때문이다. '신앙고백서에 포함되고, 제임스 6세의 1차 회의(1657)에서 기록된 참된 개신교와 왕의 권위는 이 왕국의 최고 통치자로서, 모든 사람과 이유를 불문하고 시민들뿐만 아니라 교회들까지도 다스린다.' 그러나 신앙고백서는 그리스도를 교회의 유일한 머리로 가르치기 때문에 80여 명의 목사는 시험령을 받아들이기를 거부하고 목회사역에서

교회와 국가 간의 투쟁은 불가피했으며, 그것은 종교적인 입장에서 영적 독재와 영적 독립성 사이에 벌어진 진정한 투쟁이었고 정치적인 측면에서는 절대주의와 법치주의의 투쟁이었다.[110]

언약도들은 결과적으로 점점 더 일반 대중의 권리와 권징과 예배에서의 교회의 독립성을 보장하는 데 모두 큰 공헌을 했다. 장로회주의는 완전히 민주적이고 성경적인 조직체로서, 그리고 그것을 통해 국가의 종교적 생활을 운영하는 통로라고 간주했다. 그들은 본래부터 지닌 교회의 독립성은 교회만의 방식으로 교회의 문제들을 처리하는 것이라고 확언하였다. 그러한 원리가 명백하게 주장

조지 길레스피(1613-1648)

된 것이 바로 웨스트민스터 신앙고백서이다. 웨스트민스터 신앙고백서에서는 교회 정치가 시민 관료들로부터 독립적이어야 한다는 것과 특정한 직책들, 곧 특정한 회중들과 장로교와 노회와 총회 차원에 있어서 성경적인 강제(제제)가 인정된다는 것을 고백한다.

조지 길레스피와 사무엘 루터포드[111]는 교회의 신적 권리에 대한 총회의 논쟁에 상당한 공헌을 했다. 그들

물러났다.

110) Hector Macpherson, *Scotland's Battles for Spiritual Independence* (Edinburgh, 1905), 114.

111) George Gillespie, *An Assertion of the Government of Church of Scotland* (1641), *Aarons' Rod Blossoming* (1646), Samuel Rutherford, *The Divine Right of Church Government and Excommunication* (1646), *Due Right of Presbyteries* (1644)를 보라.

은 치리 장로들을 위한 성경적인 증거들을 검증함으로 그리고 목
사들과 장로들이 동등한 수로 모여 다루는 교회 권징 문제를 위한
성경적 증거들을 살핌으로써 그 교리를 입증하였다. 장로회주의에
대한 성경적 권한을 설명하는 초기의 주석이 데이비드 칼더우드
의 영향력 있는 '다메섹의 제단(Altare Damascenum, 1623)'에서 발견된
다.[112]

4) 고난과 연관된 섭리에 대한 교리적 입장

기독교의 역사는 창조 이래로 고난의 역사이다. 성경은 그리스
도인의 신앙에 대한 역사를 담은 책일 뿐만 아니라 그 자체가 그
들의 고난을 증거하는 책이기도 하다. 고난이란 그리스도 예수 안
에서 경건하게 살기 원하는 신앙인들에게는 피할 수 없다. 박해받
은 언약도들에 고난이란 '예수를 위해 받게 되는 말로 다 할 수 없
는 기쁨과 영광이었지 복수에 대한 갈망을 뜻하지 않았다.'[113] 그
들은 사도들과 같이 예수의 이름을 위하여 능욕 받는 것을 기꺼이
기뻐한 자들이었다.[114] 하드힐의 니스벳(Nisbet of Hardhill)은 고백한
다:"나는 지난 16년 동안 귀하신 그리스도와 그의 보배로운 사역에 나의 피

---

112) 그는 교회사가이며 개신교 변증학자이다(1575-1650). 라틴어로 저술한 이 책에서 그는 이름을 밝
히지 않고 영국의 감독제를 비판했다. 그 제목은 유다의 아하스 왕이 예루살렘 성전에다가 본떠 만든
다메섹의 이방 제단과 관련된 것이다(왕하 16:10-16).

113) Hewison, op. cit., 324.

114) 사도행전 5:41, ESV역본 (English Standard Version).

로 인쳐지기를 갈망하였다."[115] "우리가 백번 살 수 있다면 우리는 기꺼이 백번 다 그리스도의 진리를 위해 모든 것을 버릴 것이다."라는 고백은 엔터킨 패스(Enterkin Pass)의 순교자들이 교수대에 오를 때에 했던 용감한 작별인사이다. 그러한 정신은 악의에 차거나 광기 어린 미신이 아니라 순교자들이 자신들을 목매달던 밧줄에 입 맞추던 것 같은 고귀한 정신이었다.

카메론의 아버지는 에든버러에 있는 톨부쓰(Tolbooth) 감방에서 아들의 피 묻은 머리와 손들을 보며 다음과 같이 고백했다; "나는 그것들(머리와 손)을 안다. 그것들은 내 아들, 사랑하는 내 아들의 것이다. 주님은 선하시다. 그분의 뜻도 선하시다. 주님은 내게도 나의 소유에도 해를 끼치지 않으신다. 다만 내 평생에 주님의 선하심과 자비가 나를 따르게 하셨다." 로버트 머레이라고 이름 불린 한 병사는 카메론의 죽은 몸을 보고 다음과 같이 말했다; "저기에 기도하며 설교하고 살았던 머리와 손이 있다. 그리고 그는 기도하며 싸우다가 죽었다."[116] 카메론은 이사야 49장 24-26절에 대한 설교를 통해 스코틀랜드와 교회와 국가를 향한 하나님의 위대한 구원을 선포하였으며, 사람들이 기뻐하고 찬양하도록 용기를 불어넣었다. 왜냐하면 "여인은 그 젖먹이를 잊어버릴지라도 하나님은 그의 백성을 잊어버릴 수가 없기 때문이었다." 다음은 그가 설교한 내용이다.

---

115) Hewison, op. cit. 325.
116) P. Walker, *The Six Saints*, I. 234.

'실로 주께서는 이 땅을 황폐하게 하러 오셨다. 그 땅에 다수의 남녀도, 아이들도 남아 있지 않을 것이며, 주께서 그곳에 남겨두신 자들은 가난하고 병든 자들이 될 것이다. 그러나 누룩이 빵 전체에 다시 퍼지듯이 그 작은 무리가 번성하게 할 것이요, 그 결과 그리스도를 섬기기를 포기하지 않는 장로교의 무리와 스코틀랜드에서 박해당하며 멸시받는 무리가 스코틀랜드에 거할 곳이 없을 정도로 넘치게 될 것이다. 이웃하는 모든 나라가 와서 스코틀랜드 교회의 교리와 예배와 권징의 책을 취하여 갈 것이기 때문이다. 그러나 당신은 '어떻게 그런 일이 가능할 것인가'라고 말할지도 모른다. 그렇게 되는 이유는 당신이 하나님의 말씀을 갖고 있기 때문이다. 그러나 이 말씀은 아직도 어떤 교회에는 전혀 실현되지 않았다. 진실은 그것이 섬들에 뿌리내리고, 브리튼과 아일랜드, 특히 스코틀랜드에 관련된 것처럼 보인다는 것이다. 오, 섬들이여, 내 말을 들을지어다!'[117]

같은 설교에서 카메론은 남은 자들을 가리켜 '적들의 희생양이요 포로들'이라고 말했다. 그는 '하나님의 백성들이 때로는 희생양이 되기도 한다'고 명백하게 말했다. 그는 계속하여 말하기를 '너희가 타인에게 죄를 범치 않는다면 너희들은 너희 자신을 그들의 희생양으로 만들 것이다. 그러나 이 시대의 섭리는 이 사실에 대한

---

117) J. Howie, *Sermons in the Time of Persecution*, 444.

충분한 증거를 보여준다. 진실은 이것이다. 그들은 이제 스코틀랜드에서 더는 희생양이 없기에 이곳에 있을 가치가 없다. 인도로 당당히 걸어갈 수 있는 사람은 그가 비록 스코틀랜드 최고의 목사라 할지라도 평안한 날과 밤을 보낼 수 없다. 나는 남자든 여자든 자기가 희생양이 아니라고 주장하는 이것보다도 더 악한 징표를 알지 못한다. 진실로 누구든지 우리를 활로 쏠 수 있다. 그러므로 우리는 그런 일로 인해 우리에게 영광이 주어진다는 것을 알게 되리라.'118)

비록 적들이 그들을 희생시킬 정도로 강하다고 할지라도 주님은 그들을 구원하실 수 있을 만큼 훨씬 더 강하신 분이시다. 언약도들은 자기 백성들을 구원하실 것이라는 하나님의 약속 때문에 고난과 박해를 기꺼이 겪어냈다. 벌금을 물게 되고, 가택에서 쫓겨나고, 방랑하면서 잠시 잠깐 자신들의 목숨을 적들의 손에 내어 맡길지라도, 엄청난 고난의 시절에 그들은 하나님을 찬양하고 노래하며 길을 떠났고, 그들 마음에 깃든 평안을 마음껏 누렸다.

언약도들은 고난을 겪는 것이 적들에게 고결한 저항을 가져다 줄 것이라고 믿었다. 카메론은 같은 설교에서 "우리는 확실히 고난으로 인해서 잃는 것이 아무것도 없다. 그러나 우리는 들판에서나 교수대에서 자신들의 목숨을 바친 자들로 인해서 더 많은 것을 얻게 되었다."라고 다시

---

118) Ibid. 445.

한번 말한다. 카메론은 진정한 고난과 굴복의 차이를 이렇게 말한다. "어떤 이는 말한다. '나는 결박을 당하고 벌금과 지역 세금을 내는 것을 참을 수 없다. 나는 내 의지와는 달리 그렇게 하였다. 그러므로 그 일이 내게 고난과 고통이 되었다는 것을 잘 안다'라고 그들 서로에게 말하였다. 그러나 그런 고난에 대해 주님은 너희에게 은혜를 베풀지 않으실 것이다. 그것은 고난이 아니라, 굴복이기 때문이다."[119]

고난 때문에 그들은 주님께서 그들을 구원하러 오실 때까지 계속하여 기도했다. 카메론은 다시 말한다. '너희는 쉬지 말고 기도해야 한다. 이번 달이든지 올해든 계속 기도하라. 그러면 그다음에 구원받게 될지도 모른다. 우리는 정확한 시간을 알 수 없다. 우리의 구원이 얼마나 빠르게 모든 이의 눈앞에 혹은 적들이 주는 공포 앞에 혹은 우리에게 다가오는 그들의 혼란에, 그리고 주님의 구원을 고대하는 모든 사람의 기쁨 앞에 드러나게 될지 알 수 없다…. 주님은 모든 사람이 보는 앞에서 올 것이므로 그의 선택한 자들을 위해 신원하여 주실 것이다. 그러나 그가 오시기 전에 당신이 기도하는 책임을 그만둔다면 그가 오셔서 당신이 행한 것을 보시고 아무런 은혜를 베풀지 못할 것이다. 그러므로 일어나라, 기도를 지속하라, 기도에 깨어있으라, 그러면 주님께서 당신과 함께하실 것이다.'[120]

그들은 스코틀랜드에서 어둠의 왕국을 몰아내고 그리스도의

119) Ibid. 449.
120) Ibid. 449.

왕국이 오도록 힘쓰는 모든 특정한 직책을 맡은 관리들을 위해 기도했다. 그들은 기꺼이 그리스도가 보좌에 앉아서 머리에 면류관을 쓰게끔 할 자들이었기 때문이다. 그들은 모든 영역에서 그리스도가 주권으로 다스리게 될 날을 간절히 보기를 바랐던 자들이다. 카메론이 소망했던 바는 이것이다. 모든 개인이 언약과 개인적인 관계를 맺고 하나님을 향하여 보편적이고 국가적인 맹세를 하는 것이었다. 그리스도를 제외하고는 교회의 머리가 아무도 없을 것이며, 그로 말미암아 그들을 다스리게 될 자는 다름 아닌 '하나님을 경외하는 자들 곧 악행자들에게는 두려움의 대상이요, 탐욕자들을 증오하는 자들이요, 신앙을 잘 행하는 자들에게는 찬양을 받을 자들이다.'[121]

하나님의 말씀은 그들이 당하는 고난의 시기에 큰 기쁨이요 가장 큰 위로였다. 그러므로 언약도들의 위대한 리더십은 이렇게 박해라는 특정한 시기에 하나님의 위로를 전하는 그들의 설교 속에서 발견된다. 하나님께서 일어나사 자기 백성들과 다투는 적들을 감당하실 것이다. 그들은 하나님께서는 남은 자들을 결코 버리지 않으신다는 강한 신앙을 소유한 자들이었다.[122] 그러나 또한 언약도들을 박해했던 자들에게 하나님의 공의로운 심판이 가해졌다는 것을 주목하라. 하위는 그런 자들의 몇몇 최후를 이렇게 묘사했

---

121) Ibid. 451.
122) 도널드 카길은 예레미야 애가 3:31-32을 주제로 설교했다. 위의 책. 502-506을 보라.

다:

　'이 사람들이 보통 사람들처럼 죽었다면 하나님은 결코 나를 보내셔서 말씀하라고 하지 않았을 것이다. 그러나 이제 일어난 일을 보라. 찰스 왕은 독살되었고, 요크 공작은 프랑스로 도망가서 죽었다. 몬머쓰는 처형당했다. 로더데일은 대식가가 되었는데 집무실에서 바로 죽었다. 로우드는 죽음의 공포에 질려서 사형선고를 받았다는 느낌에 붙들린 나머지 침대가 자기 머리 위를 덮쳐서 눌려서 죽었다. 멕켄지는 런던에서 죽었는데, 몸의 모든 배설물이 피로 넘쳐흘렀다. 달지엘은 건강을 누리며 죽었으나 한 잔의 와인을 들이킨 것이 결정적인 사인(死因)이었다. 이러한 악인들의 인생에서 역시 알 수 있는 것은 그들이 더 나빠지면 나빠지지 그 반대는 아니었던 것이다. 몬머쓰와 로우드 두 사람을 제외한 모두의 죽음은 완전히 사람들의 관심 밖이었다.'[123]

　카길은 또한 하나님의 심판에 내재한 섭리적 공의로움을 믿었다:

　'죄악이 무성한 곳에서는 그 결과를 한 번 보라. 얼마 동안 정당한 섭리가 있다면 그 후에는 하나님의 진노하심으로 가득한 의지의 집행이 이루어진다. 죄를 범하는 것은 언제나 진노하심으로 끝나게 마련이다. 당신이 올바로 성찰한다면 죄인들이란 하나님을

---

123) Ibid. 508.

노하게 하는 자들이다. 주께서는 그들을 향해서 진노를 쏟으시기를 원하신다…. 주께서는 분노로 인해서 그리고 공의로 가끔 그들에게 걸히는 돌을 던져주시면서 역경을 허락하신다. 그리고 때로는 그들이 침체와 파멸의 길에 놓여 있을 때 그들이 복종하도록 확실히 나타나신다. 이것을 알라: 주께서는 진노하시는 의지를 갖고 있다는 것과 인간들 앞에 걸히는 돌을 던져주셔서 인간들이 잘못된 길을 택하게 하시며 매일매일 그들 가운데 폭우의 올가미를 두기도 하신다.'[124]

그러므로 카길은 공의와 진노의 행사를 행함으로 인해서 하나님의 섭리가 번성하며 술에 취한 자들 가운데 드러남을 보여주려고 했다. 또한 그것은 그들이 서로서로 치고받고 싸우는 데서도 발견된다. 이것에 관해 그가 말한 것이 무엇인지 보라; '이제 하나님의 위대한 목적과 의도는 그들이 곧 서로서로 파괴하는 데서 나타난다. 주님께서 이것에 대해 말씀하실 때 한 말씀을 덧붙이신다면 당신은 하나님의 긍휼과 자비가 이러한 일에 익숙하게 또다시 반복되어 주어질 것으로 볼 것이다. 그러나 주께서는 아니라고 하신다. 내가 긍휼히 여기지도 사하지도 않을 것이다. 우리는 단지 이렇게만 더 말할 것이다: 이러한 일이 첫 번째로 일어난다면 거기엔 오랫동안 번성함이 있었기 때문이다. 두 번째로 이런 일이 생긴다면 거기엔 오랫동안 광기가 있었기 때문이다. 이 모든 것이 무

---

124) Ibid. 510.

엇을 말하는가? 하나님께서 완전히 파괴하실 때까지 결코 그의 손을 거두지 않을 것이며, 모든 것을 끝장낼 때까지 멈추지 않을 것이다. 오, 파멸, 파멸만이 의도된 것이다. 적들의 파멸, 왕들의 파멸, 사제들의 파멸, 선지자들의 파멸, 그리고 백성들의 파멸! 기억하라, 하나님의 긍휼은 거대한 파멸이 있기까지 도래하지 않을 것이다.'[125]

또한, 여기에서 언약도들의 박해와 관계된 하나님 섭리의 교리적 입장을 고찰해볼 필요가 있다. 제임스 렌윅은 계시록 12:1에 대한 설교에서 이렇게 말했다. '섭리의 사역은 이것이다. 하나님은 섭리로써 모든 피조물과 그들의 모든 행위를 인도하고 다스린다.'[126] 언약도들에게 있어서 교회의 머리되신 그리스도에게서 공급받는 것은 크나큰 위로였다. 왜냐하면, 그리스도께서 그들에게 영적인 자양분들을 섭리 속에서 모두 제공해주실 것이며 그들은 그로 인해서 달콤하게 공급받을 수 있다고 믿었기 때문이다. 그들이 직면하게 되는 모든 일이 그들의 유익을 위해서 합력하여 선을 이루게 작용할 것이다. 그러므로 고난 그 자체는 그리스도로부터 주어지는 교정(바로잡으심)의 특권으로 여겨졌다. 고난은 그들에게 유익을 끼치며 하나님의 영광을 위해 주어진 하나님의 사랑과 훈계의 표시였다. 왜냐하면 '고난도 없이 죄 속에서 꾸지람도 듣지 않

125) Ibid. 514.
126) James Renwick, *Sermons*, 557.

는다면 우리의 잘못이기 때문이다.'[127]

하나님의 섭리로 인해 그들이 감수해야 했던 고난은 그들의 유익을 위해서였다. 렌윅은 계속에서 그의 설교에서 말하기를, 우리가 고난의 십자가를 만났을 때 우리의 죄를 바로잡는다면, 우리는 그리스도(하나님)를 결코 멸시하거나 그와 다투는 것이 아니라, 우리가 그분을 영광스럽게 하는 것이다. 주님에게서 버림을 받은 자들과 주님의 바로잡으심이 없는 자들에게는 성경에서 언급된 것 중 가장 슬픈 심판이 주어지기 때문이다.[128]

그런 점에서 모든 주의 자녀들은 주 안에서 그를 항상 신뢰할 필요가 있다. 왜냐하면, 주 예수 그리스도 안에는 영원한 능력이 있기 때문이다. 렌윅은 시편 14:10 설교에서 '그리스도가 그의 백성의 참 목자'임을 강력하게 주장하였다:[129]

'그리스도의 교회는 많은 상처를 받기 쉬운 여인으로 불리며, 견고하지 못한 것들로 둘러싸여 있다. 그러므로 교회의 머리요 남편이신 그리스도께서 돌보신다. 참으로, 그의 돌보심은 너무나도 크시다. '그는 새끼 양을 그 가슴에 품고 그 어린 자들과 함께 잔잔히 이끄신다.'(사 40:11)[130] 이러한 확신 때문에 그들은 자신들의 유익을 위해 합력해서 선을 이루시는 하나님의 섭리에 복종했다. 또

---

127) Ibid. 559.
128) Ibid. 560.
129) 이것은 1688년 1월 24일 파이프의 사이어에서 선포되었다.
130) Ibid. 571.

한, 그들은 주님께서 주시는 진리와 영광을 소중하게 지켰으며 말로 다 할 수 없는 기쁨으로 질고를 참아냈다. 1685년 11월 18일에 짐 해밀턴 부인에게 보내는 편지에서 소망을 다음과 같이 표현했다. '나는 주님께서 당신의 사역을 다시금 세울 때까지 우리를 인도하시고 그 사역을 감당하게 하실 것으로 생각한다. 그것은 어떤 도구로서가 아니라 그의 손으로 홀로 행하시는 섭리 안에서 그분께 영광이 돌려지도록 이루어질 것이다. 주님께 영광을 돌리는 길이야말로 우리에게 가장 기쁘고 즐거운 일이 아니겠는가? 나는 주님께서 다시 오시는 그 날에 그의 성령을 한없이 부어주셔서 홀로 남겨진 자들이 이 땅에 바로 그 천국을 맞이하게 될 것으로 생각한다. 그리고 우리의 나라는 모든 나라의 기쁨이 될 것이다.'[131]

언약도들의 고난과 관련하여 웨스트민스터 신앙고백서에 진술된 하나님의 섭리에 대한 언약도들의 이해를 고찰하는 것이 가장 타당한 결론이 될 것이다(신앙고백서 5장 1, 4, 5항).

만물의 위대한 창조주이신 하나님은 그의 가장 지혜로우시고 거룩한 섭리 하심으로, 그의 무오한 예지에 따라, 그 자신의 의지의 자유롭고 불변하시는 도모에 따라 가장 큰 것에서부터 가장 작은 것에 이르기까지 만물과 행동들과 일들을 붙드시고 지시하시고

---

131) Ibid. 598.

통치하신다. 그리하여 그의 지혜와 권능과 공의와 선함과 자비의 영광을 찬미하게 하신다.

하나님의 전능하신 능력과 측량할 수 없는 지혜와 무한한 선하심이 그의 섭리에 잘 나타나 있다. 그 섭리는 심지어 아담의 첫 타락과 천사들과 사람들의 모든 죄까지 미친다. 그러나 그러한 것은 단순한 허용에 의한 것이 아니다. 하나님의 허용은 여러 세대에 가장 지혜롭고 강력하게 제한하시고 그밖에도 명하시고 주관하셔서 그 자신의 거룩한 뜻을 이루도록 하신다. 그러나 죄악성은 오직 피조물에게서만 나오는 것이지 하나님께로부터 나오는 것이 아니다. 하나님은 가장 거룩하시고 의로우신 분이시기에 죄의 조성자이거나 승인자가 되실 수 없으시다. 가장 지혜로우시고 의로우시며 은혜로우신 하나님께서는 때때로 자기 자신의 자녀들을 허다한 시험과 그들의 마음의 부패에 잠시 내버려 두신다. 그것은 그들이 전에 지은 죄를 인하여 징계하기 위함이거나 또는 부패성의 숨은 힘과 그들 심령의 기만성을 발견케 하여 겸손한 자가 되게 하려 함이다. 그리고 그들의 보존을 위하여 하나님 자신에게 더 가까이 그리고 지속적으로 의존하여 살게 하려 함이며, 또한 장차 있을 모든 죄짓는 기회들을 대적하고 여러 가지 의롭고 거룩한 목적을 위하여 깨어있게 하려 함이다. [132]

---

132) 신앙고백서 5권, 1, 4, 5.

3. 교회와 국가의 관계

존 낙스(1504? -1572)

　스코틀랜드의 종교개혁 시작으로부터
교회와 국가의 관계는 앞부분에서 묘사된
바와 같이 두 개의 왕국들 위에 그리스도
의 주권을 놓고서 다툰 핵심적인 이슈 중
하나였다. 헥터 맥퍼슨이 말하는 것처럼
"스코틀랜드에서 종교개혁은 종교의 변화 그 이
상이었다. 그것은 또한 한 나라의 시작이었다."[133]
장로교회의 국가가 탄생 된 것이다. 대륙
에 있는 다른 나라들은 교황을 교회의 우두머리로 생각했고, 모든
사람이 그를 우주적 통치자로 여기고 순종하도록 했으며, 군주들
과 백성들이 충성을 바치게 되었다. 그러나 종교개혁은 교황제도
에 대한 그런 관점을 변화시켰다. 교황제도는 국가의 독립성과 아
울러 교회의 영적 독립성에도 적이었다. 오랜 세월 동안 종교는 국
가의 문제였다. "종교개혁의 와중에서 또한 개신교 국가가 생겨났다."라고
맥퍼슨은 말한다.[134]

　개혁자 존 낙스는 스코틀랜드에서 교황제도의 지배를 던져버
리고 두 개의 반교황제 원리들을 세웠다. 개인의 양심을 성경에 계
시 된 하나님의 뜻에 복종시키는 것과 정부가 하나님의 뜻과 부합

---

133) H. Macpherson, *Scotland's Debt to Protestantism* (Edinburgh, 1912), 25.
134) Ibid., 27.

하는 한에서 정부에 복종한다는 원리이다. 이 두 가지 원리는 스코틀랜드를 하나의 개신교 국가로 시작하게 했다.[135]

그 문제는 "국가와 교회를 그 상대적인 영역-거룩한 영역과 세속의 영역-에서 최고의 것으로 만들게 하는 지도력"을 따라서 결정되었다.[136] 로마 가톨릭주의는 그 문제에 관한 한 교회를 최고의 권위로 만들면서 해결책을 찾았으나 국가 만능주의는 국가를 최고 우위에 두었다. 독립성의 정신은 그 자체로 종교 속에 구현되어 있으며 시민들의 삶의 전 영역에 골고루 퍼져 있다. 낙스에게 "개신교주의는 개인적인 원리일 뿐만 아니라 사회 정치적인 원리요, 교황이 아니라 그리스도가 주권자 되심으로 인해서 거듭남이었으며, 기독교가 궁극적으로 국민 삶의 모든 분야에서 최고임을 의미하는 것이었다."[137] 교회는 군주정치, 과두정치, 귀족정치, 혹은 대중들의 집회성향에 의존하는 것이 아니라 영원하고 절대적이며 변함없는 하나님의 말씀에 의존한다.

그러한 국가 만능주의와 교황제도에 맞선 개신교주의의 원리들에 따라서 스코틀랜드 장로회주의는 절대군주제도와 맞서야만 하였다. 특히 앤드류 멜빌의 "두 왕, 두 왕국" 이론은 절대 군주권과 결합 된 제임스 6세의 "감독이 없이는 왕도 없다."라는 왕권신수설 이론을 대항한 것이었다. 멜빌의 이 이론은 교회와 국가의 참다운 관

---

135) Ibid., 32.
136) Ibid., 36.
137) Ibid., 46.

계의 기초를 놓으면서 얼마 동안 모든 장로회주의의 기준점이 되었다. [138]

제1치리서(1560),
제2치리서(1578)

멜빌은 그의 주요작품이자 장로회주의 대헌장(Magna Charta)인 『제2치리서(The Second Book of Discipline)』[139]에서 "교회의 권력은 하나님과 중보자 예수 그리스도로부터 나오는 것이며 땅의 유한한 주권자들이 가진 권세가 아니라 교회의 유일한 영적 왕이시오 통치자이신 그리스도께 속한 권력"이라고 지적한다. [140]

그러나 찰스 1세는 1637년 교회법에서 자신이 마음대로 장로회주의뿐만 아니라 시민적 자유까지도 폐지하려고 시도하였다. 이후에 라우드 예식서라고 이름한 공공기도서를 도입하여 교회와 국가 간의 갈등을 더욱 격화시켰다. 왜냐하면, 그것은 내용상 교황 제도적인 것을 선언하였기 때문이다. 헥터 맥퍼슨은 그것을 가리켜 스코틀랜드 장로교도들에게 '하나의 미사—책'이라고 하였다. [141]

라우드 예식서의 사상은 로마 가톨릭교회가 개신교도들을 모두 로마교로 돌이키기를 원했던 것과 같이 로마 가톨릭의 이해관

---

138) James Walker, *The Theology and Theologians of Scotland* (Edinburgh, 1888), 143.

139) James Kirk 편집(1980). 이 책은 1576년 총회의 결정의 산물이다. 레이쓰 회합에서 1572년에 도입된 감독제 시도를 포기하고 교회 헌법에 대한 진실한 선언문을 고안한 것이다. 13개의 장으로 되어 있다. 교회와 국가, 교회에서 그리스도인 교사의 직무, 영국의 관리들, 장로직제 혹은 총회…. 등이다.

140) MacPherson's *Battles for Spiritual Independence* (Edinburgh, 1905), 52에서 인용.

141) H. MacPherson, *Scotland's Debt to Protestantism*, 67.

계 속에서 정치적인 절대군주제를 꾸준하게 구체화한 것이었다. 그러나 그로 인해 일어난 반작용은 장로교 원리를 견고하게 지켜나간 언약도들의 봉기였으며, 그들이 붙잡은 장로교 원리들은 1560년 종교개혁(존 낙스) 이래 만들어진 칼빈주의적 국가관이었다. 비록 그들이 스코틀랜드 교회 문제에 있어서 정부의 절대군주제에 대항하여 싸웠다 할지라도, 충성스런 장로교도들로서 언약도들은 1688년 명예혁명 종식의 정치적 원리들을 예견하였다.

맥퍼슨은 말하기를 "그 투쟁은 양면성을 지녔다. 종교적 측면에서 언약도들은 개신교주의를, 정치적으로는 법치주의를 의미했다. 찰스 왕은 종교적 측면에서 감독제, 곧 정치적 절대군주제를 표명했다."라고 했다.[142] 양측은 영적인 것만이 아니라 정치적인 측면에서 나라를 평온케 만들고자 하는 타협점은 없었다. 결국, 그러한 다툼들이 1661년부터 1668년까지 '살인 시대'를 불러온 것이었다. 더욱 극단적인 언약도들의 전기를 쓴 작가들에게는 이 시대는 비록 언약도들이 순순한 종교적인 사람들이었을지라도 장로회주의와 예배의 자유 및 시민의 권리를 위하여 죽어간 순교자들의 시대였다. 그들에 대해 덜 우호적인 역사가들[143] 중에서 언약도들을 반역자로 생각하는 마릴린 J. 웨스터캠프(Westercamp)의 경우조차 28년간의 스튜어트 왕조에서 언약도들이 살아남아 번성하게 된 원인을 다음과 같이 인정한다. '칼빈주의의 엄격함으로 펠라기우스주의와 알미니안주의의 연

142) Ibid., p. 76.
143) I. B. Cowan, 'The Covenanters' in the *Scottish Historical Review*, vol. 47, 1968, 49.

약한 낌새에 대해 반대한 것이며, 비성경적인 주교제도에 반대하는 성경적인 장로교 정치원리요, 경박한 국교도 예전이 아니라 단순 명백한 개신교 설교의 유익이요, 사치스런 옷차림에 종속되기보다는 단정한 생활 양상에 전념한 자들이었다.'[144]

그들이 직면해야 했던 문제 중 한 가지는 교회를 국가의 한 부서로 보는 것이었다. 맥퍼슨이 말했듯이 "다른 종교들에 대해서 관용적인 국교란 불합리한 것이었다."[145] 그들이 목숨 바쳐 싸웠던 원리들은 낙스, 멜빌, 헨더슨과 루터포드의 원리들이었다. 그들의 선조들에게 국가의 종교란 것은 신앙고백서가 국가의 법의 일부분으로서 존재하는 한 모든 시민이 받아들일 수 있는 종교를 의미했다. 그러므로 누군가가 국교에 소속되기를 거부한다면 그는 적으로 간주되었다. 로 매티슨(Law Mathison)이 그런 투쟁에 대해서 말한 것은 어느 정도 일리가 있다; "언약과 시험령은 모두 교회의 성직자들에 의해 만들어져서 서로를 차례차례 파멸하는 것이었으며 교회(장로교회)와 교회(감독교회) 사이의 속임수들이었다."[146] 사실 언약도들은 장로교회 형식으로 예배할 자유를 위해서 싸웠지만, 반대편 자들에게는 압박을 가하는 것이었다.

이렇게 두 개의 신적 권리가 상호 충돌하는 것은 불가피했지

144) Marilyn J. Westercamp, *Triumph of Laity* (Oxford University Press, 1988), 59.
145) H. MacPherson. *Battles for Spiritual Independence*, 94.
146) J. D. Douglas, *Light in the North*, 153에서 인용.

만, 승리는 절대군주제에 대항하는 원칙을 붙든 언약도들의 것이었다. 그 원칙은 종교적 문제와 시민적 문제 모두에서 인간의 기본권이 되었다. 시민과 종교의 자유를 내세운 언약도들의 주장은 유익한 결과를 낳았다. 물론 그들의 승리는 가난하고 못 배운 노동자 계층들에 의한 것이었음에도 군주의 절대 권위를 인정하지 않은 그들의 행동은 명예혁명 이후 충분히 입증된 것이었다. 언약도들에 의하면 참 교회를 위한 위정자들의 의무는 곧 모든 국가적 자원들을 가지고 교회를 인정하고, 지지하고, 유지하며, 증대시키고, 지속시키는 것이었다. 그리고 교회도 또한 위정자들을 위해서 기도하며 그들의 영적이고 윤리적인 문제를 권고하며 국가와 교회 사이에 시민적이고 종교적인 문제들로 인한 갈등을 해결하도록 권고해야만 한다. 그러한 관점이 웨스트민스터 신앙고백서에 잘 반영되어 있다. 비록 웨스트민스터 신앙고백서가 잉글랜드 목사들이 만든 것이라 하여도 특히 교회 정치 문제와 관련하여 총회 기간 스코틀랜드 대표단의 영향 때문에 스코틀랜드 장로교회의 유산 위에 제정된 것이었다.[147]

G. D. 헨더슨은 1678년의 옥외집회 설교자들의 말들 가운데서 언약도들의 입장을 인용하였다. "우리는 지금 교회의 머리요 왕이신 우리 주 예수 그리스도의 이름으로 모였습니다. 이 모임들은 당국에 의해 금지된 것입니다. 그러나 적들이 명령하는 법과 반대되는 더 큰 법이 있으니 우리

---

147) 신앙고백서(Confession of Faith), the Free Church of Scotland, Edinburgh, 1973.

는 그의 계명에 순종할 따름입니다."[148] 그 이후로 교회의 영적인 자유와 독립성은 지난 3백 년 동안 스코틀랜드 교회의 독특한 증언이 되었다.[149] 그리스도의 수장권을 수호하기 위한 전투는 두 가지 중요한 결과를 낳았다. '하나는 세상에서 그리스도의 영적 임재에 대해 이목을 집중시키는 것과 또 하나는 그리스도의 지상의 삶과 모범에 이목을 집중시키는 것이었다.[150] 결과적으로 언약도들은 주 예수 그리스도의 지상에서의 삶을 본받고자 작정한 대로 교수대 앞에서조차도 영광스러운 승리를 쟁취했다.[151]

지금까지 언약도 운동의 역사적 배경을 정치적, 교회적, 역사-신학적 분야별로 고찰해보았다. 본 장에서는 한 사건의 다양한 구성요소들이 그 사건을 진보시키는 데에 있어서 개별적으로 돕는 수단이 되지만, 언약도 운동은 그들만의 확연히 구분되는 목적을 추구하는 길에 있어서 다양한 양상들을 형성했다는 점을 지적했다. 가혹한 핍박 가운데서 옥외집회가 왕성하게 이루어졌고 교회 성장의 씨앗이 되는 순교자의 피가 생생하게 증언하는 유산을 남겼다. 교회의 영적 독립성과 시민 정부의 권력이 맞설 때 어떤 원리에 따라 해결해야 할지를 도전하고 있다. 언약도들의 사고와 행

148) G. D. Henderson, *The Claims of the Church of Scotland* (London, 1951), 149.
149) James Walker, *op. cit.*, 136.
150) Hector MacPherson, *The Covenanters under Persecution* (Edinburgh, 1923), 79.
151) Hector MacPherson, *Scotland's Debt to Protestantism* (Edinburgh, 1912), 78.

동이 하나같이 다 성경적 근거를 찾고 그들이 믿고 있는 신학이 삶의 현장에서 통용되는 진리임을 나타낸 것을 보는 것은 말씀과 삶이 분리된 특색을 가진 조국 교회에 도전하는 음성이 크다고 말하지 않을 수 없다. 세속의 흐름이나 유행을 따르지 아니하고 오로지 성경의 진리를 굳게 믿고 나아가는 영적 지도자가 그 어느 때보다 절실하다. 성경 제일주의적이요 하나님 영광 중심이요 그리스도의 왕권과 수장권의 강조는 교세 확장 폭력과 각양 비성경적인 프로그램과 사람들의 교훈으로 현혹하는 거짓된 교사들이 현장에서 검증을 받게 되는 잣대가 될 것이다. 하나님의 진리 말씀을 옳게 분별하는 지혜가 진리의 기둥과 터인 교회 위에 풍성하게 임하게 하는 역사적 모범을 남기는 일들이 21세기에서도 기대할 수 있지 않을까?

3

언약도들의
영적 지도력의 주 도구들

제 3 장

언약도들의
영적 지도력의 주 도구들

(Main Instruments for Spiritual Leadership of the Persecuted Covenanters)

언약도들의 영적 지도력은 주로 그들의 목회사역 가운데서 두드러지게 나타난다. 그들의 설교와 가르침, 저술 활동, 훈육사역 및 개별적인 삶의 행동들에서 찾을 수 있다. 특히 그 시대의 설교 사역은 스코틀랜드의 도덕성과 영적 삶에 강력한 영향력을 발휘하였다. 왜냐하면, 설교, 기도 모임들, 박해의 사냥감이 된 목사들과 산등성에 피신한 신실한 평신도들의 모습들이 당시 전 세대에서 발견되는 교회의 양상이었기 때문이다.[1] 따라서 그들의 영적 지도력을 이해하기 위해서는 목회사역을 살펴보아야 한다.

1. 설교 사역(Preaching Ministry)

언약도 목사들은 설교와 저술들을 통해서 자신들의 신학적 기

---

1) T. Ratcliffe Barnett, *The Story of the Covenant*(Edinburgh, 1928), 176.

조가 무엇인지 자연스럽게 드러냈다. 더욱이 그들의 목회사역은 아이들을 영적 지식 가운데서 자라게 하며 요리문답을 하고 시편 찬송을 가르치는 일들을 빼놓을 수가 없었다.[2] 그러한 수단들을 통해서 그 핍박의 혹독한 시대에 하나님의 백성들을 이끌 수 있는 목회사역을 위한 후보자들을 훈련할 수가 있었다.[3] 언약도 목사들은 학문과 설교 사역에 공정한 표준을 유지하도록 힘썼다. 그들은 성경에 대한 바른 이해와 연구를 돕는 신학 서적들이 많지 않았음에도 불구하고 일반 성도가 교회의 머리되시며 양심의 주이신 그리스도에게만 충성을 다하게 했고 감독주의자들에게 등을 돌리고 비밀집회에 참석도록 이끈 지도자들이었다. 일반적으로 언약도들의 설교 대부분은 즉각적으로 인쇄될 목적으로 준비된 것이라거나 나중에라도 출판하고자 하는 것들이 아니었다. 그들 설교 대부분은 그들 생애에 출판된 적이 거의 없었다. 그 설교는 단지 청중들이 받아 적은 요지들이었고 강론을 속기한 것들이 대부분이었다. 그렇다고 설교를 받아 적은 자들이 숙달된 전문가들도 아니었다. 상당수가 문맹인들이었기 때문에 그런 일을 하기에 능숙한 사람들이 아니었고,[4] 이 사람 저 사람 손으로 전해진 것들이었다.

그러나 그것들은 그 고난의 시기에 언약도 목사들이 무엇을 설

---

2) G. D. Henderson, 17세기 스코틀랜드 강단, *Religious Life in Seventeenth Century Scotland*(Carlyle, 1937), 190-219 참조

3) J. Walker, *Scottish Theology and Theologians*(Edinburgh, 1888), 175-181 참고.

4) Lindsay, *Religious Life in Scotland*, T. Nelson and Sons, London, 1888, 73.

교한 것인지를 충분히 제공해주는 사료들이며, 성도들이 어떻게 올바른 경건의 삶을 살도록 이끌어주었는지를 알게 하는 분명한 자료들이다. 오늘날까지 남아 있는 그들의 설교 문들은 스코틀랜드 성도들이 얼마나 좋은 설교를 사모하였는지, 그들의 목사가 말한 그 선한 것들을 하나라도 놓치지 않으려고 사력을 다하여 보존하고 기록으로 남겨두고자 했는지를 여실히 보여주는 것들이다. 물론 그렇게 하여 몸에 지닌 것만으로도 무거운 벌금을 받는 위험이 따름에도 포기하지 않은 것이다.[5]

블레이키(Blaikie) 목사가 쓴 『스코틀랜드의 설교자들』이라는 책에서 그는 그 시대적 상황을 다음과 같이 묘사하고 있다:

이 열정의 영향을 받은 많은 이들은 일종의 자신만의 속기를 습득하였다. 이를 통해 설교의 내용을 어느 정도 보존할 수 있었다. 옥외집회 설교를 들을 때 이 사람 저 사람이 자신의 단추 구멍에 매단 잉크 통을 사용하였다(이 시대에는 연필이 없었다). 본문이 전달되자마자 작은 원고 노트를 꺼내서 손가락을 얼게 하는 추위에도 불구하고 그 노트 위에 땅딸막한 거위 털을 끌면서 설교내용들을 지칠 줄 모르는 열정으로 채워갔다. 그 작업은 설교자가 성경을 덮고 마지막 권면의 말씀을 끝낼 때까지 했다.[6]

---

5) J. Howie(ed.), *Sermons Delivered in Times of Persecution in Scotland*(Glasgow, 1779), 1ff 참고

6) William G. Blaikie, *The Preachers of Scotland* (Edinburgh, 1888, repr. by the Banner of Truth: Edinburgh, 2001), 126.

그들의 목회사역의 효과적인 측면에서 제임스 커크톤(Kirkton)의 평가는 이 주제에 대한 글을 쓴 많은 저자가 즐겨 인용하는 것이다:

'교구마다 목사가 있다. 마을마다 학교가 있고 가정마다 성경을 거의 다 가지고 있었다. 실로 대부분의 지역에서 학교에 다니는 모든 아이는 성경을 읽을 수 있었고 부모나 목사에 의해서 성경이 제공되었다. 모든 목사는 특히 웨스트민스터에서 작성된 대요리 문답에 근거하여…. 개혁교회의 신학을 분명하게 가르칠 수 있는 전문인이었다. 그들 중에 누구도 노회가 존재하는 한 삶에서 추문을 일으킨 자가 없었고 직무에 태만한 자도 없었다. 내가 사는 마을에서 맹세한다는 이야기를 들어본 적이 없다. 그리고 이 나라 어디를 가도 말씀을 읽고 시편을 노래하고 기도하는 것을 통해서 주님을 예배하는 일이 없는 가정에 유숙하는 일은 결코 없을 것이다. 여행객들보다 더 교회 정치에 대하여 불평하는 자는 아무도 없다. 그들의 일반적인 탄식은 그들의 업무가 잘 성사되지 않으며 사람들의 근신함이 너무 세다는 것이었다.'[7]

17세기에 영국은 군주와 교회 사이에 갈등과 다툼을 무척 많이 경험하였다. 즉 핵심은 이 기간에 전 나라에 핍박이 존재했다는 것

---

7) James Kirkton, *The Secret and True History of the church of Scotland, from the Restoration to the Year 1678*(1817, quoted by Blaikie's *the Preachers*, 147).

이다. 이것은 그 시대에 '종교 자유령'에 굴복하지 않은 언약도 목사들에게서만 발견되는 것이었다. 그들의 종교와 삶은 전반적으로 하나로 연결된 것들이었다. 그들은 그들 자신의 영적이고 윤리적인 영향을 그 나라의 들판에 모인 백성들에게 향한 설교 사역에서 충분히 성립할 수 있는 자들이었다.[8]

그러므로 헨더슨(Henderson) 교수도 백성들을 이끈 그들의 강력한 설교 사역에 대해서 아주 잘 지적하였다.[9] 다시 말하면, 그들의 설교는 내용에 있어서 두 가지 특성을 보인다. 하나는 성경 내용에 충실한 복음적인 교리 설교이며 다른 하나는 실천적 적용 설교이다.

1) 복음적인 교리 설교(Evangelistic Doctrinal Sermons)

강단은 공교육과 영적 진리에 대한 감흥을 가지게 하는 주된 근간이었다. 성품이나 교육수준에 의하면 목사는 당대 교구민들의 지도자였다. 설교는 지역의 문제들, 국가적인 문제들, 도덕적이요 영적인 문제들에 대하여 정확한 정보와 교훈을 제공하는 핵심 도

---

8) D. Forrester & D. Murray, *Studies in the History of Worship in Scotland* (Edinburgh, 1996), 59-72.

9) 헨더슨 교수는 그들의 강력한 설교에 대해서 다음과 같이 기술하고 있다: '대다수 사람은 글을 몰랐다. 그들이 가진 정신적이고 영적인 모든 영양분은 거의 전적으로 강단에서 흘러나온 것들이었다. 심령을 찌르는 설교들, 거룩하게 준비되고 지극히 성경적이며 엄격하게 교리적이고 논리적이고 조직적이고 포괄적인 설교들과 어려서부터 습득한 문답식 교육과 성찬식 때마다 새롭게 각인되는 교육 그리고 대부분 대중적인 그들 기억력에 깊이 각인된 시편 찬송 가사들이 그들이 가진 모든 자원이었다.' G. D. Henderson, *17세기 스코틀랜드의 종교 생활*, 117

구였다고 말하는 것은 결코 과장이 아니었다. 설교만큼 주중의 단조로운 삶을 벗어나게 하는 가장 신나고 재미있는 일은 없었다. 교회는 그 세기를 지배하였다. 그런데 그 일은 주로 강단을 통해서 한 것이었다.[10] 블레이키는 '대부분의 지역 사람들은 기독교 진리를 잘 습득하게 되었다. 그들이 받은 것은 대체로 복음적인 것들'이었다고 명료하게 주장한다.[11] 그것은 칼빈주의 교리가 모든 설교자들의 성경적인 설교에서 배어 나왔기 때문이다.[12]

그 당시 옥외 설교자들은 언약도 정신을 지키기 위하여 성도들이 자발적으로 고난의 길을 가도록 이끈 강력한 지도자들이었다. '종교 자유령'의 유화 정책들을 수용하기를 거절한 목사들에게 어떤 것도 제공되지 않았음에도 불구하고 성도들이 그들을 강력하게 지지하였다.[13] 리처드 카메론 목사나 도날드 카길 목사 및 제임스 렌윅 목사 등 여러 옥외 설교자들은 그들의 목회사역 안에서 핍박자들의 힘을 깨는 가장 단호하고 효과적인 도구들이었다. 비록 그들은 심한 박해 속에 놓여 있었지만, 복음에 충실한 설교한 자들

---

10) Ibid., 219

11) William Blaikie, op. cit., 148.

12) G. D. Henderson, 205.

13) '누구든지 설교자를 숨겨주든지 어떤 방법으로 도와주는 사람은 무거운 벌금을 내거나 아니면 감옥에 가게 된다. 만일 신발이나 일용품들을 제공하는 자는 죽음을 피할 길이 없었다. 그리하여 막대한 현상금이 걸린 설교자는 안주할 곳이 없었으며 그들이 편안히 쉴만한 곳이 그 어디에도 없었다. 고립된 장소에서 유리하는 신세였으며 숲과 동굴에서 숨어 지내야 했었다. 종종 춥고 습한 곳에서 굶주려야 했다. 관절염이나 설사병에 시달려야 했다. 만일 주머니에 성경이 젖지 않은 상태로 잘 간수된 것을 보게 되면 무척이나 기뻐하였다. 좋은 서적들이 있는 서재에서 연구하는 시간을 가진다는 것은 꿈같은 이야기였다.' Blaikie, The Preachers, 157.

이었다. 제임스 렌윅 목사는 그의 설교에 있어서 다섯 가지 진리를 강조하였다: 하나님, 천국, 지옥, 죽음 및 심판이었다.

'나는 여러분의 신앙생활이 과거에 했던 것보다 더 여러분의 일이 되게 하시기를 바랍니다. 한 가지 필요한 일을 더 취하십시오. 여러분의 부름의 소망과 택함이 무엇인지를 더욱 확실케 하십시오. 내가 이렇게 말씀드리는 것은 그렇게 진지하게 신앙생활 하는 사람이 그리 많지 않은 서글픔 때문입니다. 이 나라 대다수 지역에서 그런 모습을 찾기가 너무 힘듭니다. 사랑하는 여러분! 신앙생활이 여러분의 주 업무가 되게 하십시오. 그것은 이 세상에 있는 모든 사람의 고백이라거나 사람들의 평결이 되게 하라는 것이 아닙니다. 그렇다고 세상에 있는 모든 사람과 그리스도인들에 의해서 인정되게 하라는 것도 아닙니다. 다시 한번 여러분들에게 권면합니다. 여러분의 마음에 기독교 신앙을 안착시키십시오. 여러분의 영혼에 거듭나게 하는 사역이 알게 하십시오.'[14]

렌윅 목사의 설교는 그가 오로지 예수 그리스도와 그가 십자가에 못 박힌 것만을 전하였음을 입증한다. 그는 사력을 다하여 진지하게 설교하였으며 그를 비난하는 자들이 부끄럽게 여겨질 정도로 설교하였다.[15] 그의 모든 강론과 설교는 명백하게 그가 반역자

---

14) James Renwick, *Sermons preached upon the mountains and Muirs of Scotland in the hottest time of the late persecution* (Glasgow, 1804), 125.

15) 그의 출판된 설교에 의하면 44개의 설교와 9개의 강론이 있다. 53개의 가르침 가운데 신약에서 한 설교는 11개 뿐이었다(8개는 복음서에서 2개는 계시록에서 하는 에베소서에서 한 것이었다). 대부

라거나 역모를 꾸민 자가 아니라 순전히 복음적인 호소를 외친 설교자였음을 증명한다. 그것이 수많은 청중을 비밀집회에 참여하게 했고 엄청난 부흥의 역사를 이루게 된 근원이었다.

그의 설교를 소중히 여긴 제임스 니스벳(James Nisbet)은 렌윅 목사를 잃고 나서 그의 심한 좌절을 종종 표출하였다: '그것은 이루 말로 다 할 수 없는 손실입니다. 왜냐하면, 이제 나는 내게 생명의 말씀을 선포하였고 충실하게, 열정적으로, 온화하며 주 예수 그리스도의 충성스러운 종과 같이 혹독함을 전혀 드러냄이 없이 구원의 길을 가르쳐 준 그 목사님이 없기 때문입니다. 그 결함이 내 복통을 요동치게 합니다.'[16)

렌윅 목사의 첫 설교는 1683년 11월 23일에 행한 것으로 이사야 26:20절 말씀이었다: "내 백성아 갈지어다 네 밀실에 들어가서 네 문을 닫고 분노가 지나기까지 잠깐 숨을지어다!" 내 생각으로 그것은 언약도들에게 주님을 향한 그들의 거룩한 길을 중단 없이 가도록 격려한 가장 큰 위로의 말씀임을 보여주는 것이다. 그는 때로 무신론주의자들을 꾸짖으면서 그리스도를 찾으라고 촉구하였다. 마음과 뜻

분은 구약성경에서 한 것이었는데 소선지서들이었다(스가랴에서 13번, 다른 소선지서에서 7번이었다). 이것은 그가 그 나라의 사악함 때문에 그 나라에 임하게 되는 하나님의 심판에 대한 말씀을 강조한 설교를 주로 한 것이었음을 의미한다. 그리고 백성들을 회개하라고 촉구하였고 주 예수 그리스도를 영접하라고 외친 것이다. 그는 또한 그를 따르는 자들에게 시편과 아가서에서 9번이나 설교하며 크게 위로하고 격려하였다. 그리고 계시록 3:4; 12:1을 설교하면서 소망을 심어주었다.

16) Edwin Nisbet Moore, *Our Covenant Heritage* (Ross-shire, 2000), 149.

을 다하여 그리스도를 영접하라고 설득하였다. 그런 다음 그를 두려움 가운데 경외하고 그 안에 살며 그의 손안에서 보호함을 받기를 구하라고 설교하였다.[17] 그가 교수대에서 한 마지막 말은 그를 따르는 자들에게 준 또 다른 도전이었다: '나는 오늘 내 생명을 다음 세 가지 때문에 내려놓습니다. 첫째는 요크의 공작 제임스의 찬탈과 폭정 때문입니다. 둘째는 정확하게 복음을 전하지 못하게 하는 불법적인 벌금 부과를 매기는 칙령에 반한 설교를 한 것 때문입니다. 셋째는 핍박받는 복음의 예전을 위한 집회에서 스스로를 방어하기 위하여 성도들이 무장하는 것이 합법적인 것이라고 가르친 것 때문입니다. 나는 이를 위한 증언이 많은 생명보다 가치 있다고 생각합니다. 만일 내가 만개의 생명이 있다고 한다면 나는 그것을 동일한 목적 때문에 기꺼이 내려놓기에도 충분한 것이 못 된다고 생각합니다.'[18]

오직 믿음을 통하여 오직 은혜로 말미암아 구원을 얻는다는 복음에 대한 성경적 개념은 언약도들의 설교에 있어서 뿌리 깊이 깔린 생명의 길이었다. 모든 옥외 설교자들은 복음 중심지향적인 설교자들이었다. 평범한 언약도들에 의해서 전파된 설교들이나 성도들이 들은 메시지는 복음의 진수들로 가득한 것들이었다. 은혜의 교리를 풍성히 들어냈으며 그들의 설교는 한결같이 잘 정제된 것

---

17) *Ibid*., 35.
18) King Hewison, *The Covenanters* (Glasgow, 1908), II, 509.

들이었고 언어의 단순성으로 특징되는 설교들이었다. 리처드 카메론 목사 역시 의심의 여지가 없는 열렬한 복음 설교자였다. 도날드 카길 목사도 마음으로부터 백성들의 마음에 이르는 풍성하고 복된 복음을 설교하였다. 그는 '그리스도의 충만하심을 들춰내고 때때로 (율법에) 사로잡히게 하다가도 이내 자유케 하는 설교자였으며, 때로는 밝히 들춰내는 설교였다가도 숨겨주는 설교였다. 때로 상처를 입히나 치명적이지 않은 설교를 하는 분'이었다.[19] 이처럼 그들의 설교에는 강력한 복음적 '촉구'가 다양하게 나타났다. 그렇기에 스코틀랜드의 도덕적 및 영적 흐름은 그러한 설교자들의 영향에 의하여 높이 고양되었다고 말할 수 있다.[20]

도날드 카길 목사의 50개의 설교와 강론들은 파편적으로만 남아 있지만, 거기에는 내용 면에서 풍부한 복음적인 메시지들로 가득한 것들이었다. 예를 들면 그리스도 안에 있는 하나님의 사랑은 카길 목사가 이것을 설교할 때마다 감탄을 자아내는 메시지로 그 마음속에 깊이 자리 잡은 주제였다.[21] 신자들에 대한 하나님의 돌

---

19) W. Blaikie, 169.

20) Refer to *The Scottish Presbyterian Eloquence or the Foolishness of their Teaching Discovered* (London, 1692).

21) '하나님의 사랑은 너무나도 강렬한 냇물이어서 놋쇠의 모든 문과 마귀의 권세에 맞서 격렬하면서도 기꺼이 사람들을 흡입하거나 흘러들어오게 합니다…. 하늘로부터 이 땅에 오셨고, 영원한 영광 가운데 거하신 그리스도께서 죄인이었던 자를 구속하시고자 질그릇만도 못한 자들이 거하는 곳에 거처로 삼으셨다니 얼마나 놀라운 사랑이란 말인가! 이 모든 것이 무엇 때문이며 누구를 위한 것입니까? 인간 때문입니다. 불쌍하고 무가치한 인생들을 위한 것입니다. 이 가련한 피조물을 위하여 그가 행하신 이 엄청난 것들이 어떻게 이루어진 것입니까? 그것은 사랑입니다. 여기에 모든 것이 머물며 모든 것

보심, 죄와 사망과 마귀를 이기신 그리스도의 승리 및 하나님의 심판은 그의 설교의 주된 주제들이었다. 구원 얻는 위대한 복음 진리는 언약도들의 주된 설교 주제들이었다. '구세주의 측량할 수 없는 은혜, 그의 구원에 대한 오류가 없는 확실성, 그의 약속들의 놀라운 성취함, 하나의 몫으로서의 이 세상의 가련함 및 그리스도께서 그이 백성들을 위하여 제공하시고 준비하신 기업의 쇠하지 아니하는 영광'이 그들이 전파한 설교의 주 메시지들이었다.[22] 청중들의 심령을 변화시키는 유일한 도구는 하나님의 진리였다. 구원의 복음이 강력하게 선포되는 곳마다 엄청난 복이 임하였고 강력한 변화가 일어났다. 그들이 설교한 주제들 그 어느 것들도 청중들을 광신도들이 되게 한 것이 없고 '세상이 감당하지 못하는' 고귀한 성도들이 되게 하였다. 그 복음 진리가 없이는 영혼들은 심지어 평상적인 임무 수행이나 시련들을 견디는 양분들을 공급받을 수 없었을 것이다.

특히, 설교자들은 널리 퍼져 있는 불신앙을 인해 깊이 탄식하였다. 제임스 스튜어트는 그의 책 『납달리』(Naphtali)의 서문에서 '전에 여호와께 성결했던 땅이 이제는 사악함과 아켈다마의 경계지역이 되어버렸다'[23]라고 선언하였다. 렌윅 목사는 '하나님은 대다수

이 다 가라앉게 되는 것입니다.' M. Grant, *No King but Christ!* Glasgow, 1988, 211-12.

22) W. Blaikie, 158.

23) Quoted by K. Hewison, *The Covenanters*(London, 1908). II. 110

사람에게 알지 못하는 신이 되어버렸다'라고 탄식하였다.[24] 백성들은 통탄스러울 정도의 거칠고 무지한 상태에 놓여 있으며 하나님과 교회를 경시하는 삶을 살았다. 그러나 언약도들의 대중성과 강력한 설교는 스코틀랜드의 영적 삶과 도덕성 영역에서는 상당히 다른 결과를 낳았다. 그러므로 맥퍼슨 교수는 핍박의 기간이 '성공적인 교회 부흥의 시기'였다고 말한 것이다. 로버트 워드로(Wodrow) 목사는 '복음은 스코틀랜드 남부 지역 들판에서 여러 해 동안 전파되었는데 큰 반향을 불러일으켰다. 하나님은 백성들의 심령 속에서…, '회심과 건덕' 측면에서 크게 역사하심이 틀림없었다'라고 기록하였다.[25] 커크톤 목사는 옥외집회에서 수집한 수많은 사례를 언급하였다. 개중에는 회심석에 서서 참회하는 성공회 신부들도 포함되어 있다. '엄청난 집회들에서 예수 그리스도에게 돌아오는 영혼들이 많이 있었으며 그중에는 감독들도 장로교도로 전환하는 무리가 상당수 있었다.'[26] 이러한 현상들은 그 당시 감독주의자들의 설교와 비교가 되지 않는 언약도 설교자들의 복음 설교 사역의 열매들이었다.[27] 복음 설교는 죄인들을 구원하시는 일을 위한 하

---

24) Ibid.

25) Robert Wodrow, *History of the Sufferings of the Church of Scotland*(Glasgow, 1828), II., 497.

26) James Kirkton, *The Secret and True History of the Church of Scotland, 1660-1678*(Edinburgh, 1817), 343.

27) 번네트 주교는 그의 동료들의 설교에 대하여 아주 설득력 있는 증언을 하고 있다. '그들은 내가 들은 자 중 최악의 설교자들이었다. 그들은 어떻게 책망할지에 대하여 무지하였다. 그들 중에 상당수는 악독한 자들이었다. 그들은 그들의 직임과 신성한 직무에 수치를 가져다준 자들이었다.' *History of His own Time*, i. 229.

나님의 유일한 도구이다.

2) 실천적 적용이 강한 설교(Practical Applicatory Sermons)

설교 중인 블랙카더 목사

설교는 처음부터 마지막까지 청중들을 설득하여 주 예수 그리스도를 따르는 자가 되게 하는 것이 성경적이다. 이것은 필연적으로 그 내용에 있어서 실천적 적용이 강한 것이라야 한다. 언약도들의 교리적인 주장들은 단지 신학적 체계만 전달한 것이 아니라 성도들의 일상생활에서 실천적으로 경험이 되게 하는 살아있는 실제들이었다.[28] 그들은 모든 열정을 다하여 설교하였으며 회중들 가운데 있는 죽은 자들을 살리는 일에 최선을 다하였다. 존 블랙카더(John Blackadder, ca1622-1685) 목사는 "그가 자기 영혼의 수고한 것을 보고 만족히 여길 것이라"는 이사야 53:11절의 설교에서 이 사실을 그대로 입증하고 있다. 모든 설교의 가장 중요한 목적은 죄인들을 교회의 머리이신 그리스도에게로 이끄는 것이다.[29] 이 설교에서 그는 청중들로 하여금 다음의 어조로 그들의 주인이신 주님을 영접하도록 간청하였다:

---

28) John MacPherson, *The Doctrine of the Church in Scottish Theology*(Edinburgh, 1903), 1-53 참고
29) *Ibid.*, 91ff.

가련한 죄인들을 구하시고자 세상에 오신 주님을 위하여 큰 상금이라도 기꺼이 드릴 수 있는 자들이 이 가운데 있으신가요? 영혼을 구하신 적이 있으십니까? 그리스도께서 구하는 것은 이것입니다. 당신들은 사단에 메여있지 않으십니까? 당신은 부족하고 필요한 것들을 채우고자 애쓰는 불쌍한 존재가 아닙니까? 당신은 그리스도를 위하여 무슨 일이라도 하신 적이 있습니까? 그로 하여금 당신의 영혼의 고통을 보게 하시고 만족케 해 보십시오. 여기에 경건치 않은 죄인들, 방탕한 신성 모독자, 맹세자, 술주정뱅이, 농담꾼, 심지어 늙은 박해자나 악의적인 존재가 있습니까? 당신은 나는 오늘 전적으로 내 과거의 잘못되고 방탕한 삶을 버리고 내 이 결단을 굳게 지키겠다는 소식을 들려주지 않으시겠습니까? 다시는 주님으로부터 도망치거나 등을 돌리는 일은 하지 않겠다는 다짐을 들려줄 자가 안 계십니까? 오 가련하고 불쌍한 여러분들, 이 거래를 받아들이십시오. 오래전에 펜을 들고 이런 다짐을 썼지만, 서명은 하지 않고 지내신 여러분들이여, 이제 오셔서 그 언약에 당신의 손을 대고 서명하시지 않으시겠습니까? 당신이 그 언약에 서명하시는 것을 주님은 사랑하십니다. 당신의 마음으로 동의하시고 서명하십시오. 그리고 더는 할 말이 없다면 도마와 같이 '나의 주님, 하나님이시여'라고 고백하십시오. 주님을 위하여 주님을 만족하게 할 만한 무엇이라도 하십시오. 그것은 당신 자신의 영원한 만

족이 될 것입니다.[30)]

이것은 고난 받는 언약도들에 강력한 격려의 메시지였다. 언약도 정신을 영적으로 굳게 붙들 뿐만 아니라 그 시대 그들의 삶에 있어서 윤리적으로도 흔들리지 않게 하는 강력한 도전이요 격려였다. 블레이키는 '그것은 물에 빠진 자가 살고자 가장 절실하게 부여잡는 것과 같은 설교였다. 그리고 종교적 진리의 모든 영역에서 가장 귀하고 확실한 것으로 단단히 붙잡게 하는 것이 설교였다. 주의가 산만해지기 쉬운 영혼에게 용기와 소망을 제공하는 진리를 선포하는 설교였다. 방황하는 영혼들, 땅에 있는 모든 것들을 상실한 것 때문에 집 밖으로 내쳐진 불법자들에게 보상을 제공하는 설교였다. 가장 극렬한 폭풍우 속에서도 분연히 일어서게 하고 지옥의 문들을 물리칠 수 있게 하도록 힘을 주는 설교였다'라는 사실을 기술하였다.[31)]

여러 곳에서 그들의 삶의 방식은 경건한 대화를 나누는 방식으로 변화되었고 진정한 회심자가 되었다. 알렉산더 쉴즈(Shields) 목사는 '실로 많은 사람이 회개하였으며 더욱 깊은 확신을 가지게 되었다. 일반적으로 모두 다 그들의 이전 부도덕한 삶이 개선되었고

---

30) T. M. Lindsay, *Religious Life in Scotland; From the Reformation to The Present Day* (London, 1888), 74-75.
31) W. Blaikie, 157.

심지어 강도질, 도둑질, 모독죄를 범한 자들조차도 그리스도에게 전폭적으로 복종하는 역사가 일어났다'라고 하였다.[32] 그와 마찬가지로 언약도 운동의 영역을 제외하면 스코틀랜드에서 기독교는 실질적으로 죽은 종교였다고 말하는 것이 틀리지 않았다. 그러나 언약도들 가운데서는 깊고도 열정적인 신앙생활이 존재하였다.[33] 물론, 나라 전 지역에서도 우리가 달게티의 도널드슨의 사역에서 보듯이 정기적인 종교 생활이 강하게 존재하기도 하였다.[34] 그러

---

32) Alexander Shields, *A Hind Let Loose, 83, quoted by MacPherson's the Covenanters under Persecution,* 49.

33) MacPherson, The covenanters under Persution, Edinburgh, 1923, 53. 비록 결탁자들의 사역에서도 많은 축복이 나타났으나 결탁자들 역시 더 신실한 자들보다는 더 위대한 복음 설교자들은 아니었다. 그들은 청중들의 심령을 사로잡지는 못하였음이 분명하였다. 그 이유가 무엇인가? 신실함의 결여 때문이다. Howie of Lochgon, *Sermons in Times of Persecution,* 68 서문을 보라.

34) 사실 앤드류 도널드슨은 결탁자 목사였다. 1677년 보스웰 브리지 전투 이후 정부가 제안한 타협안에 서명하였다. 그러나 그 보고서는 그의 교구에서 지난 20년간 사역한 교회의 영적 상태를 잘 나타내주고 있다. 결탁자들의 사역이 그러할진대 핍박받은 언약도들의 사역의 결과가 어떨지는 충분히 짐작하고도 남는다. 달게티 목사의 사역 기간 내내 공 예배는 겨울이나 여름에나 변함없이 정오 시간과 오후 시간에 정기적으로 진행되었다. 이러한 목사님의 사역들은 그 교구의 제대로 생각이 있는 사람들 모두가 다 높이 칭송하는 것이었다. 특별히 오랫동안 경시되었던 일들을 경험하며 애통하던 차에 그러한 목사의 사역은 더더욱 가치 있는 것으로 여길 수밖에 없을 것이다. 예배자들은 정오 예배와 오후 예배에 정기적으로 출석하였다. 이것은 무관심한 자들에게도 어떤 영향을 미쳤을 것이다. 매 주일에 거행되는 두 번의 공예배 외에도 도널드슨 목사는 주중에 한번은 신앙강좌 시간을 가졌다. 우리 가운데서 쉽게 발견되는 주중 기도회 모임으로 여겨지는 예배가 있었다. 생생한 기독교 신앙이 실천되고 있는 곳에는 교회의 머리이신 그리스도가 높임을 받으셨으며, 주 중 모임에서는 요리문답시간이 진행되었다. 교구에 속한 사람들이 주로 참석하였다. 매년 두 차례 성만찬이 거행되었으며 성찬식이 거행되기 전에 회중들은 사전에 목사와 장로에 의해서 신앙생활이 점검되었고 10일 동안 새로운 성찬식 참예자를 세우기 위하여 젊은이들을 신앙훈련을 시켰다. 그들은 하나님에 관한 지식과 경건 생활 수칙들을 익힌 후에 성찬식 참여 할 수 있는 토큰을 받게 된다. 각각의 장로는 자기 교구민들을 반드시 심방 하도록 요구받았으며 한 장로가 담당한 가정은 12가정에서 15가정이었다. 심방에서 가정예배가 결핍되었는지 아닌지, 중언부언하는 기도를 하는지 아닌지, 경건의 능력이 있는지 아닌지, 신성 모독적인 죄를 짓고 있는지 아닌지, 스캔들을 일으키고 있는지 아닌지를 점검하였다. 그런 자들이 발견되면 치리회에 보고되었다. 물론 하나님의 은혜를 간절히 간구하며 사모하는 영혼들에 대하여서도 잘 돌보는 일을 하였다. 그들의 믿음이 더욱 강화되며 격려받는 자리에 나아가게 한 것이다. William Ross, *Glimpses of Pastoral Work in the Covenanting Times* (in Andrew Donaldson's Ministry 1644-1662), London: James Nisbet & Co., 1877, cf 85-90

나 그것은 살인 시대 이전의 모습이었다. 핍박받는 언약도들의 사역은 종교와 시민의 자유를 위해서 투쟁함으로써 백성들의 심령 속에서 활력적인 신앙생활을 깊이 뿌리박게 하는 하나의 종교적 부흥이었다. '그들은 죽어가는 사람으로서 죽어가는 사람들에게 설교하였다.'[35] 이것은 일반 성도들에게 심지어 핍박자들 앞에서도 그들이 견지하고 있는 원리에 더욱 충실한 길을 가도록 크게 힘을 불어넣었다. 알렉산더 페든(Peden)은 그 폭풍우가 몰아치는 모든 상황을 통해서 온전히 그리스도를 따르고 그를 위하여 자신들의 생명을 내어놓은 젊은이들에게 설교하였다:

알렉산더 페든(1626-1686)

여러분들의 눈은 보좌에 앉아 있는 그들을 볼 것이며 그들의 머리에 쓴 면류관을 볼 것이며 영광의 옷을 입은 모습으로 소고치며 노래하는 자들을 볼 것입니다. 이 나라에서 젊은이에게 속한 여러분들이여, 만일 그리스도께서 그 일에 여러분을 부르신다면, 만일 여러분이 이 폭풍 가운데서 그의 등 뒤에서 그리스도만을 담대히 따르고자 한다면, 그리고 스코틀랜드에서 오늘날 핍박받는 그의 진리들을 굳게 붙들고 따른다면 오늘날 그는 여러분들을 그의 보좌에 앉히실 것입니다. 여러분은 여러분의 재판과 그와 더불어

---

35) 이 문구는 유명한 청교도 리처드 박스터 목사가 자신의 설교 정신을 나타내기 위해 사용한 말이다.

형량을 받는 일은 기꺼이 던져버릴 것입니다.[36)]

　'설교자의 역할은 모호하고 숨겨진 교리들을 살피는 일에 깊이
파고드는 것이 아니다. 논쟁의 복잡하고 엉켜있는 문제를 잘 푸는
것이 아니다. 문체의 궤변이나 무의미한 수사를 늘어놓는 것이 아
니다. 모든 영적이고 영원한 실체가 놓여 있는 위대하고 반드시
알아야 할 진리들에 사로잡혀서 사람들의 심령과 양심에 그 진리
의 빛을 찬란히 비추는 것이며 오순절 날에 수많은 사람이 그랬듯
이 형제들아 우리가 어찌할꼬? 형제들아 우리가 어찌할꼬? 부르
짖게 만들어야 한다.'[37)] 워커(Walker)는 페든의 진정한 실천적 적용
설교를 잘 소개하고 있다: '너 마녀 부녀야, 너 마녀 부녀야, 너 마
녀 부녀야! 나는 네게 그리스도를 제공하노라. 악마의 일을 버리
라. 나는 내 주인의 이름으로 네가 약속하마. 그가 너에게 구원을
주실 것이니라.' 명백하게 이 여인은 자신의 삶을 온전히 뒤바꾸었
다. 그래서 '그녀가 죽어갈 때 그녀는 악마의 일을 섬겼고 그런 일
에 종사했었지만, 이제는 그 당시 페든 목사님의 설교를 듣는 행복
을 가진 것에 대해서 깊이 감사합니다'라고 고백하였다.[38)] 이런 측
면에서 리처드 카메론 목사나 다른 옥외 설교자들은 능한 설교자
들이었다.

---

36) Quoted from Blaikie's the Preachers, 163.
37) W. Blaikie, 173.
38) Patrick Walker, *Six Saints of the Covenant* (London:, 1901), I, 100.

카메론 목사가 "또 그 사람은 광풍을 피하는 곳, 폭우를 가리우는 곳 같을 것이며 마른 땅에 냇물 같을 것이며 곤비한 땅에 큰 바위 그늘 같으리니"라는 이사야 32:2절 말씀을 설교할 때 그는 온전히 확신하기를 '주님께서 이 교회와 나라를 불쌍히 여기시어 스튜어트라는 이름의 불행한 족속의 영국의 왕좌를 그들의 반역과 독재 때문에, 특별히 왕되신 그리스도의 왕적 특권을 강탈한 죄악 때문이라도 싹 쓸어가 버리실 것'임을 확신하며 설교했다.[39]

휴 메카일(Hugh McKail)목사는 '하나님의 교회와 성도들은 보좌에 있는 한 아합과 공직에 있는 한 하만과 그리고 교회에 있는 한 가룟 유다에 의하여 핍박을 당하였다'라고 선언하였다.[40] 이것은 그 당시의 상황에 백성들이 바르게 그리고 실질적으로 제대로 분별하게 도와주는 올바른 분석을 제공한 말이다. 제임스 거쓰리(James Guthrie) 목사의 설교 역시 그 시대적 상황에 아주 적합한 것들이었으며 하나님의 마음과 뜻을 발견하기 위하여 성경을 세밀하게 연구하고 지속적으로 살핀 그의 설교의 특징들을 여실히 드러내었다. 하나님의 놀라운 은혜와 개인적이고 국가적인 차원에서 쉬지 않고 일하시는 하나님의 활동들, 그 고귀한 일들을 위하여 부름을 받은 최고의 사명감이 청중들을 모이게 하였고 성찬식에서 무릎을 꿇고 받는 것을 거절함에 공격당함을 피할 수는 없었을지라도 그를 움직인 것은 영원한 영적 세계의 것이었음이 분명하였

---

39) Ibid, 227.
40) Ibid, 227.

다.[41]

그들의 영향력에 대한 또 다른 사례는 다음과 같은 회중들의 반응을 기록한 문서에서도 발견된다: '찰스 2세 통치하에서 언약도 목사가 되기 위해서는 다음과 같은 선택을 하는 위대한 용기가 필요했다. 즉 그 후보자(Archibald Riddel)는 사례비도 없고 사택도 없고, 땅도 없고 또는 안정적으로 목회할 장소도 없이 오로지 산천계곡에 흩어져 있는 성도들만 있을 뿐이었다. 매섭게 몰아치는 눈보라를 맞으며 또는 장대비를 맞으며 모이는 성도들만 존재한 것이다. 그러한 선택에 의한 결과는 감옥에 가거나 추방당하거나 참수되는 것이었다.'[42] 옥외 설교자들이 더 많아질수록 핍박은 더욱 가중되었다. 블레이키 목사에 따르면 파이프(Fife) 지역에서 어느 한 날에 세 곳의 옥외집회가 있었는데 무려 16,000명이 모였었다고 한다.[43] 던칸 목사는 '언약도들의 예배는 평온하게 진행되었고 사람들의 습관과 도덕 수준을 높이 바꿔놓은 축복의 집회였다'라고 하였다.[44] 블레이키 목사는 언급하기를 '비록 설교자들은 그들의 목을 칭칭 감고 있는 밧줄을 피로 물들이거나 머리에 당겨진 총구를 피로 적시는 자들처럼 보일지라도 그들이 설교한 것은 심장에

---

41) G. D. Henderson, *Religious Life* (Cambridge, 1938), 207, 210.
42) Duncan Stewart, *Covenanters of Teviotdale and Neighbouring Districts*(Edinburgh, 1908), 66.
43) Blaikie, 167.
44) Duncan, Ibid, 83.

서 심장으로 전달되어 청중들의 회심과 확신과 위로를 끌어내기에
충분한 것들이었다'라고 했다.[45]

그러한 놀라운 삶의 변화는 강력한 설교 사역의 결과였다. 웨
스터캄(Westercamp)은 분명하게 인식하였다. '옥외집회들은 공동
체의 정화를 제공하였고 회중의 회심을 자아냈다. 따라서 설교자
들은 온 나라가 다 회개하고 하나님께로 돌아오도록 호령하였다.
이 기간에 국가적 회심의 개념과 장로교 전통으로의 복귀는 모두
가 기대했던 것과 같이 함께 병행되는 주제였으며 온 나라의 확실
한 성결 작업이었다. 분명한 것은 정화된 공동체는 상징적인 개념
이었다. 그들의 죄를 버리고 하나님께 돌아가는 한 공동체의 회원
으로서 그들의 영은 깨끗하게 되었고 공동체는 그 회원들의 사악
함을 정결케 하였다.[46] 그들이 설교했을 때 그들은 마치 그들의 위
험천만한 상황들을 다 잊은 듯이 설교했다. 그들의 전 영혼이 사
람들로 하여금 즉시 그리스도를 밀접하게 따르도록 설득하는 강렬
한 욕구에 불타오른 자들이었다. 심지어 원수들 앞에서도 보여준
그러한 담대함은 수백 수천의 사람들을 옥외 비밀집회에 참여하게
했으며 그들의 목숨이 위험한 상황에서도 계속해서 그들의 소명에
충실하도록 만들었다.[47] 그들은 침묵하지 않았다. 그들의 양들을

---

45) Blaikie, Ibid, 157-8.

46) M. J. Westercamp, *Triump of the Laity*, Oxford University Press, 1988, 60.

47) Ibid, 61.

광야에 내버려 두지 않았다. 그들은 그들의 사역에 있어서 그 누구보다 충실하였고 열정적이었다. 그들은 언약도 원리를 확고하게 붙든 자들임을 보여주었다. 그들의 백성들에게 존귀한 자로 여기게 한 고난조차도 경멸한 자들이었다. 헨더슨은 말하기를 존 키드(John Kid)의 설교들은 단순하고 직접적인 복음 설교로서 "불쌍한 스코틀랜드"에 존재하는 상황들에 대한 언급이 상당히 많았다고 했다. 그는 선언하기를 "설교는 그리스도가 거기에 계시지 않는다면 손가락을 흔드는 것만도 못한 것이다."라고 했다.[48]

도날드 카길 목사가 교수대에 달렸을 때 제드버러(Jedburgh)의 목사인 가브리엘 샘플(Gabriel Sample, c.1632-1706)은 탈부쓰 감옥에서 이렇게 기도했다: '오 주님, 이 감옥을 내게 성결케 하옵소서.' 그것은 1681년 7월 27일이었다. 그러한 삶이 언약도들이 그들 자신이 처해 있는 상황과 관련하여 실천적으로 적용하며 살아간 그들의 영적인 권능을 나타낸 지도력의 모범이었다. 명예혁명 이후에 생존자들은 복수심을 드러내 보이지 않았고 도리어 핍박을 받은 자들에게 질서 있고 합법적인 방법으로 잘못을 바로잡도록 권고하는 선언문을 발표하였다. 그 시대의 모든 합당한 측면에서 언약도들을 통해서 오늘날까지 울려 퍼지는 것은 설교 사역이다.

---

48) G. D. Henderson, *Religious Life*, 218. John Kid 목사는 Bothwell Bridge 전투 이후에 참수되었다.

존 리빙스톤 목사가 핍박자들에 의해서 끌려갔을 때 그는 자기 회중들에게 이렇게 말했다: '여러분들과 함께한 나의 사역은 전혀 헛된 것이 아니었습니다. 많은 사람이 실질적으로 마음과 삶에 있어서 은혜의 영께서 역사하심을 경험한 증거들을 가지고 있으며 그들 중 몇몇은 이미 영광 가운데 거하고 계십니다. 다른 자들은 이 악한 세상에서 여전히 씨름하고 있습니다.'[49] 1679년 보스웰 브리지 전투 이후에 언약도들의 상당수가(블랙카더에 의하면 1200명) 이 너무나도 잔혹한 핍박 때문에 무장을 풀었다. 그러나 에든버러에 사는 구두수선공인 33세의 토마스 브라운은 다음과 같이 고백하고 순교 당하였다: '만일 오늘 내 머리카락 하나하나가 사람이라면 그리고 내가 흘리는 핏방울 하나하나가 생명이라면 나는 즐겁고 기쁜 마음으로 그 모든 것들을 그리스도를 위하여 그리고 내가 지금 형량을 받는 이 언약도 정신을 위하여 내려놓을 것입니다.'[50]

성도들은 목사들을 온 나라의 개혁을 위하여 부름을 받은 선지자들로 간주하였다. 따라서 그들은 비록 숫자적으로는 소수에 불과했을지라도 최악의 대가를 지불하면서까지 그 사역을 감당하였다. 그들은 어떤 이상주의 신념이나 광신적인 애국주의에 의해서 움직인 자들이 아니었다. 그들은 오직 믿음으로 그들의 구원의 주 그리스도를 위한 뜨거운 사랑으로 분연히 일어선 자들이었다. 그

---

49) Ibid, 40.
50) Hewison, Ibid 319.

죽음으로 말하는
142 언약도들

들의 사역의 결과들은 동일하게 예수 그리스도의 은혜와 영광, 그리스도와 개인적인 연합, 성령을 통한 변화의 필요성, 그리고 근래에 교회의 일들 가운데서 그리스도의 이름을 불명예스럽게 한 짓거리들에 대한 강한 뉘우침을 가지게 된 것들, 그리고 장차 받게 될 상급에 대한 확신으로 말미암아 고난 받는 성도들을 위로하고 기쁘게 하려는 수고였다. 또한, 핍박하는 왕들과 잔인한 감독자들에게 하나님의 아들 예수 그리스도에게 입 맞추라고 촉구하였다. 그렇지 아니하면 하나님의 진노를 사서 그 길로 음부에 떨어질 것이라는 경고 메시지도 같은 것들이었다. 이 모든 일이 다 하나님께서 자기 백성들을 품 안에 모으기 위하여 제정하신 유일한 방편인 설교 사역으로 말미암은 것들이다. 그러한 노력은 언약도 정신을 따르는 사람들에게 강력하게 효과를 미친 열매들을 맺게 하였다.

패트릭 워커(Patrick Walker)는 에든버러에서 목회한 제임스 커크톤(James Kirkton) 목사를 소개하고 있다. 커크톤 목사는 아주 오랫동안 모든 교회 위에 있는 하나의 특권을 스코틀랜드가 가지고 있다고 주장하면서 다음과 같이 말하였다:

'기적들을 일으키고 예언을 하는 은사를 가지고서 사람들에게 교훈하는 목사들이 스코틀랜드에서도 있었습니다. 프랑스 설교자, 네덜란드 설교자, 잉글랜드 설교자들, 아일랜드 설교자들 및 다른 설교자들이 설교하는 것들도 들었습니다. 그러나 스코틀랜드에는 그 어느 지역보다도 심장으로부터 심장으로 설교하는 목사들이 더 많이 있었습니다.'[51] 그는 또한 그 자신이 카길 목사의 마지막 강론과 예레미야 1장과 이사야 26:20-21을 설교하는 것을 들은 경험을 언급하였다. '그는 경험으로부터 설교하였습니다. 그리고 그들의 영혼들을 다루시는 주님의 은혜로우신 손길을 맛본 모든 자의 경험을 기반으로 설교를 했습니다. 그것은 그의 심장으로부터 나와 심장으로 흘러간 메시지였습니다. 내가 들어본 몇몇 청중들의 반응은 그가 누구도 그렇게 설교해 본 적이 한 번도 없었던 것처럼 설교했는데 그의 메시지가 그들을 관통했기 때문이었습니다.'[52]

따라서 설교는 모든 영적인 것들의 활력의 근원이었다. 설교는 사람들의 영혼 속에 있는 하나님의 생명을 유지하게 하는 최고의 정수였다.[53] 언약도 지도자들은 천상의 대화를 나눈 강력한 지도자들이었다. 그들은 청중들의 심령을 얻은 설교자들이었다. 왜냐하면, 그들은 성도들의 본성에 깊은 필요를 풍성하게 채워주었기 때문이며, 자기를 부인하는 것이야말로 곧 하나님의 길로 가는 것임을 그들 스스로 증명하는 사역이었기 때문이었다.[54] 그들은 무엇보다도 그리스도의 설교자들이었으며 그들의 주인은 존 낙스

---

51) Walker, *Six Saints*, II. 36.

52) Ibid, 48.

53) C. G. M'Crie, *The Confession of the Church of Scotland*(Edinburgh, 1907), 36ff.

54) Blaikie, Ibid, 184.

가 생각했던 것처럼 그리스도뿐이었다. 낙스에 대한 평가 역시 무엇보다 설교자였고 그의 사역의 모델을 구약의 선지자들을 특별히 이사야와 예레미야와 같은 선지자들을 표본 삼은 선지자라는 것이었다. 그는 실로 하나님의 나팔수요 도구로서 하나님의 뜻을 선포하고 왕족들과 온 백성들에게 하나님의 법에 순종하도록 선포하는 설교자였다.[55] 그런 개념은 살인 시대의 옥외 설교자들에 대한 것도 다르지 않았다. 메이슨 교수가 개혁자 존 낙스에 대하여 지적했듯이 낙스는 '성경적 문자주의자'였던 것과 같이 옥외 집회 설교자들 특히 카메로니안 설교자들은 그들의 나라를 구약의 하나님 백성의 나라로 간주하였다.[56] 따라서 설교자로서 그들의 역할은 구약 이스라엘의 선지자들과 같이 사람들을 하나님의 언약 백성이 되게 하는 것이었다. 이것은 스코틀랜드 장로회주의의 영원한 표지가 되었다.

2. 저술과 서신들을 통한 가르침(Teaching in Writing and Lectures)

잉글랜드 청교도들이 후손들에게 자신들의 사상이 어떤 것들이었는지를 충분히 알리는 많은 작품을 남긴 것에 비해 후기 언약도들은 그들이 감당해야 할 고난의 아픔 때문에 저서들을 많이 남

---

55) Roger Mason, 'Usable Pasts: History and Identity in Reformation Scotland' in *The Scottish Historical Review*, vol. LXXVI, 1: No 201, 1997, 58.

56) Maurice Grant, *No King But Christ*, Evangelical Press, 1988, 212.

기지 못하였다. 이미 언급했던 것처럼 대부분 그들의 설교들이나 강연집은 저자들이 직접 출판한 것들이 아니라 청중들에 의해서 받아 적은 것들이거나 속기해서 남은 것들이다. 그 청중들 대부분은 문맹의 사람들이거나 속기사들로서의 전문성이 전혀 없는 자들이었다. 그렇기에 그들의 작품들을 보면서 언약도들이 어떠한지를 바르게 평가하는 것은 적절한 것이라고 말하기가 어렵다. 그러나 후기 언약도들의 사상이나 가르침은 초기 언약도들의 것과 크게 다르지 않다고 본다. 예를 들면 알렉산더 헨더슨 목사, 사무엘 루터포드 목사, 조지 길레스피 목사, 제임스 더람 목사, 로버트 블레어 목사, 데이빗 딕슨 목사, 존 웰쉬 목사, 윌리엄 거쓰리 목사 및 존 브라운 목사 등의 사상이나 가르침과 다르다고 볼 수 없다.

후기 언약도들의 설교들이나 서신들은 1779년 존 하웨 목사에 의해서 처음으로 출판되었는데 그 제목은 'Collection of Lectures and Sermons'이며 이 책은 1880년 그린녹 교회의 제임스 케르(Kerr) 목사에 의해서 『스코틀랜드에서 박해 시기에 선포된 설교들』이라는 제목으로 재출판되었다. 그리고 저자 이름이나 날짜도 기록됨이 없이 1681년에 '다른 시대에서 선포된 강연들과 설교들'이라는 제목의 책이 출간되었는데 이것은 카길 목사의 순교 직후에 출판된 것으로 추정된다. 1659년 윌리엄 거쓰리 목사가 출판한 『그리스도인의 위대한 특권』은 그 시대에 가장 인기 있는 책 중의 하나였다.[57] 또한, 제임스 스트워트 경과 제임스 스털링 목사가 공저한『구름같이 둘러쌓인 증인들과 남달리』라는 책은 언약도들의 증언들을 가장 감동적으로 상세하게 다룬 책이다. 알렉산더 쉴즈 목사가 쓴『A Hind let Loose』(암사슴을 놓아주다, 1687)는 그 시대의 '독서, 설교, 기도와 신앙, 배회함, 공격당함, 고난 가운데서' 언약도들의 목회사역이 얼마나 큰 영향을 준 것인지를 힘있게 증언하는 책이다.[58]

한 영국인 상인이 언약도 목회자들의 설교를 듣고 비교한 일화를 소개하는 유명한 이야기가 있다. 블레어 목사와 루터포드 목사 및 딕슨 목사에 대한 것인데 블레어 목사는 그에게 하나님의 위엄에 대해서 보여주었다면 루터포드 목사는 그리스도의 아름다움에 대하여 그리고 딕슨 목사는 자기 자신의 마음을 보여주었다는 비교였다. 스털링의 설명에서 우리는 루터포드 목사가 어떤 존재로 비쳤는지를 배운다. '그는 항상 기도하고 있고 항상 설교하고 있고…. 항상 환자들을 심방하고, 항상 요리문답교육을 하고 항상 연구하고 있었다…. 그는 재빠르게 움직이는 두 눈을 가지고 있었는데 하나는 그가 길을 갈 때 항상 그의 얼굴을 들고 하늘 위로 향하는 눈이었다…. 그는 강단에서 이상한 발언을 내뱉었는데 내가 한 번도 들은 적이 없는 일종의 날카로운 비명과 같은 것이었다.

---

57) 존 오웬 목사는 이 책에 대하여 말하기를 '나도 여러 권의 책을 썼지만, 그 책들 속에 있는 것보다 이 책에 신적인 내용이 더 많이 들어 있다'라고 했다. Edwin Nisbet Moore's *Our Covenant Heritage*, 57에서 인용.

58) Cameron, ed., Dictionary, 669

나는 종종 그가 예수 그리스도를 설교할 때마다 강단으로부터 펄펄 날아다닌다고 생각했다. 그는 한 번도 자신 성향 밖으로 뛰쳐나간 적이 없었지만, 그리스도를 높일 때는 그러했다. 그는 아마도 그리스도에 대해서 말하면서 침소에서 곯아떨어졌을 것이다.'[59]

루터포드 목사의 목회사역 역시 오로지 주 예수 그리스도를 위한 것이 전부였다. '나의 주시며 나의 하나님은 최고의 주인이시오 상천하지에 그와 견줄만한 이는 아무도 없습니다. 사랑하는 형제들이여, 매사를 그를 위해서 하십시오. 그리스도를 위해 기도하십시오, 그리스도를 위해 설교하십시오. 그리스도를 위해 여러분에게 맡겨준 주님의 양들을 먹이십시오. 모든 것을 다 그리스도를 위해서 하십시오. 사람을 기쁘게 하려는 것을 주의하십시오. 우리 가운데 그러한 현상이 너무나 많이 일어나고 있습니다…. 사랑으로 양들을 먹이십시오. 하나님을 위해 설교하십시오. 하나님을 위해 심방하고 요리문답을 하십시오. 매사를 하나님을 위해 하십시오. 대목자장께서 조만간에 나타나실 것입니다…. 나는 죄인이었습니다. 실패한 인생이었습니다. 그러나 내 주님께서 나를 용서하여 주셨습니다. 나의 수고를 받아주셨습니다. 나는 언약도 정신을 전적으로 지지합니다. 논쟁적인 총회들을 대항하여 항거하는 일로부터 결코 이탈하지 않을 것을 결심합니다. 나는 전에 모습이었던

---

59) Henderson, *Religious Life*, 214.

나입니다. 나는 여전히 스코틀랜드 교회 정치를 전적으로 지킵니다. 나는 하나님의 타오르는 진노의 불 가운데 있는 수천 개의 세상을 위하여 나의 새끼손가락 하나라도 내주지 않을 것입니다.'[60]

루터포드 목사는 안워쓰(Anworth)에서 목회할 때 탁월한 능력을 발휘하였다. 심지어 그가 유배되어 애버딘 감옥에 있으면서도 그의 유명한 서한집인 '목회 서신'을 통해서도 성도들을 목양하는 일을 눈부시게 감당하였다.[61] 그의 목회 서신에는 독특한(sui generis) 무엇이 들어 있다. 워커는 이 서신에 대하여 아주 높게 평가하고 있다. '그것들은 내가 아는 한 현재 스코틀랜드와 잉글랜드 및 미국의 종교 생활에서 필요한 아주 실천적인 실제가 무엇인지를 여실히 보여주는 200년밖에 되지 않은 서신들이다. 비판적인 자들도 그 서신들이 담고 있는 인간의 심령을 울리는 내용을 제거할 수 없다. 그 서신들은 아우구스티누스의『참회록』이나 토마스 아 켐피스의『그리스도를 본받아』라는 책과 나란히 서 있기에 충분한 것이다.'[62] 이 서한집의 주제는 사랑과 그리스도의 사랑스러우심을 전파한 루터포드의 설교와 전혀 다르지 않았다.

언약도 지도자들의 서신들은 일반적으로 사람들이 저지른 오

---

60) J. A. Wylie, *The Scots Worthies*(London, 1875), 279.
61) 이 서한집은 크리스천다이제스트사에서 2002년도에 번역 출판하였다.
62) James Walker, *The Theology and Theologians of Scotland*(Edinburgh, 1888), 8.

류들을 바로잡고 훈계하기 위한 것들이었다. 예를 들면 도날드 카길 목사가 존 깁(John Gibb)에게[63] 쓴 서신을 보면 존 깁은 '성육신한 악마'라고 하면서 그의 잘못들과 삶의 타락한 면들을 자제력으로 가지고 잘 지적하였다. 모리스 그란트(Maurice Grant)는 그에 대해서 이렇게 설명하고 있다. '그것은 자제력의 한 모델입니다. 사랑의 마음을 설득하고 진지한 관심의 마음으로 훈계한 모델입니다. 그는 공공연히 비난한 것이 아니라 조심스럽게 간청하였습니다. 그는 그의 동료들이 돌출시킨 의견들을 경멸적으로 무시하지 않았고 매우 신중하게 그들을 다루면서 성경의 가르침이 뒷받침하는 설득력 있는 논리로 반박하며 취급했습니다.'[64] 그의 저술에서나 설교에서나 사람들을 설득하고자 했던 동기는 자신을 추종하는 자가 되게 하려 함이 아니라 그가 깊이 관심이 있는 하나님의 진리를 위한 것이었다. 그는 '내가 하나님께 늘 기도하며 진지하게 간구하는 것은 모든 진리 가운데로 인도함을 받는 것입니다…. 그러나 그것이 진리가 아니라고 판단되면 나의 설교나 책이나 그 어디에도 첨가하고자 하는 욕구를 절대 가지지 않습니다'라고 했다.[65] 렌윅 목사도 그의 설교 사역과 더불어 수많은 사람과 서신 교환을 가졌다.

---

63) 존 깁씨는 선원이었고 언약도였다. 그러나 그는 광신주의자로 변질되어 분파를 형성했다. 감미로운 노래를 부르는 자들로 알려진 자들이 그를 지도자요 선지자로 여기고 추종하였다. 그 추종자들 (Gibbites)은 시편 찬송가는 사악한 것이요 사람들이 성경 본문을 가지고 장난친 것이기 때문에 성경으로부터 찢어버려 불태워야 한다고 했다. 그리고 요리문답서들과 신앙고백서, 총회의사록, 언약 문서와 선언문들이 다 악마의 방책들이기 때문에 무시해도 되며 발로 짓밟아도 된다고 말하였다. A. Smellie, *Men of the Covenant*(London, 1909), 347.

64) Maurice Grant, Ibid, 161.

65) Ibid, 161.

외국의 교회들과 교류하였다. 병자들을 방문하였고 조언과 위로 및 격려의 메시지들을 고난 중에 있는 자들, 족쇄에 매인 자들 그리고 추방당한 자들에게 서신으로 보냈다.

결론적으로, 언약도들이 교회에서나 옥외에서 설교한 것들은 성경적이요 신학적이요 실천적인 것으로서 그들이 맡은 양무리들이 그 혹독한 핍박의 시기에서 진리를 굳게 붙들도록 인도하기에 충분한 것들이었다. 그들의 설교는 성령으로 말미암아 직접 구술되어 진리를 위해 기꺼이 목숨을 내려놓게 하는 힘을 부어준 설교였다. 특별히 페든 목사의 설교는 매우 역동적이었고 예언적이었다. 그의 설교를 종종 들을 기회를 가진 부사관 제임스 니스벳이 자신의 개인적인 일기에서 이렇게 언급하였다: '페든 목사가 인도하는 예배의 모든 순서는 신적인 날아오름과 유용한 여담들로 가득하였다. 그러나 그는 그 모든 것들과 더불어 신적인 도장을 가져왔다. 그러한 설교는 무게감이 넘쳤고 그의 청중들이 하나님을 사랑하고 경외하게 만드는 강력한 위엄이 수반되었다. 나는 그가 말할 때마다 그것이 대화이든, 성경을 읽는 것이든, 기도하든 설교하든 그는 잠시 호흡하는 문장 사이마다 마치 그는 주님께서 지금 그에게 말씀하시는 것을 경청하거나 속삭이는 은밀한 소리를 듣고 있는 것처럼 말하고 있음을 관찰하였다. 그리고 종종 그는 방금 놀

라운 것을 목격한 것처럼 설교하곤 하였다.'[66]

그러므로 언약도들은 마치 자신들이 만왕의 왕이신 주님의 대변인들처럼 권위를 가지고 성도들에게 설교하였고 가르쳤으며 매우 직설적으로 강하게 인도하였다. 니스벳은 렌윅 목사의 설교 스타일에 대하여도 아주 잘 표현하였다: '그는 펄펄 살아있는 사람이었고 내가 들은 설교자 중 가장 열렬하게 그리스도께 붙어사는 설교자였다.'[67] 마찬가지로 비밀 옥외집회 설교자들 일명 '힐맨'(Hillmen)으로 불리는 자들도 가혹한 시련 중에서 감당한 사역 가운데 강력한 복음 설교자들로 활동하였다. 한번은 카길 목사를 따르는 한 성도가 말하기를 '목사님, 우리는 목사님께서 심한 위험과 곤경에 빠지셨을 때 하는 설교와 기도가 최고라고 생각합니다'라고 했다.[68] 니스벳은 렌윅 목사의 아가서 3:9-10절 말씀의 설교에 대하여도 매우 귀중한 기억을 남겼다. 렌윅은 이 설교에서 아침부터 저녁까지 비가 내리는 날에 구속의 언약에 대해서 정말 달콤하게 다루었다. '우리는 마치 물에 빠진 생쥐 꼴이지만 누구도 병에 걸리지 않았다. 그분을 위하여 마련된 천막이 있었지만, 그는 그 속에 들어가지 않고 비를 맞아가면서 그대로 설교를 하였다. 이 장

---

66) James Nisbet, *The Private Life of the Persecuted* (Edinburgh, 1827), 179, quoted from Edwin Nisbet Moore's *Our Covenant Heritage* (Ross-shire, 2000), 140.

67) Ibid, 148.

68) Alexander Smellie, 348.

면은 비를 맞으며 말씀을 듣고 있는 청중들을 동정하는 목사의 모습을 보았을 때 인내하며 말씀을 듣도록 청중들에게 큰 영향을 미치게 된 것이다. 비록 그는 그의 본문에 가장 충실하였고 내가 경청한 그 어떤 사람들의 판단과 기억력을 위하여 최고의 방법을 가진 유일한 목사였지만 그러나 지금, 그가 비 때문에 청중들이 밀집하여 모인 모습을 본 그는 본 주제를 약간 빗겨나 나직하고 나긋나긋한 사랑의 목소리로 말하기를 "사랑하는 친구들이여, 비 때문에 방해받지는 맙시다. 참 솔로몬이시오, 그의 복된 속전으로 사주신 그리스도 안에 있는 특권인 언약을 가진 자들에게는 우리에게 떨어질 수 있는 모든 일시적인 폭우를 견디는 것은 매우 가치 있는 일입니다. 감옥에 갇혀 있고 추방당한 우리의 고난 중에 있는 친구들은 그리스도를 제공하고 있는 오늘을 얼마나 환영하지 않겠습니까? 저도 주님의 도우심으로 여러분들을 충분히 이해하는 면에서 내가 감당해야 할 몫을 감당하겠습니다."라고 말했다. 그런 다음 그는 그의 달콤한 주제로 돌아가 설교하면서 우리에게 그의 영으로 말미암아 그리스도를 통해서 하나님과 화목하고 평강을 누리라고 설교하였다.'[69]

이것은 그 당시 혹독한 시련의 때에 그들의 설교 사역에 얼마나 큰 열매를 맺었는지를 입증하는 사건 중 하나에 불과하다. 고난당한 언약도들의 목회사역은 평화 시에 사역을 감당한 목사들의

69) Edwin N. Moore, 147.

사역과 별로 다르지 않았다. 사무엘 루터포드 목사가 그의 임종 전에 친구들에게 한 말은 살인 시대 내내 종종 발견되는 동일한 것들이었다. 그의 목회가 오직 주 예수 그리스도를 위한 것이었듯이 다른 언약도들 역시 마찬가지였다.[70] 교수대에서 한 도날드 카길 목사의 마지막 증언도 같은 것이었다.

'나는 교황권과 감독권, 국가 만능주의 및 하나님의 진리로부터 결함을 가진 모든 것들을 반대하여 죽는 것입니다. 하나님의 말씀인 성경을 그들의 규범으로 삼지 않는 것들을 반대하여 죽습니다. 그리하여 그들 역시 그리스도를 높이며 경건하고 복음적인 대화를 통하여 이방인들에게 그리스도의 길을 제시할 수 있게 되기를 소망합니다. 이제 나는 다시 인간의 양심과 그리스도의 교회의 자유를 억압하는 모든 권세와 의절합니다. 이제 나는 여러분들에게 탄원합니다. 하나님의 진리인 성경을 알고자 연구하시고 믿으십시오. 하나님의 진리는 내가 선포한 것들입니다. 그리고 그 진리 안에 확고히 서십시오. 심판을 준비하십시오. 왜냐하면, 그 심판의 날은 너무나도 가혹한 것이요 갑작스럽게 오는 것이기 때문입니다. 원수들은 하나님의 길과 하나님의 백성들을 대적하는 극렬한 짓을 합니다. 그러나 얼마 못 가 그들은 서로를 향하여 격분하며 혼란 속으로 빠지게 될 것입니다.'[71]

---

70) Forrester & Murray, *Studies*, 149ff.
71) Maurice Grant, 201.

목회사역에 있어서 언약도들이 싸운 것은 영적인 문제들이며 그들이 씨름한 목회의 목적은 땅에서 하나님께 영광을 돌리는 것이었다. 그들의 강연들과 저술들 및 서신들은 언약도 정신을 굳게 붙들도록 성도들을 격려하고 그들의 생명을 예수 그리스도의 면류관과 영광을 위해서 기꺼이 내려놓도록 격려한 주된 도구들이었다. 그러한 도구들로 말미암아 사람들은 교육되었고 바르게 훈련받았으며 주 예수 그리스도를 아는 지식 가운데서 주의 일에 적합한 일군들이 되었다.[72] 언약도들은 그들의 설교 사역이나 가르침과 저술들과 서신들을 사용해 변호하면서, 자신들의 생명을 옹호함에 있어 성경에 합당치 않은 그 어떤 것들에 관심을 두지 않았다. 그러한 활동들이 그들을 그 시대의 가장 가혹한 박해를 견디고 승리하도록 이끌어주었다.

3. 요리문답과 신앙고백서 활용
(Use of Catechism and the Confession of Faith)

성도로 하여금 성경적 지식을 더 알차게 가지도록 도움을 준 두 문서가 있었는데 그것은 대 · 소요리문답서와 신앙고백서였다. 1649년 7월 30일 총회는 다음과 같이 선언하였다: '모든 목사는 당회의 장로들과 협력하여 교회의 글을 읽을 수 있는 자가 있는 모

---

72) Iain H. Murray, *The Reformation of the Church*(Edinburgh, 1965), 30ff.

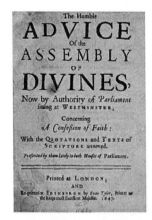

웨스트민스터 신앙고백서

웨스터민스터 대요리문답

든 영역에 대. 소요리 문답서와 신앙고백서 및 가정예배 지침서 한 권씩을 배치해야 한다.[73] 총회는 1639년의 총회록을 개정하여 모든 교회가 주중에 한 날을 정하여 요리문답 교육을 시행하도록 정하여 주 예수 그리스도를 아는 구원에 이르는 지식에 대한 무지를 제거토록 하였다. 이 목적을 위하여 모든 노회는 일 년에 두 차례 목사들이 요리문답 교육을 잘 시행하고 있는지를 시찰하게 하였다. 이 규례의 목적은 높은 계층의 사람들로부터 하층계급의 사람들에 이르기까지 성경적 교리들을 아주 잘 알도록 도와주기 위함이었다. 이 요리문답 교육은 가정예배에서 비중을 많이 차지하고 있는 것이었다.

1649년 총회록에 명시된 것처럼 요리문답서들의 가르침은 가정예배를 위한 상당한 언급을 할애하고 있다. 웨스트민스터 문답서들이 나오기 전에는 여섯 가지 스코츠 문답서들이 존재하였었다. 칼빈의 제네바 문답서(1563년 번역되어 런던에서 출판된 것으로

---

73) A. Peterkin, *Records of the Kirk of Scotland*(Edinburgh, 1838), 549.

서 교회의 권위를 가지고 젊은이들을 훈육하기 위해 사용된 것이었다), 사무엘 루터포드 요리문답서, 토마스 윌리(Wyllie)의 문답서, 로버트 블레어 문답서, 어린아이들을 위한 A · B · C 문답서 및 1644년에 출판된 스코틀랜드 교회의 신 문답서가 그것들이다.[74]

그러나 웨스트민스터 문답서들이 1648년 총회에서 인준된 후에는 대 · 소요리 문답서가 아이들을 교육하는 교재로 가장 폭넓게 애용되었다. 요리문답서들은 '성경으로부터 입증된 종교의 근본에 대한 모든 지식을 충분히 나타내므로 문답을 위한 지침서'가 되게 하는 것이었다. 1648년 총회는 소요리문답서가 '하나님의 말씀에 일치하며 교회가 채택한 교리와 예배, 권징 및 정치에 반하는 가르침은 하나도 없는 것임으로 소요리문답은 약한 믿음의 사람들에게 가르치기 위한 문답교육 지침서로 사용되기에 충분한 통일성을 이루고 있는 것'으로 인준하였다.[75] 웨스트민스터 문답서들의 가치는 교리와 정치의 문제에 있어서 통일성을 이루고 있다. 교리적인 문제들을 총괄한 것으로서 요리문답서들은 처음에 영국과 아일랜드에서 젊은이들을 위한 기독교 진리에 대한 하나의 지침서 안에서 다양한 교파들을 연합하게 하려고 시도된 것이었다. 그것은 총회의 생각과 성숙해진 경험과 마침내 신학적인 용어들에 대한 정

---

74) A. F. Mitchell, *Catechism of the Second Reformation*(London, 1886)을 참고하라.

75) A. Peterkin, Ibid, 498.

의를 확정시키는 수확물이었다.[76]

　스코틀랜드 신학자인 토마스 토렌스(Torrance) 교수는 '요리문답
서들은 스코틀랜드 토양에 싹터 살아있는 열매를 가져오게 하는
씨를 심는 것이었다. 그리고 다음 세대를 위하여 사용될 훌륭한 곡
식을 제공하였다. 요리문답서들은 역사적인 교회의 정신을 세웠으
며 신앙에 대한 이해를 분명히 하였으며 교회 성장과 발전을 꾀하
는 발판이 되었다.'라고 하였다.[77] 토렌스 교수의 이 진술은 언약
도들에게도 그래도 적용되는 말이다. 감독주의자들이 언약도들에
게 교회의 제반 문제들이나 교리적인 문제들을 질문할 때 질문자
들이 알고 있는 것들보다 더 많이 잘 대답할 수 있었다. 심지어 아
이들도 집에서나 교회에서 기독교의 근본 진리들을 체계적으로 잘
습득하고 있었다. 교회에서 젊은이들의 문답 교육을 하는 것은 장
로들의 협조에 힘입어 주로 목사가 하였다. 교회에서 주중에 한 번
실시하였다. 그러나 집에서는 날마다 가르쳐졌다. 아이들은 성경
으로부터 문답 교육을 받은 것만이 아니라 아이들 스스로 요리문
답서들로부터 문답 교육을 하였다. 이것이 그들이 계속해서 성경
을 읽게 하고 기도 생활을 하도록 크게 격려하였다. 요리문답서들
은 사도신경과 주기도문에 포함된 종교적인 의무사항들을 가르치
는 것만이 아니라 십계명에 속한 사회적 임무들까지도 포함하여
가르치고 있다.

---

76)　A. F. Mitchell, xxviii.
77)　T. F. Torrence, *The School of Faith*(London, 1959), 11.

주일날에 아이들 문답 교육은 교회에서 공예배하는 것을 제외하고 가정에서 실천하는 종교적 경건 생활에 있어서 가장 중요한 일이었다. 일반적으로 부모들은 목사에게 들은 설교를 반복한 후에 아이들에게 직접 문답 교육을 하였다. 그런 실천들을 통해서 아이들은 기독교 신앙의 맛을 경험할 수 있게 되었다. 아이들은 단지 교리적 가르침에서만 배운 것이 아니라 부모들이 하는 신앙생활의 실천을 통해서도 올바른 지식을 습득할 수 있었다.[78] 이런 환경 가운데서 자라난 브로디의 알렉산더 브로디(Alexander Brodie)의 아들 제임스 브로디는 1680년 부친의 임종 앞에서 다음과 같이 기도할 수 있었다:

'나는 부친의 경건하고 거룩한 신앙의 길을 걸으신 모습을 목격해왔습니다. 그의 사려 깊음과 신실함, 하나님과 은밀한 교제를 늘 보며 자랐습니다… 오 여호와여 내게 부드럽고 영적이며 거룩하고 열정이 넘치며 마음에 불꽃이 타오르게 하시며 깨어있는 자가 되게 하옵소서 그리하여 이것이 그리스도와 더욱 친밀해지는 시간이 되게 하옵소서. 오 주님, 우리 가정에 오시어 방마다 주님으로 채워주소서. 우리 마음에 오셔서 존경하는 아버지와 선생의 부족함을 채워주옵소서.'[79]

---

78) T. C. Smout, *History of Scottish People* 1560-1830, 1969, 74ff.
79) 'Diary of James Brodie of Brodie' in *Diaries of the Laird of Brodie 1652-1685*, Spalding Club, 426.

요리문답서들은 웨스트민스터 신앙고백서와 더불어 교리와 체계에 있어서 칼빈주의 장로교회를 형성하게 하였다. 고난 받는 언약도들에게도 그러한 지침서들은 그들의 종교적 신앙을 표출하는 데 가장 중요한 역할을 감당한 것들이다. 그러한 종교적 실천의 영향은 1683년 팬틀랜드 마을(Pentland Town)에서 일어난 '어린이들의 언약'문서에 잘 반영되어 나타나 있다. 이 문서는 어린아이들의 헌신을 드러낸 것으로서 깊은 신학적인 내용이 잘 스며들어 있는 뛰어난 문서이다:

'이것은 우리와 말씀 하신 분 사이에 온 마음을 다하여 맺은 언약이다. 우리 자신을 전적으로 그리스도에게 드리며 어떤 주저함도 없이 영혼과 몸과 마음과 열정을 다하여 그리스도의 자녀가 되기로 다짐한다. 그리고 만일 이 땅에 다시 한번 그의 복음을 보내심이 거룩한 주님의 기뻐하시는 뜻이라면 그분만이 우리의 하나님이요 아버지가 되신다는 언약이다. 우리는 주님과 우리 사이에 우리가 직접 작성한 이 언약 위에 굳게 서서 그 위대한 날에 분명하게 대답할 것이다. 그러나 우리는 주님과 우리 사이에 맺은 이 언약을 결코 어기지 않을 것이다. 우리가 만든 이 언약을 굳게 지킬 것이며 만일 그렇지 못하다면 마지막 날 주님과 그의 거룩한 천사들 앞에 서게 될 때 이것이 우리를 대적하는 증거물이 될 것이다. 오 여호와여, 오늘날 너무나도 많이 무너진 시온의 성벽을 다시 세우도록 참된 은혜를 베풀어주옵소서. 이 무너진 시온성을 향해 애통해 하는 마음을 가지게 하옵소서. 왜냐하면, 고난의 때에 교회의 아픔과 함께 슬퍼하는 자들은 주께서 다시 오셔서 시온의 포로를 되돌리실 때 기뻐하시게 하실 것이라고 말씀하셨기 때문입니다. 주께서 교회를 원수들의 손에서부터 건지실 때. 왕들이 와서 교회를 먼지 가운데서 다시 세우실 때, 교회를 대적하는 원수들이 사람들이든 사단이든 그들이 있음에도 불구하고 우리는 교회와 더불어 기뻐할 것입니다. 따라서 이 땅에서 시온의 왕이신 그리스도를 버린 자들은 그리스도께서 일어나셔서 잔혹하게 피를 흘린 그 원수들의 손에서 그의 자녀들의 피를 앙갚음해 주심에 처하게 될 것입니다. 따라서 우리와 주님 사이에 우리가 만든 이 언약의 정신에 서 있지 않은 자들과는 말하지도 않을 것이며 결코 교류하지 않을 것입니다. 살인자 감독주의자들의 강론을 들으려고 교회에 나가는 일은 결코 없을 것입니다. 이 언약을 깨는 자들은 우리 모임에 들지 못할 것입니다. 우리는 여호와 앞에 선언하노라. 우리는 이 언약에 매이게 됨을 주 여호와 앞에 엄숙히 선언하며 우리의 생애 내내 우리는 그의 자녀요 그는 우리의 언약의 아버지가 됨을 선언하노라. 우리는 우리의 손으로 친히 서명한다. 베트릭 움퍼스톤, 자넷 브라운, 헬렌 모우트리, 마리온 스완, 이세벨 크레이그, 마르다 로간, 아그네스 아이트켄, 마가렛 갈로웨이. 헬렌 스트레이톤, 헬렌 클라크, 마가렛 브라운, 자네 브라운, 마리온 맥모론, 크리스천 라오리.'[80]

---

80) J. Lumsden, *The Covenants of Scotland*(Paisley, 1914), 346f.

이 문서를 작성한 자는 누구인지 알려지지 않는다. 그러나 그것은 서명한 자 중 한 사람이었을 거로 추정할 수 있다. 그렇지 않다면 그 작성자의 이름이 그 언약문서에 삽입이 되었을 것이기 때문이다. 이 언약문서에 서명한 소녀들은 언약도 정신 때문에 고난을 받은 자들로 둘러싸인 자들이었을 것이다.[81] 장로회주의 원리를 굳게 붙든 언약도들에 대한 억압조치들은 전역에서 인간의 생명과 재산을 극도로 무시당하는 조치들과 함께 진행되었다. 그러나 그들로 하여금 그 언약문서를 비난하도록 강요받지는 않았다. 그들의 종교적인 경험들과 그들이 가정과 들판에서 받은 건전한 가르침들은 도리어 그들을 강화시켜 주었고 견디게 만들었으며 언약도 정신을 굳건하게 옹호하게 만들었다.

1685년 마가렛 윌슨과 마가렛 맥라우클란(M'Lauchlan)이라는 무방비 상태의 두 여인은 위그타운(Wigtown) 바닷가에서 밀물에 수장되어 처형되었다. 둘 중 젊은 윌슨은 겨우 18세 소녀였다. 형을 집행하는 군인이 묻는다. 너는 지금 물에 수장되며 고난 받고 있는 동료에 대하여 어떻게 생각하는가? 그녀는 '내가 보는 것은 저기서 씨름하고 있는 자녀 중 한 사람 가운데 있는 그리스도뿐이노라. 당신은 우리가 고난 받고 있다고 생각하는가? 아니다. 우리 안에 있는 그리스도가 고난을 당하시느니라. 왜냐하면 그리스도는 자기 자녀들의 책임으로 전쟁에 내보내시는 법이 없기 때문이다.'라고

---

81) Refer to D. P. Thomson, *Women of the Scottish Church* (Perth, 1975).

대답하였다. 그녀는 언약도 정신을 포기하라는 강압을 단호히 거부하며 말했다. '나는 포기하지 않을 것이다. 나는 그리스도의 자녀이다. 나로 죽게 하라.'[82]

순교 당하는 마가렛 윌슨

이러한 단호한 태도는 그들이 다 가정에서 신앙훈련들을 잘 받은 결과라고 말하지 않을 수 없다. 그들의 종교적인 확신들은 하나님의 말씀 위에 선 것들이며 누구도 앗아갈 수 없는 것들이었다. 심지어 사형선고까지도 그러한 확신들을 말살할 수 없었다. 가정에서 자녀들을 문답 교육하는 신앙생활은 언약도들의 영적 활력의 주된 근원지였다.[83] 그들의 개인적이고 사회생활의 윤리 기준은 본질적으로 가정에서 성경적인 종교적 실천사항에 기초한 것이다. 물론 가정예배가 교회의 밀접하게 연결되어 있었다. 공 예배, 주중의 신앙강좌들, 주중 요리문답교육 및 교회에서 정기적인 집회들이 언약도들의 신앙생활에 크게 이바지한 것들이었다.[84]

그러나 우리가 기억할 것은 핍박의 시기 동안 일반적인 교회

82) R. Wodrow, IV, 249.

83) Smout, *History*, 81ff.

84) See D. H. Hislop, *Our Heritage in Public Worship* (Edinburgh, 1935); W. M. McMillan, *The Worship of the Scottish Reformed Church, 1550-1638* (London, 1931); W. D. Maxwell, *A History of Worship in the Church of Scotland* (London, 1955).

모임들이 기존 교회에서 평탄하게 진행된 것들이 아니었고 그러한 일상적인 교회 모임들은 사실상 국가교회가 활용하는 것들에 순응하는 것이어야 했다는 사실이다. 고난받는 언약도들, 옥외집회나 비밀 가정모임에 참석하는 자들에게는 가정에서 신앙생활이 그들의 종교적인 교육과 영적인 활력을 얻는 유일한 도구들이었다. 그러한 모임에서 그들이 경험한 것들은 누구도 무너뜨릴 수 없는 힘을 지닌 언약도들이 되게 하였다. 언약도들은 그들이 왕권과 감독권을 거부하면서 성공적인 종교적인 부흥을 크게 경험하였다. 워드로(Wodrow) 목사는 '복음은 일반적으로 스코틀랜드 남부지역을 통해 산재해 있는 옥외집회에서 선포되었다. 그리고 그런 집회는 큰 성공을 거뒀다. 하나님은 말씀의 사역자들에 의해서…. 훈육과 회심으로 백성들의 심령에 말로 다 할 수 없는 대사를 이루셨다.' 라고 관찰하였다.[85] 그러한 현상들은 수많은 사람에게 말로 다 할 수 없는 영향을 미치게 하였다. 여기에는 젊은 남녀들을 다 포함하고 있는데 그들은 고요한 시간이 이어졌다면 영적인 것들에 주목하는 것은 그리 많지 않았을 것이다. 그러나 핍박의 시간이 그들로 하여금 영적인 사람들이 되게 한 것이다.

옥외비밀집회를 조직하거나 인도하는 자들에게 사형선고가, 그 집회들에 참여하는 자들에게는 가혹한 벌금이 부과된다는 조처

---

85) R. Wodrow, Ibid, II. 497.

가 내려진다는 조치에도 불구하고[86] 그런 집회들은 들판이나 가정에서 더 많이 늘어갔다. 1675년경에는 적어도 일곱 가정이 언약도들을 위한 만남의 장소로서 에든버러 도시에 개설되었다. 그 모임에 참석한 자들은 모든 유형의 시민들이었다. 상인들, 장인들, 지역의 여러 유지 및 그들의 부인들이나 미망인들이 포함되었다. 지방에서는 개인 가정에서 모인 비밀집회들은 급증하였다. 스코틀랜드 교회사가인 이안 코완(Ian Cowan)은 다음의 증거를 제시하였다: '사적 비밀집회는 이 기간에 스코틀랜드 남부 지방 대부분 지역에서 발견된다.'[87] 참석하는 숫자가 늘어남으로써 비밀집회 장소인 각 가정이 다 수용할 수 없어서 옥외 비밀집회를 열게 만든 것이다. 그럼에도 불구하고 개인 가정들에서 작은 수의 비밀 집회는 계속되었다.

이 시점에서 감독주의 교회 예배들은 어떠했는지를 잠시 눈여겨보는 것도 바람직하다. 언약도들의 비밀 옥외집회는 참여자들이 날로 늘어나는 것에 비해 감독주의 성직자들은 심지어 자기들의 예배 순서까지도 장로회 방식과 유사하게 진행함에도 불구하고 많은 교구민이 그들의 교회 예배에 참여하는 것을 거부하고 있는 것을 직면해야 했다. 1686년 반프(Banff) 교회 목사의 기록을 보면 사

---

86) See W. C. Dickson and G, Donaldson, *A Source Book of Scottish History* (Edinburgh, 1961), II, 170ff.

87) I. B. Cowan, *The Scottish Covenanters* (London, 1976), 84.

람들이 오지 않기 때문에 주중의 설교하는 모임을 취소해야 했다고 한다. 그리고 다음 화요일 모임에 다시 예배시간을 가지겠다고 공지하였으나 만일 성도들이 나타나지 않으면 그것마저도 취소해야겠다고 했다.[88] 많은 교구민은 정부 당국이 정한 예배에 참여해서 그들이 필요한 영적인 것들을 얻기에는 불가능하다는 것을 알았다. 반면에 옥외집회에서는 만족을 얻었으며 그들의 고난당하는 심령에 큰 힘을 얻게 된 것이다.[89] 그러한 현상은 몇몇 언약도들은 감독교회 성직자들의 기도나 설교 듣는 것을 거부하였다는 것은 어린이 언약문서에도 언급되어 있듯이 충분히 납득이 가게 한다. 1681년에 이사벨 알리슨과 마리온 하비라는 두 하인이 교수대형을 받게 되었다. 그때 감독 페터슨은 그들에게 말하기를 '너희는 감독제 목사의 기도를 전혀 듣지 않았다. 이제 너희는 죽기 전에 감독의 기도 소리를 듣게 될 것이다'라고 했다. 그러자 두 여종은 감독의 기도 소리를 듣지 않기 위해서 시편 23편을 부르기 시작했다. 그리고 기도하며 기쁜 마음으로 처형을 당했다. 그러한 증거들은 언약도들의 신앙의 깊은 확신이 어떠했는지를 설명하고 있다. 그들은 그리스도와 왕관과 언약도 정신을 위하여 그들의 생명을 기꺼이 내려놓은 것이다.

---

88) W. R. Foster, *Bishop and Presbytery*(London, 1958), 137.
89) See R. Pollok. 125.

4

언약도들의
영적 지도력의 보조적 수단들

제 4 장
....

언약도들의
영적 지도력의 보조적 수단들

(Supplementary Facts for Their Spiritual Leadership)

언약도들의 영적 지도력은 설교와 신앙교육 사역뿐만 아니라 또한 실천적인 종교적 삶에서도 명백히 드러난다. 앞장에서 설명한 그들의 주된 신앙 교육적 수단들을(설교, 교육 및 저술 활동) 뒷받침하는 보조적 수단들이 없었다면 언약도들의 영적 지도력은 결코 온전히 이해될 수 없다고 해도 과언이 아니다. 일반적으로 지도력이란 한 사람의 인생이 다른 사람들에게 영향을 줄 수 있는 모범이 되지 않고는 결코 효과적이라고 말할 수 없을 것이다. 이런 관점에서 앞장에서 다룬 언약도들의 신앙은 현대의 기독교인들이 믿는바 동일한 진리를 수호함을 위하여 분연히 일어서게 하는 커다란 도전이 된다. 그들 개개인의 경건 생활이 모범이 될 수 없다면, 그들의 믿음과 삶 또한 그 자손들에게 같은 귀감이 될 수 없을 것이다. 비록 경건 생활과 권징과 가정예배 및 언약도 여인들의 역할을 충실하게 수행하게 하는 일에 보조적 수단들로 작용한 것으로 언급했어도 이들의 영적 지도력과 결코 무관할 수 없이 중요한 것들이다.

1. 모범적인 경건 생활(Godly Life as Exemplary)

경건이란 그리스도인의 성품에 있어서 본질이요 은혜로 말미암은 성숙한 열매라고 말할 수 있다. 그리스도인들은 세상에 속한 자들과는 구별되게 부르신 자들이기 때문에 거룩한 삶을 추구하는 자들이다. 비록 그리스도인들이 이 세상에 살고 있다고 할지라도 자신들의 참된 정체성을 예수 그리스도 안에서 발견하기 때문에 그렇게 구별된 삶을 살아가는 것이다. 그리스도인의 행동 특성은 다음 세 가지와 같다: 사랑으로 역사하는 믿음, 인생의 목적을 하나님의 영광에 두기, 천국 지향적인 삶. 이와 같은 것들은 성경을 믿는 신앙인들의 참된 표지들이요 그리스도를 진정으로 따랐던 언약도들에게 있어서도 참이었다. 그들은 진정으로 그리스도를 따르는 자들이었다. 그들은 육체적으로는 매우 비참한 환경 가운데서 살았을지라도 세상에서 가장 행복한 그리스도인들이었다. 그들이 어디로 가서 살아가든지 하나님의 주권, 그리스도의 사랑스러우심, 성령의 인도하심, 인간 마음의 죄악과 슬픔과 같은 중심적 주제들을 그들의 목회자들로부터 선포되는 것을 들을 수 있는 복을 받기 때문이다. 그러므로 경건 생활(Godliness)이란 하나님의 말씀을 듣고 믿은 결과물이었다. 이 점을 다루기 위해서는 언약도들이 그들의 매일매일 영의 양식으로 묵상한 성경을 그들이 어떻게 사용하였는지, 그들이 실천한 기도와 금식, 그리고 시편 찬송가 사용 및 세례와 성찬인 성례를 어떻게 시행했는지를 살펴보지 않을 수 없다.

1) 성경의 활용(Use of the Bible)

성경은 언약도들이 개인적인 헌신생활을 위하여 집과 교회에서 읽고 배운 도구였다. 그리고 공적인 모임을 위하여 교회에서 읽고 배운 것이다. 17세기 언약도들이 성경을 가장 소중하게 여겼다는 것은 전혀 놀라운 일이 아니다. 그들은 신구약 성경을 하나님의 말씀으로 받았으며 그리스도인의 신앙과 행동의 유일한 무오한 법칙으로 간주했다. 그들에게 있어서 성경은 그 안에 영원한 보물이 넘쳐나는 것을 발견할 수 있는 '황금 사슬(Golden Chain)'과 같은 것이었다. 그러므로 성경을 공부하는 일에 많은 수고와 노력을 기울였다. 교회사가인 헨더슨(G. D. Henderson)이 말하듯이 성경이야말로 언약도 운동 시대의 가장 소중한 유산이었다.[1] 목사들은 성경을 구입해서 읽도록 장려하였다. 문맹자들에게도 성경을 구입하여 자신들을 위하여 성경을 읽어줄 사람을 고용하라고 권하였다.[2] 가난한 자들에게는 1642년 총회 이후에 성경을 무료로 나눠주었다. 언약도 교회의 이런 노력으로 1660년대가 되자 스코틀랜드 전 지역에서 거의 모든 가정이 성경을 소유할 수 있었고 소년·소녀들이

---

1) G. D. Henderson, *Religious life in 17th century Scotland*, 5.

2) See, *The Directory for the Family Worship, section IV*, Those who were unable to perform the family worship were allowed to employ some to read the Bible in the conduction it. 가정예배지침서 4항에서 이 부분을 언급하고 있다.

목사님이나 부모로부터 성경을 받게 되었고 읽을 수 있었다.[3] 파이프 지역에 있는 달게티 교구 교회에서 1654년에 당회록에 기록된 것을 보면 한 달 만에 성경을 구매할 수 없는 형편에 있는 자들에게 11개의 성경을 공급했다는 것을 알 수 있다.[4]

제네바 성경

그렇다면 17세기 당시에 사용하던 성경은 어떤 성경이었는가? 그 당시 가장 많이 사용된 성경은 존 칼빈과 존 낙스의 영향 때문에 제네바 성경이었다. 불가타 성경(라틴어 성경)이 당시 성직자들 사이에 가장 널리 애용되고 있는 성경이었지만 제네바 성경은 스코틀랜드에서 일반 백성들이 애용한 성경이었다. 1575년에 총회는 모든 교구마다 바센다인(Bassendyne)판 제네바 성경을 다 비치하도록 했다.[5] 이 성경은 청교도적이고 칼빈주의적인 강조점을 잘 담아낸 가장 대중적인 영어 성경이었다. 이 성경 판매는 추밀원의 법령으로 적극적으로 조성되었고 에든버러 위정자들도 열렬하게 지지하였다. 그리하여 모든 가정의 가장들이 다 꼭 성경을 가지게 하는 단계를 밟게 하였다.[6] 제네바 성경의 또 다른 판본은 하르트(Hart) 판본으로서 에든버러에서 1610년에 출판되었다.

---

5) Under 'Bible' in *Dictionary of Scottish Church History & Theology*, 이 성경은 1579년도 판인데 스코틀랜드에서 최초로 출판된 완역판이었다. 이 성경이 대중들이 읽도록 애용된 것이다.

6) Henderson, Ibid 2.

이 성경은 스코틀랜드에서만이 아니라 잉글랜드에서도 인기가 많았다. 심지어 라우드 대주교까지도 사용하였다. 스코틀랜드 교회가 한 번도 인준하지 않은 흠정역(1611년)이었음에도 불구하고 제네바 성경은 점차적으로 흠정역으로 대체되었다. 그 이유는 명확하지 않다.[7] 그러나 제네바 성경이 18세기 후반에 이르기까지 교회와 가정에서 계속해서 읽혔고 사용되었다.[8] 제네바 성경은 각 가정에서 사용할 수 있도록 각 단락을 구절별로 구분해 놓은 최초의 관주성경이었다.

가정예배를 통하여 언약도 부모들은 성경을 읽은 후에 자녀들에게 목사에 의해서 문답 교육을 받는 것과 같이 문답 교육을 했다.[9] 언약도들은 가정예배를 통해서 성경에 푹 젖어갔다. 자녀들은 성경을 최고의 교사로 여겼기 때문에 가능한 한 자주 성경을 읽고 습득도록 가르침을 받았다. 네덜란드에서 찰스 2세를 위하여 싸우다가 전사한 남편을 둔 톰슨 여사는 그녀의 두 자녀들을(4세 여아인 헬렌과 2세 남아인 윌리엄) 여호와를 경외하는 아이들로 자라게 하려고 부지런히 성경을 가르쳤다. 그들의 젊은 날에 창조주 하나님을 알고 기억하며 살도록 힘쓴 것이다. 그녀는 매일 일정한 분량의 성

---

7) 스코틀랜드 총회는 1636년 교회법에 흠정역본을 사용할 것을 명기하였음에 불구하고, 어느 특정한 성경을 사용하라는 법을 제정하지는 않았다. 이 법은 찰스 1세 의해서 1638년에 철회되었기 때문이다.

8) John C. Johnston, *Treasury of the Scottish Covenant* (Edinburgh, 1887), 245-287.

9) 가정예배지침서 4장에서 이 사실을 보여주고 있다.

경 말씀을 읽는 일을 결코 잊은 적이 없으며 아이들에게도 그렇게 하도록 가르침을 쉬지 않았다. '애들아 내가 이 세상을 떠나게 되면 너희의 최고 선생님은 너희의 성경이 될 것이란다. 헬렌아 성경을 읽고 또 읽으라.'[10] 그녀는 언약도 정신을 박해하는 무리에 의해서 총에 맞아 순교를 당하였다. 부모들의 이런 교육방식으로 자녀들의 마음에서 하나님의 말씀이 새겨지게 되었으며 심지어 교수대에 올라서 순교할 때에도 그들의 입술에서 항상 말씀이 튀어나올 수 있었다. 하나님의 말씀은 그들의 입안에 지속적으로 남아 있었다. '그렇게 많이 암송하고 있는 내게 주목하지 마십시오. 왜냐하면, 성경은 내게 어려서부터 살아계신 하나님의 말씀이었으며 신성한 주님의 입술에서 나온 말씀이었기 때문입니다…. 내가 죄와 사단과 세상과 맞서 씨름할 때, 그리고 나 자신의 사악하고 기만적인 심령과 다툴 때, 나의 구원의 저 큰 원수들과 싸울 때 주님의 이 말씀이 기둥과 터와 같았습니다.'[11]

그 언약도 시대에 스코틀랜드 가정의 모범적인 가정생활을 보여주고 있는 브로디의 알렉산더 브로디가 1680년 4월에 세상을 떠났을 때 그의 아들은 이미 앞 장에서 언급한 적이 있는 그의 부친의 신앙에 대하여 놀라운 간증을 했다. '나는 교훈과 경고와 지식의 수단의 복락을 많이 가졌습니다. 나는 아버님의 경건한 대화와 거룩한 성도로서의 믿음의 길을 목격하며 자랐습니다. 그의 사려

---

10) R. Pollock, *Tales of the Covenants* (Edinburgh 1912), 42.

11) Edwin Nisbet Moore, 251 (from John Nisbet's *Dying Testimonies*).

깊음과 충성스러움, 하나님과 함께 하는 그의 은밀한 교제를 목도 했습니다.[12] 이러한 개인적 경건의 삶은 하나님의 말씀을 묵상하지 않고서는 불가능한 것이었다. 유명한 청교도 저술가인 토마스 왓슨은 '묵상은 나무의 뿌리로 스며들면서 흘러내리는 빗물과 같이 그 나무를 풍성한 결실을 보게 한다'라고 했다.[13] 이처럼 언약도들에게 성경을 읽고 묵상하고 하나님의 말씀을 개인적으로든 공적으로든 늘 듣는 것은 너무나도 자연스러운 일이었다.

2) 기도와 금식(Prayer and Fasting)

언약도들은 기도의 사람들이었다. 성경을 읽고 시편을 찬양하는 것과 마찬가지로 기도의 중요성도 그에 못지않았다. 기도는 그들의 삶을 경건하게 이끌었다. 그들은 아침 일찍 홀로 기도하고 매일 조석으로 가정 예배하는 것과 더불어 하루의 모든 수고를 마친 후에 저녁에 개인적 경건의 시간을 홀로 가지곤 하였다. 언약도들이 이해한 기도는 무엇인가? 소요리문답은 98문은 이렇게 설명하고 있다: '기도는 우리의 소원을 하나님께 아뢰는 것이요 그의 뜻에 합한 것들을 그리스도의 이름으로 구하는 것이며 우리의 죄를 고백하고 그의 자비하심을 깨달아 감사하는 것이다.' 이 답변은 성공회 대주교 라우드가 잉글랜드와 스코틀랜드 두 나라의 종교 통

---

12) 'Diary of James Brodie of Brodie' in *Diaries of the Laird of Brodie 1652-1685*, Spalding Club, 426.

13) Thomas Watson, *Heaven taken by Storm* (Pennsylvania, repr. 1997), 29.

일을 위해서 1637년에 만든 일명 라우드 예식서에서 제외하고 있는 즉흥적 기도의 필요성을 함축하고 있다. 사실 스코틀랜드 사람들은 존 낙스에 의해서 작성되었고 예식서(Book of Order)에 보존되어 정기적으로 읽는 기록된 형태의 기도문을 듣는 데에 익숙해 있었다. 그러나 그들은 기록된 기도문들이 다 소화해낼 수 없는 기도를 위한 방편들이 있음을 알고 그것은 성령의 감화로 인도받는 개인적인 즉흥 기도를 통해서 할 수 있다는 것도 신뢰하였다.

개인 기도의 필요성은 언약도 목사인 휴 비닝(Hugh Binning, 1627-53)이 그의 설교에서 강조하였다. 그는 요한복음 4:23절을 설교하면서 기도가 우리 영혼의 생명임을 강조하였다. 사적 기도의 필요성을 깊이 각인시켰다: '여러분은 공적 모임에 참석해야만 합니다. 그러나 더 필요한 것은 집에서 여러분들이 어떤 대화를 하는지 주의해야만 하며 은밀한 기도시간을 가지는 것입니다. 여러분의 가정에서 드리는 기도는 공적인 자리에 앉아서 기도를 듣는 것보다 더 본질적인 예배입니다. 은밀한 기도는 가정에서 하는 기도보다 더 필요한 일입니다.'[14] 기도에 대한 강조는 언약도들의 설교에 자주 등장하는 주제였다. 언약도들의 선지자로 알려진 알렉산더 페든 역시 그의 누가복음 24:21절를 설교하면서 다음과 같이 강조하

---

14) 이것은 1669년에 출판된 그의 요리문답 설교 시리즈에 포함되어 있다. 그의 저술들은 대부분이 사후에 출판되었다. David Reid, *The Party-Coloured mind*,(Scottish Academic Press, 1982), 98ff, under the title, 'The Common Principles of the Christian Religion', Sermon XI를 보라.

였다:

  '오늘날 스코틀랜드에 하나님의 교회가 어디에 있습니까? 하나
님의 교회는 성직자들의 모임에 있지 않습니다. 사랑하는 여러분,
하나님의 교회가 어디에 있는지 여러분들에게 말씀드립니다. 스
코틀랜드에서 낮은 담 울타리 안에서 기도하는 남녀들이 있는 곳
에 하나님의 교회가 있습니다. 기도하는 자들이 대적자들을 멸할
것이며 실로 멸할 것입니다. 그렇습니다. 여러분, 기도하는 자들
이 이 폭풍을 통과할 것입니다.'15) 이처럼 그들의 초라한 성전에서
가진 언약도들의 기도회는 장로회주의를 위한 가장 위대한 승리를
쟁취하였다. 페든 목사가 주장한 것처럼 그 폭풍우를 통과할 수 있
었던 것은 오로지 기도뿐이었다. 그 설교에서 그는 또한 사람들에
게 기도와 금식을 선포하라고 촉구하였다. 그런데 기도와 금식은
전혀 새로운 무엇이 아니라 그 당시 그리스도인들의 일상적인 실
천 가운데 하나일 뿐이었다. 언약도들의 교회는 사람들로 하여금
정기적인 기도만이 아니라 기도와 금식을 함께 하도록 격려했다.
도날드 카길은 그의 사적인 경건 생활에 한 번도 지친 기색이 없었
다. 그는 젊은 시절부터 기도와 묵상하는 은밀한 장소에 있기를 좋
아했다. 때로는 하늘에 계신 하나님 아버지와의 교제를 나누면서
밤새워 기도하기도 했다. 그를 관찰한 사람 중 한 사람이 주목한

---

15) John C. Johnston, *Alexander Peden* (Mourne Missionary Trust, 1988) 199.

것은 하나님과 대화할 때 그가 보인 독특한 자세였다. '그는 언제나 그의 무릎을 꿇고 똑바로 앉아서 아무것도 의지하지 않고 그의 손을 하늘로 들어 올렸다. 어떤 사람의 기록을 보면 그가 죽을 때에도 그의 목에 핏줄로 감겨서 똑같은 자세를 취하고 있었다고 한다.'[16]

1642년에 열린 총회는 세 나라에서(스코틀랜드, 잉글랜드, 아일랜드) 평화와 종교의 일치와 교회 정치의 통합을 위해서 매월 둘째 주일과 수요일을 금식의 날로 정하여 기도하게 하였다. 1644년에 총회는 총회가 열리는 도시의 교회들이 금식하게 하는 법을 통과시켰다. '총회 첫날에 금식하며 기도하는 날로 삼은 것은 그 총회에 주님의 복이 임하게 되기를 원하기 때문이다.'[17] 1646년에 다시 이 법을 개정하여 총회가 열리는 첫날을 모든 교회가 다 공적인 금식의 날로 지키게 하였다. 기타 나머지 금식의 날은 노회마다 자치적으로 선포하도록 하였다. 예를 들면, 메이글(Meigle)노회는 메이글에서 주중에 노회 금식일로 지켰다. 파이프 대회 기간인 1660년 3월 마지막 수요일에 한 교회는 결탁자들과 항거자들이 서로 하나가 되도록 금식일로 지켰다.[18] 이 금식일이 어떻게 진행되었는지는 잘

---

16) Patrick Walker, *Six Saints of the Covenant*, II. 8.
17) See, A. Peterkin, Ibid, 332, 406, 452.
18) James Meikle, 'The Seventeenth Century Presbytery of Meigle' in the *Records of Scottish Church History Society*, Vol. 5. 1935, 145.

알 수 없다. 달게티 교회 당회록은 1644년에 지역 총회가 열린 화요일과 그 다음 목요일에 엄숙한 금식을 지키도록 결의하였음을 보여주고 있다.[19] 장로들은 이 날들에 금식일을 지키고 있는지 아닌지를 감찰하였고 하나님의 집에 자주 찾을 것을 권면하였다.

같은 교회 달게티 당회록은 성찬 예배가 진행되기 전에도 금식일을 가졌음을 보여주고 있다. 다음의 기록은 이에 대한 첫 번째 언급이다: '1654년 6월 9일 성찬 전인 목요일에 이 나라의 죄악들과 심판을 위하여 엄숙히 금식일을 지키자. 그리고 교회 안에 있는 죄악들과 하나님에 대한 무지를 회개하는 금식이다. 여호와께서 이 문제들을 다루어 주시고 계속 이어지는 성찬식에 임재해 주실 것을 구하는 기도였다.'[20] 그러한 금식은 총회가 제정하여 발표한 것은 아니었지만 개 교회들이 성찬식을 하기 전에 금식 기도하는 시간을 가진 것이다. 많은 지역에서 성찬식이 있기 전에 하루를 금식일로 정하여 실천했다.[21] 금식일에는 신자들이 모든 일상적인 일들을 멈추고 엄숙하게 자신들의 죄를 고백하였다. 금식일에는 두 편의 설교가 전달되었다. 기도와 참회의 시간을 가졌다. 교회는 금식일들을 건덕과 공동예배를 위한 수단으로 활용하였다.

G. D. 헨더슨이 지적한 것처럼 '누가 이것을 고안한 것인지, 금식일을 배치하는 것을 누가 했는지, 또 특별한 순서들을 가지는 것

---

19) W. Ross, Ibid, 102.

20) Ibid, 137.

21) William Cramond, *Annals of Banff* (Aberdeen, 1893), II, 47.

을 누가 처음으로 주도한 것인지는 분명하지 않다.[22] 그러나 우리가 이미 살펴본 것처럼 때때로 그 지시는 총회로부터 내려온 것이기도 하였고 때로는 대회나 노회의 결의로 된 것이었다. 더욱이 종종 어느 특정한 교회 당회가 지역의 일을 인하여 금식일을 제정하기도 하였다. 예를 들면 케레스(Ceres)에서는 1684년에 겨울의 추위와 냉랭함, 및 혹독함과 계절에 맞지 않은 봄 날씨의 혹독한 추위를 인하여 겸손히 금식하는 날을 선포하였다.[23] 케레스 교회의 이 금식은 어쩌면 1684년에 같은 이유들로 인하여 추밀원에서 명령한 국가적인 금식일과 관련이 있을 수 있다.

글래스고의 대주교요, 후에는 성 앤드루스의 대 주교였던(1680-84) 알렉산더 번네트(A. Burnet, 1613-1686)가 라우더데일 공작에게 보낸 서신은 금식일들이 보스웰, 캠버스랑, 메아른스, 이스트우드, 킬 파트릭 및 글래스고에서도 진행되었음을 보여주고 있다. 마지막 두 도시에서 금식일에 참여한 사람들이 2, 3천 명이나 되었다고 한다. 이 나라의 모독적인 일들과 언약을 어긴 것과 하나님의 백성들에 대한 핍박을 인하여 금식하였다고 한다. 심지어 군인들도 옥외집회에 참석하였으며 그러므로 정부 당국은 그 모임들을 해산하는 데 필요한 군사들을 충분히 가지지 못할 정도가 되었다고 한다.[24] 1688년 애버딘 대회는 금식과 자기 낮춤의 날을 정했는

---

22) G. D. Henderson, *The Scottish Ruling Elder* (London, 1935), 181.
23) Ibid, 181.
24) Lauderdale papers: Correspondence to the Duke of Lauderdale from A. Burnet, 15th

데 씨를 뿌리는 일에 복을 위하여 기도하였다고 한다. 위기가 찾아 왔을 때마다 언약도들은 위로부터 도움을 얻고자 기도와 금식하며 부르짖었다. 1654년 1월 12일에 브로디의 레어드(Laird of Brodie)의 일기는 가정에서 겸손한 자기 낮춤의 금식기도를 해야 할 열 가지 이유를 적시하였다.

❶ 시련이나 문제가 생겼을 때 그 문제들을 어떻게 다루어야 할지를 배우기 위하여.

❷ 우리가 버려지지 않으며 우리에게서 은혜가 거둬지지 않기 위하여. 그러나 빛과 능력으로 채움을 입고 그의 임재하심 을 통하여 그 모든 시련을 잘 극복할 수 있기 위하여.

❸ 육적이거나 정치적인 조언들로부터 보호받기 위하여.

❹ 주님이 보시기에 적합하다고 여기실 필요한 보호를 허락해 주시기를 위하여.

❺ 에든버러에 있는 우리의 형제들을 기억하고 붙들어주기 위 하여…. 그리고 우리가 우리 자신을 위하여서 하듯이 나라 백성들을 위하여.

❻ 다른 사람들이 언약도 정신 때문에 더 나빠지는 일이 없기 위하여.

❼ 주님께서 책망하신다면, 진노가 아닌 긍휼 가운데서 하시기 위하여.

August, 1676, The National Library of Scotland, MS 2512.

❽ 주님께서 이 시련을 선한 것으로 바꾸어주시고…. 그리하여 우리가 그의 이적들과 놀라운 행정들 및 사랑스러운 친절함을 더 많이 목도하기 위하여.

❾ 주님의 백성들에게 향하신 주님의 자비를 구하며, 그의 사유해 주심이 우리들의 죄악들을 제거하여 주시기 위하여…. 우리에게 우리의 통치자들 안에서 자비를 보여주시고 하나님을 두려워하는 가운데 우리를 통치하는 자들을 세워 주시도록. 그 날이 오기까지 우리들의 마음이 잘 인도함을 받도록.

❿ 주께서 주님의 교회를 기억하시고 이 폭풍우 가운데 잘 통과하도록 인도해 주시기를 위하여.[25]

그의 이 일기에서 그는 이 언약문서를 1654년 1월 말에 그의 가족들이 하나님께 함께 맺은 것이라고 기록하였다. '우리는 하나님께 우리 자신을 엄숙하게 드림으로 그 일을 수행했다. 그리고 하나님과 함께 새롭고 확고하며 거역할 수 없는 언약을 맺음으로 우리는 주님의 것이요 그는 우리의 것이 되었다. 우리는 우리의 영혼과 몸과 재산과 땅과 임대료, 집과 가족들과 부인과 자녀들과 종들과 친구들과 부요함을 다 주를 위하여 내려놓으며…. 우리가 가진 혹은 우리가 가질 또는 이 세상에서 얻게 될 모든 것들이 다 영원히

25) *Diaries of the Laird of Brodie*, 107.

주님의 것이 됨을 서약합니다.'[26] 물론 이 서약은 살인 시대 이전에 작성된 것이라 할지라도 그러한 헌신은 언약도들이 얼마나 강렬하게 신앙생활에 헌신 된 것이었는지를 보여주는 결과물이었다. 살인 시대 동안에 그들의 기도와 금식은 가장 중요한 일이었고 그들이 겪고 있는 핍박 때문에 그들의 지도자들의 설교 사역과 더불어 가장 강렬한 실천사항이었다. 특히 쫓겨 다니는 언약도들을 위하여 일반적으로 기도는 하나님과 친밀한 교통을 위한 가장 중요한 도구로 간주하였다. 그러나 그들의 경건 생활은 세속적인 업무들을 방해한 것이 아녔다. 도리어 정반대로 페든이 그의 청중들에게 그들의 일반적인 세속적인 업무들을 계속해서 수행할 것을 촉구하며 하나님께서 그들의 매일매일의 동반자가 되고 있음을 믿으라고 촉구하였다.[27]

언약도들은 세상적인 편안함이라든지 또는 곤경으로부터 안전함을 보장한다는 그 어떤 약속도 없었다. 그러나 그들은 그들의 모든 수난으로부터 그러한 생동적인 신앙실천의 수단에 의하여 건짐을 받을 것이라는 약속을 분명히 붙들었다. 그들은 하나님이 그들의 통치자가 되기고 그들의 개인적인 일들만이 아니라 국가적인 모든 업무를 주관하는 분으로 믿었다. 그러므로 그들은 국가적인 차원에서 금식을 옹호하였다. 코우퍼(Cowper)가 말한 것처럼 고난 받는 언약도들에게 정확하게 맞는 말이었다: '기도는 천국에 씨

---

26) Ibid, 113.
27) John C. Johnston, Ibid, 182ff.

앗을 심는 것이요 하늘과 땅에서도 열매를 맺는 것이었다. 하늘에서 땅에 물을 주는 것을 보는 것은 당연하지만 땅에서 하늘에 물을 주는 것은 보기 힘든 일이다. 진리는 열정에 의해 평가되어서는 안 되고, 열정이 진리에 의해 평가받아야 한다.'[28]

일반적으로 그들의 기도와 금식은 그 나라와 교회의 죄악들을 고백하는 것이었다. 즉 언약도 정신을 어기고 의무들을 수행하지 않는 죄악들, 하나님을 향한 임무들을 망각하고 있는 것들에 드러난 그들의 죄를 고백하고 하나님의 용서를 구하며 주 예수 그리스도에게 충실한 자들로 참되게 남은 자들에게 복을 주시도록 간구한 것이었다. 그들은 계속해서 담대하게 교회 지도자들을 위하여, 가족 식구들을 위하여 그리고 그들이 매일매일 직면한 문제들을 위하여(예를 들면, 보호와 인도, 예비하심 등) 기도하였다. 이것은 제임스 니스벳의 언약도들에 대한 소회에서 나타난다: '그들이 그들의 시간을 어떻게 사용하고 진전시켰는지 그 방식은, 원수들의 격렬하고 잔혹한 박해로부터 피하고자 여기저기 쫓겨 다니는 때를 제외하고, 그들의 죄악들과 다른 사람들의 죄악들을 인하여 탄식하며 애통해하는 마음으로 진지하게 그리고 열정적으로 주님께 아뢰는 기도였다. 그들은 주님의 진노를 면제해 주실 것을 간절히 탄원하였다. 주님께서 진노를 돌이키시고 긍휼히 여기사 보존하여 주시

---

28) quoted by Henderson's *Religious Life*, 209, 210.

고 남은 자들이 이 땅에서 주님의 말씀으로 무장한 것을 따라서 주님을 섬기는 씨가 되도록 일으켜 세워 주실 것을 간절히 구한 것이다.'[29]

그러한 신앙적 경험들은 옥외집회 설교자들이 그들의 추종자들 가운데서 얻은 삶을 변화시킨 영향력에 큰 위력을 발하게 한 권위였다. 니스벳의 기록은 기도 생활에 있어서 그들의 주목할 만한 영적 리더십이 이 고난의 시기에 어떻게 작동된 것인지를 보여준다. 그들은 칼과 창으로 싸우고자 나간 것이 아니라 겸손히 하나님 앞에 엎드려 도움을 구함으로써 하나님의 말씀을 가지고 전쟁터에 나간 것이다. 진리 안에서 기도와 금식은 그들을 히브리서 11:37-38절의 사람들이 되게 하였다: "돌로 치는 것과 톱으로 켜는 것과 시험과 칼에 죽는 것을 당하고 양과 염소의 가죽을 입고 유리하여 궁핍과 환난과 학대를 받았으니 이런 사람은 세상이 감당치 못하도다 저희가 광야와 산중과 암혈과 토굴에 유리하였느니라!"

3) 시편 찬송의 사용(Use of the Metrical Psalms)

시편 찬송을 부르는 것은 공적인 예배이든 사적인 예배이든지 항상 스코틀랜드 예배형식의 '중심축'이었다. 아이들도 학교에서 시편 찬송을 교육받았고 그것을 가정과 교회에서 실천하였는데, 회중들의 부르는 찬송에 크나큰 도움이 되었음이 틀림없었다. 아

---

29) Edwin N. Moore, *Our covenant Heritage*, 337.

이들을 가르치는 교장의 임무 중에는 성경교육과 요리문답 교육뿐만 아니라 시편을 노래하는 것도 포함되어 있었다. 따라서 아이들은 시편 말씀에 익숙한 자들로 성장하게 된 것이다. 시편 찬송은 또한 스코틀랜드 교회 생활에 있어서 언약신학으로서 한 역할을 담당한 것이 되었다. 스코틀랜드 역사학자인 캠벨 박사는 다음과 같이 기술하였다.

시편 찬송

'웨스트민스터의 언약신학이 스코틀랜드인들 믿음의 역사를 가능하게 했다면, 시편 찬송은 그들의 목소리로 표현한 종교적 정서를 드러내는 것이었다.'[30] 요리문답을 암송하는 것과 같이 노래를 통해서 시편의 구절구절을 암송함으로 말미암아 언약도들은 그들의 종교적인 확신의 유일한 기초인 성경에 더욱 친숙한 자들이 된 것이다. 여기에서 스코틀랜드 시편 찬송의 역사가 어떻게 진전된 것이었는지를 다루는 것은 적절한 것이 아니지만[31] 간략하게나마 소개하는 것은 시편 찬양에 대한 이해에 도움을 주는 것으로 생각한다.

스코틀랜드에서 발행된 최초의 시편 찬송은 '제1공예배서(the

30) William M. Campbell, *The Triumph of Presbyterianism* (Edinburgh, 1958), 146.

31) 이에 대하여 자세한 것은 M. Patrick. *Four centuries of Scottish psalmody*(Oxford University Press, 1949), J. M. Reid, *Kirk and Nation*(London, 1960), 85-86, M. Chibbett, "Sung Psalms in Scottish Worship" in *The Bible in Scottish Life and Literature ed*, by D. Wright, The Saint Andrew Press, Edinburgh, 1988을 참고하기를 바란다.

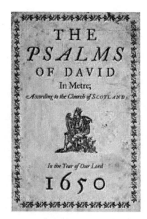

The Psalms of David
in Meter

first Book of Common Order 1564-65)'의 한 부분으로 출판되었는데, 여기에는 다윗의 시편 외에 다른 찬양곡이 포함되어 있지 않았다. 웨스터민스터 총회는 웨스트민스터 표준문서만 제공한 것이 아니라 시편 찬송도 제공했는데 이것은 스코틀랜드에서 즉시 인준한 것이 아니었다. 그리고 스코틀랜드 총회에서 구성한 '시편찬송편찬위원회'에서 최소한 6번 이상 여기저기를 수정 보완하는 과정을 거쳐서 1650년 5월 총회에서 교회에서 사용하는 '다윗의 시편 찬송[The Psalms of David in Meter(sic)]'을 비준하였다. 이것이 오늘날 기독교 예배에서 부르고 있는 "운율 시편가(the Metrical Psalms)"이다.[32] 언약도들은 시편에 깊이 부착된 자들이었다. 고난의 시간에 그들은 그들 자신을 영적으로 시편 저자들과 동일시하였다. 순교자들의 증언들은 그들이 얼마나 시편에 깊이 젖어 산 자들임을 보여준다. 교수대에서 처형당하면서 그들은 시편을 노래하였고 성경을 읽었다.

예를 들어 이사벨 알리슨과 마리온 하비는 시편 23편을 찬양하였다. 마가렛 윌슨은 시편 25편을 노래하였다. 케이르의 제임

---

32) 이 스코틀랜드 메트리칼 시편 찬송가는 1994년에 한국에서 최초로 필자가 소개하면서 후에 조인한 김준범 목사와 함께 2004년도에 120곡을 모아 〈시편 찬송〉집으로 고려서원에서 처음 출판되었고 2016년도에 전곡을 번역하여 완성판을 출판하여 보급하고 있다.

스 키르코(James Kirko)는 시편 116편의 일부를 찬양하였다.[33] 도날
드 카길과 월터 스미스는 1681년 참수되기 전에 시편 찬송을 불렀
으며, 1683년 킬마녹의 존 니스벳은 시편 16편의 일부를 노래하였
다. 언약도들의 마지막 순교자인 제임스 렌윅 목사는 시편 103편
을 노래하였고 요한계시록 19장을 읽었다. 이런 사례들은 정말 많
이 있다.

고난 받는 언약도들의 삶에서 시편 찬송은 이루 말할 수 없는
영향을 끼쳤다. 그들은 이와 같은 방법으로 경건의 삶을 실천함으
로써 언약도 운동을 더욱 강하게 이끌고 나갈 수 있었다. 시편은
이들의 가슴에 새겨져서 하나님과 더욱 친밀하게 교제할 수 있었
다. 그들은 시편 말씀에서 자신들이 가진 감정들, 슬픔과 기쁨과
감사, 위로와 승리의 정서들을 다 표출하였다. 그들은 하나님의
찬송을 노래하면서 온갖 박해를 견뎌내었다. 프로쎄로(Prothero)의
증언이 이를 뒷받침한다.

시편은 대중 운동의 영감이었다…. 글래스고의 동편 클라이드
쪽에서 남녀 무리의 어둑한 그림자들이 천막 속에 모인 것 같았다.
시편 92편이 달콤한 목소리로 울려 퍼졌다. 그것은 그 노래가 끝
날 때까지 가만히 서서 그 노랫소리를 들은 자들에게 명료한 달콤
한 노래였다. 따라서 그것은 위기가 다가왔을 때 옥외 비밀집회들

---

33) Wodrow, IV. 251를 보라.

이 장차 승리를 예견한 계시였다. 언약도들이 룰린 그린에서 달젤 장군을 맞닥뜨려야 했을 때 한 시편이 그들과 함께하였다. 드럼클록에서 클레버하우스를 참패시킬 때도 시편과 함께하였다. 휴 멕카일, 도날드 카길, 제임스 렌윅, 이사벨 알리슨, 마리온 하비, 마가랏 윌슨 등 수많은 언약도의 남녀영웅들이 다 고문과 잔혹한 죽음을 맞닥뜨리며 견뎌낸 동력이 시편이었다. 시편 말씀은 알렉산더 페든의 삶을 매력 있게 만든 일용할 원군이었다. 언약도들은 죽어야만 나올 수 있다는 바스 록 섬에 포로로 잡혀 있는 것을 즐거워하였으며 돈노타(Donottar) 캐슬의 동굴에 갇혀 지내는 것도 기뻐하였다. 그들의 진절머리 나는 감옥 생활에서도 즐거움으로 감당하게 한 것도 시편이었다. 여전히 참혹한 운명을 맞이할 다른 자들에게 큰 격려와 용기를 준 것도 시편이었다. 그들이 포로로 잡혀가고 노예로 팔려가서 신대륙의 논에서 설탕 밭에서 험난한 생활을 할 때도 힘이 되어준 것이 시편이었다.[34]

개혁교회가 수 세기 동안 즐겨온 그러한 유산들은 오늘날 공예배나 사적 예배에서 점점 잊혀가고 있다. 신학이 약해지고 현대인들의 입맛에 맞는 예배 스타일을 추구하면서 사라지고 있다. 그러나 기독교인의 신앙생활에 있어서 더욱 풍부하고 풍성한 영적 복락을 위하여 시편을 노래하는 것은 장차 올 미래 세대에서도 계속

---

34) Rowland E. Prothero, *The Psalms in Human Life* (London, 1920), 261-2.

이어져야 할 유산이어야 한다. 그 가치는 어떻게 다 측량할 수 없이 크나큰 것이 될 것이다.

2. 권징의 사역(Disciplinary Works)

교회의 권징은 존 낙스와 그의 추종자들에 의하여 항상 참된 개혁교회의 표지 가운데 하나로 여겼다.[35] 이것은 언약도들에게도 예외가 아니었다. 참된 교회는 항상 거짓된 종교와의 영적 전투를 치르게 될 것이다. 그리스도의 신부 된 교회의 순수함을 지키기 위해서는 교회는 권징을 필히 실행해야 한다. 올리버 크롬웰은 1651년에 스코틀랜드와 총회를 다스릴 때 그는 적절한 권징의 시행을 하지 않는 것이 하나님의 진노를 일으키는 주요한 원인과 동일하다고 보았다.[36] 즉 첫째, 목사나 장로들의 안수에 있어서 규율 없이 무분별하게 하는 것, 둘째, 교회의 견책과 공적 참회를 가볍게 여기고 조롱하는 전반적인 행위, 셋째, 주님이 제정한 성찬식에 불량한 자와 무식한 자를 배제하지 못하는 것, 넷째, 교회의 교제 생활에 다수의 공공연한 불경건한 자들을 그대로 놓아두는 것. 이런 결함들은 언약도들에 의해서 대부분 교정되고 치유되었다. 왜

---

35) 비록 칼빈은 권징을 참된 교회의 표지로 여기지 않았지만, 교회의 목적을 실현하는 일에 있어서 본질적이고 핵심적인 요소라고 간주하였다. '그리스도에 대한 구원 얻는 메시지가 교회의 영혼인 것과 같이 교회의 권징은 각 몸에 지체들이 각자의 위치에서 서로 연락하며 자기 역할을 하게 하는 힘줄과 같은 것이다.' 칼빈의 『기독교강요』, 2권, 4장 12, 1. 453.

36) Moore quoted them from the *Works of Gillespie*. II. 11-17.

냐하면, 그들의 신실한 목회 지도자들이 목회사역의 주된 수단들과 함께 권징을 보완적인 기준으로 활용했기 때문이다.

1) 가정에서 이루어진 권징(Family Disciplinary Actions)

기독교인의 신앙생활의 원리들은 개인적인 종교적 실천들을 통해서 언약도들 사이에 널리 보급되었다. 가정은 삶의 모든 측면에서 훈련의 본질적인 중심지이다. 권징의 기준에 있어서도 가정은 예외가 아니었다. 교회에서 제공하는 것 이외에 아이들을 위한 기본적인 권징은 가정을 통해서 제시되었다. 일반적으로 스코틀랜드 교회는 당회를 통하여 권징을 부과했다. 거기에 포함되는 것은 폭넓은 행위들, 곧 음행, 간음, 교회 불출석, 아내 구타, 술 취함, 중상모략이나 명예훼손, 신성모독 등이다. 심지어 쫓겨 다니며 고난 중에 있는 언약도 교회도 권징을 실천했는데 특히 성찬식 시즌 기간에 실시했다. 글래스고 대학 조직신학 교수인 길버트 버넷(Gilbert Burnet, 1643-1715)은 다음과 같이 보고했다:[37]

'음행, 술취함, 헛맹세, 주일성수 어김과 같은 몇몇 죄악들을 징계함에 있어 매우 엄격하였다. 당회와 회개석은 엄청 공포의 대상이었다. 간통죄는 삼 주간의 주일에 걸쳐서 공적인 회개의 자리에 서서 고백했어야 했다. 이것은 신분 고하를 막론하고 집행되었다.

---

37) D. Reid, *The Party-coloured Mind*, 125.

하밀톤 공작이 결혼 전에 간통죄를 범했을 때 그렇게 회개하는 시간을 가졌어야 했다. 그리하여 그들은 사람들로부터 큰 존중을 받았다.'

그러나 언약도 교회들은 박해 기간에는 적절한 권징을 시행할 수 없었다. 교회에 정기적인 예배와 매일 매일의 집회가 핍박자들에 의해서 방해를 받아서 잘 모일 수 없었을뿐더러 부분적으로 교회가 잘못을 범한 자들을 지속적인 접촉을 통한 교정을 시행할 수 없었기 때문이다. 제임스 커크톤은 이렇게 보고하였다: '잘못을 행한 자들이 거의 없었다. 백성들은 건전하게 신앙생활에 충실하였고 건전한 교리에 무지한 자들도 그리 많지 않았다. 스캔들을 일으키는 사람들도 없었다…. 신성모독적인 사람들의 유일한 불평은 교회 정치가 너무 엄격하여 죄를 지을 자유가 없다는 것이었다.'[38]

만일 이 관찰이 사실이라면 '경건한 사람들'이라고 알려진 후기 언약도들 사이에는 이런 것이 얼마나 더 철저했겠는가? 커크톤은 언약도들의 삶을 측량할 수 있도록 도움을 주는 다른 일화를 기록하였다. 리처드 카메론 목사가 마을에는 도둑들 천지라는 유명세를 치른 안난데일에서 모인 옥외집회에서 설교한 후에 일어난 일화이다. 집회가 끝 난지 얼마 안 되어 아스홀(Athole) 후작과 퍼스 백작이 아난데일을 지나며 하룻밤을 묵게 되었다. 그들은 그들이

---

38) Ibid, 131.

타고 온 말들을 걱정했다. 말들을 안전하게 보관할 수 있는 마구간이 없었기 때문이었다. 그러나 그들은 안심하였다. 왜냐하면, 그 구역에는 옥외집회가 모이고 난 후부터는 도둑들이 없었다는 것 때문이다. 상급 법관들의 모임에서 나온 기록은 이렇다: '언약도들이 모인 지역들은 언약도 정신을 포기하지 않는 것 때문에 벌금을 부과하는 것 말고는[39] 다른 이유로 벌금을 내릴 수 있는 것이 없었다.'[40]

비록 한 사람의 목사가 설교 사역과 심방 사역을 정기적으로 수행하며 가정 훈육을 실천했지만, 한 가정의 가장이 또한 그런 역할을 맡아서 행하기도 했다. 특히 가정의 권징은 집안과 밖에서 행한 자녀들의 행동과 밀접한 관련이 있었다. 그러므로 가정에서의 권징은 잘못을 저지른 자들에게 혹독한 징벌이 따르는 교회의 권징에 보조적인 장치였다.[41] 가정에서 주로 다루는 권징의 주제들

---

39) King Hewison, *The Covenanters*, II. 234.

40) 히위슨 교수는 '언약도들의 싸움은 자유, 도덕성, 가치 및 종교의 자유를 위한 다툼이었다…. 이러한 언약도들의 순결함 때문에 적어도 스캔들이라는 목록에는 그들이 전혀 나타나지 않았다'라고 기록했다. Ibid 2권 127.

41) 주된 죄목들은 의도적으로 살인한 자들, 간음한 자들(법적으로 확정된), 마법사들, 마녀들, 요술쟁이들, 요염한 자들, 아이를 죽이고자 술 먹이는 자들(낙태자들), 그리고 공개적으로 신성 모독죄를 범한 자들이다. 목사들에게는 이단을 가르치거나 지속적인 추행을 벌이는 일들이 추가되었고 일반 성도들을 위한 징계절차는 다음과 같이 진행되었다. 만일 은밀한 죄, 극소수의 사람만이 아는 죄를 범한 것이라면 사적으로 권고한다. 그러나 만일 죄인이 회개하지 않으면 목사는 훈육하되 2, 3명이 함께 가서 권고하고 그래도 회개치 않으면 회중에 알린다. 만일 공개적으로 회개가 요구되면, 교회 앞에 잘못을 고백하게 한다. 회개치 않는 자는 회개할 시간을 가지게 한다. 만일 완고하게 거절하면 치리회에 제소하여 처리케 하며, 그래도 출석하지 않고 교회의 권위에 복종하지 않는다면 출교시킨다. Edwin Moore's *Our Covenant Heritage*, 265를 보라.

은 도덕적이고 윤리적인 문제들로서, 거짓말, 불경건, 불순종, 싸움이나 도둑질 같은 문제들이었다. 언약을 어긴 자들을 징계하는 부모의 사례들도 있다. 예를 들면, 부르디의 제임스 브로디는 여호와의 언약에 나서는 그의 딸에게 충고하였다: 내가 캐서린과 이야기했는데 새롭게 언약을 하겠다는 의지를 발견했다. 캐서린은 이전 약속들하에 있지만, 그 언약들에 충실하게 응하지 않았음을 인정하고 새롭게 갱신하겠다는 것이다. 내 부친의 시대에 그녀는 언약을 맺었었다. 우리는 함께 기도하였고 예배하며 캐서린과 새 언약을 맺었다.[42]

크롬웰 앞에 선 제임스 더람

『언약도의 여인들(Ladies of the Covenant)』라는 책은 부모들의 조언들과 권면의 글들을 많이 제공하고 있다. 필자는 여기서 실질적인 훈육행위들보다 그들이 가르친 윤리 도덕적인 개념들을 더 관심 있게 보고자 한다. 이 목적을 위해 제임스 더람(James Durham)이 쓴 『십계명 강해』를 살펴보고자 한다.[43] 윤리 도덕적 행동을 위한 교훈들은 이 책에 잘 제시되어 있다. 그것 중 몇몇은 이미 다룬 적이 있다. 세 가지 다른 원리들을 여기서 소개하고자 한다. "네 부모를 공경하라"라

---

43) 초판은 1675년도에 출판되었고 2년 안에 5번이나 재판되었던 책으로 언약도들 사이에 매우 인기 있는 책이었다.

는 제5계명과 제8계명에서 기독교인의 섬김의 도, 그리고 제9계명에서 다룬 정직에 대하여 소개하고자 한다.

십계명의 후반부 첫 계명은 "네 부모를 공경하라"는 것이다. 더람에 의하면 자녀의 의무인 부모를 공경하는 것은 "네 이웃을 네 몸과 같이 사랑하라"는 주님의 십계명을 요약한 것과 관계된다. 이웃이란 친밀도와 관련해서 이해할 수 있다. 따라서 부모를 공경한다는 것은 단지 자식으로서의 의무일 뿐만 아니라 또한 교회나 국가에서 가장 우위에 오는 사회적 의무를 포함하고 있다. 성경은 부모만이 아니라 권세자, 윗사람과 아랫사람, 목사들, 교회 직원들, 교사들, 감독들 및 모든 지위에 있는 칭호를 지닌 자들까지도 포함한다.[44] 특히, 이 계명에 왜 어머니가 덧붙여졌을까? 더람은 어머니가 아이들의 출생과 교육을 맡아 수고의 땀을 흘리며 돌보는 일을 함에 있어서 마땅히 공경을 받아야 할 존재라고 말했다. 자녀들이 가져야 할 사랑의 의무, 공경의 의무, 감사의 의무는 아비와 어미 모두에게 공평하게 돌려져야 한다. 그러므로 이 계명은 '가장 유력하고 우월한 이웃 어른들에게만 공경을 표하는 것만이 아니라 가장 연약한 자들, 특히 어머니에게 공경을 표하라고 명시하고 있음을 명확히 지적하는 것이다.[45]

---

44) James Durham, *The Law unsealed, or a Practical Exposition of the Ten Commandments,* (Edinburgh, 1804), 282.

45) Ibid, 283.

공경하라는 의무는 사랑과 친절과 마음을 다한 경외심으로 표현되어야 한다. 그리고 그 자신의 지위에 따라서 순종으로 표현되어야 한다. 공경은 존경하고 존중히 여기는 말로 확증되어야 하며, 배려하고 경의를 표하는 행동으로도 표현해야 한다. 실로 순종과 존중하는 감사의 마음을 담아내야 한다. 그리고 늙은 부모를 위하여 기도하며 부모의 약점들을 덮어주는 방식으로도 공경하는 마음을 담아내야만 한다. 더욱이 이 공경과 순종은 반드시 주 안에서 실천되어야 할 일이다. 그것은 자녀들이 부모로부터 공정하지 못한 명령을 받았을 때 단호하게 거부할 권리를 가지고 있다는 것을 말씀하는 것이다. 이것은 부모에게 불순종하는 것으로 간주하지 않고 부모보다 더 높으신 성부 하나님의 권위에 복종하는 것이다. 그럼에도 불구하고 이 거절은 존경하는 마음으로 실천되어야 한다. 그러한 자세가 에든버러에 거주한 상인 조지 브리슨(George Brysson)의 경우에 찾아진다. 그의 부친은 언약도 운동에 반대하는 입장이었다. 그래서 아들을 꾸짖고 계속 언약도들의 모임에 참석하면 아들로 간주하지 않고 버리겠다고 했다. 젊은 아들 브리슨은 겨우 20세였다. 그의 일기에 그는 그의 아버지에게 다음과 같이 대답했다고 기록하고 있다:

'아버님, 아버님의 입에서부터 그런 말을 듣게 된 것이 매우 송구스럽습니다. 실로 아버님은 제가 사악한 죄(저주와 혓맹세, 주일성수 어김, 도둑질 혹은 부정한 일)를 범한 자처럼 말씀하십니다. 자식으로서 저를 버릴 권리를 가지고 계십니다. 그러나 우리 주님께서 저를 그런 모든 죄로부터 안전하게 보호해 주셨음을 보지 않으십니까? 아버님이 저를 버리시겠다는 모든 이유는 다 제가 기회가 있을 때마다 주님의 종들이 복음을 설교하는 것을 듣고 다닌다는 것입니다. 이것이 유일한 다툼의 요인이라 저는 어쩔 수 없습니다. 저는 주님의 충실한 말씀의 사자들이 설교하는 우리 주 예수 그리스도의 복음을 듣고 살기로 단호하게 결심한 자입니다. 그 대가가 어떤 것이든지 비록 아버님의 자식으로 버림을 당할지라도 하나님의 은혜를 통해서 그 복음을 듣고 사는 것을 결코 포기하지 않을 것입니다.'[46]

"네 이웃을 네 몸처럼 사랑하라"라는 말씀은 성도들로 하여금 섬김의 도를 생각하게 이끈다. 그 계명은 도적질하지 말라는 것을 확립해 주는 계명인데 더람의 입장에서 두 가지 원리를 제시한다. 첫째는 주님께서 그의 백성들에게 재산 소유를 허락하신다는 것이다. 그렇지 않으면 훔치지 말라는 말씀을 하실 이유가 없는 것이다. 둘째는 인간은 단지 쾌락과 자의적인 사용에 따라 세상의 이런 것들을 관리할만한 자유가 없기에 그러한 재산을 올바르게 관리할 특정 규칙이 있다는 것이다.[47] 우리가 스스로 증명할 수 있는 죄목으로 이 계명이 금하고 있는 것들은 도적질, 노략질, 해적질, 억압하는 갑질, 절도죄 등이다. 이런 죄악들은 부를 사랑하는 탐욕에 의

---

46) T. M'crie, *Memoirs of Mr. W. Vietch and G. Brysson* (Edinburgh, 1825), 272.
47) James Durham, Ibid, 384.

196 죽었으나 말하는
언약도들

해서 이루어지는 것들이다. 또한, 금지하는 것은 불법적으로 이득을 취하는 일, 혹은 거짓말로, 또는 합당치 못한 방식으로 이를 획득하는 일인데 이러한 일은 고리대금업, 문서나 계약서 위조, 도박이나 행운 뽑기에 의하여 채권자들을 속이는 사기행각, 창기로 팔아넘기는 인신매매 혹은 포주 행위와 남의 목숨을 강탈하거나 살인하는 일들이 다 해당하는 것이다.

더람은 이 계명에 의해서 자녀들을 거짓된 종교에 빠지게 미혹하는 일, 나쁜 결혼을 하게 하는 일, 악한 동무들과 동행하게 하는 일, 술 취하게 하는 일, 창기에게 드나들게 하는 일, 훔치게 하는 일, 정당하고 필연적인 이유도 없이 부모로부터 달아나게 만드는 일을 하는 부모들에 대해서 정죄하였다.[48] 더람은 합법적인 재산 증식과 활용을 권장하였다. 합법적인 방식에 의한 재산 증식의 가장 중요한 목적은 하나님의 영광이 되게 하는 것이다. 그리하여 하나님께 바르게 쓰임을 받을 수 있게 되는 것이다. 그리고 그것은 다른 사람들에게 혜택이 돌아가게 하는 것이라야 한다. "남의 것을 강탈하는" 것은 자신의 재산을 의미 없게 낭비하는 것을 포함하는데 그것은 유용한 목적이 아닌 주로 술 취함, 연회를 즐겨함, 사치스러운 옷을 사는 것, 불법적인 게임에 낭비하는 것, 무도회와 같은 사치스러운 향락을 즐기는 것들이다. 더람은 합법적인 증식과 유용한 활용은 다른 사람들에게도 유익하게 하는 정직한 방식으로

---

48) Ibid, 354

해야 함을 규정하였다. 그것은 우리의 영적인 의무 실천도 함축한다. 더람은 우리의 부를 증식시키는 합법적인 수단에 대해서 매우 명료하게 제시하였다:

카드놀이나 주사위 놀이, 모사를 꾸며 획득하는 것을 제외한 정직한 방식이 합법적인 것이다. 우리 자신만이 아니라 다른 사람들에게도 유용한 직업을 가짐으로 획득하는 것이 합법적인 재산 증식이다. 획득 자체가 주목적이 아니다. 우리는 우리 시대의 교회와 국가에 유용하게 하는 것이 되어야 한다. 그리고 섬김에 대한 삯을 받는 것 역시 합법적이다. 모든 장사꾼과 교회나 국가의 직분자들과 공무원들은 그 위치에서 재산을 얻는 권리를 가지고 있다.[49]

이런 관점에서 더람은 합법적인 소명 안에서 획득하게 되는 우리의 자세가 어떠해야 하는지도 잘 요약하고 있다. '우리의 태도는 그런 일을 하면서 우리의 마음이 하나님께 기도하고 찬양하며 소통을 잘 유지할 수 있는 방편이어야 한다. 심지어 그런 일에 종사하는 가운데 죽는다 하더라도 누가복음 21:34절 말씀과 같이 덫에 걸리지 않도록 스스로 조심하는 방식이어야 한다. 그렇지 않으면 우리는 심지어 합법적이라고 해도 지나치게 몰입하는 우를 범할

---

49) Ibid, 366.

수 있다. 폭식이나 술 취함에 의하여 넘어지는 자처럼 우리의 영적 의무들을 불이행하게 만드는 우를 피하는 방식이어야 한다.'[50]

더람은 우리의 부를 활용하는 수단으로써 자선 행위에 종사하는 것도 제시하였다. 그는 자선 행위와 관련하여 고려할 4가지 사항을 명시하였다.[51] 그 일이 구성하고 있는 것이 무엇인가? 누구를 대상으로 하는가? 누구에게 줄 것인가? 그리고 어떤 방식과 측량으로 줄 것인가? 첫째, 자선은 모든 형태의 나눠줌이 아니다. 주는 자가 빚을 지게 하는 나눠줌이 되어서는 안 된다. 둘째, 자선의 대상은 절대적으로 필요한 곤궁에 처한 자여야 한다. 그러나 자선은 일할 수 있는 자, 게으른 자, 행운만 바라는 자들, 그리고 부요한 친척을 둔 자들에게 주어서는 안 된다. 셋째, 부자는 선행을 베풀 의무가 있다. 모든 사람은 열심히 일해서 선한 일을 베풀 수 있는 사람이 되어야 한다. 마지막으로 자선은 ❶ 자유롭게, ❷ 즐겁게, ❸ 적절하게, ❹ 신중하고 사려 깊게, ❺ 현명하게, ❻ 겸손하고 자신을 드러내지 않는 방식으로 제공되어야 한다.

데이빗 딕슨(David Dickson, 1583c-1663)도 자선 행위의 필요성에 대해서 매우 잘 묘사하였다. '자기 식구들을 위하여 필요한 것을 제공하지 않는 자는 불신자보다 더 악한 자이다. 그것은 입에서부터 선행을 베푸는 것을 정죄하고 있는 말씀이 아니다. 자선의 목적은 항상 집 밖에 있는 대상들에게만 해당하는 것이 아니다. 나

---

50) Ibid, 367.
51) Ibid, 370-372.

는 그 모든 것들이 다 나를 위한 것이 아니고 얼마는 내 친구들이나 내 이웃들에게도 선행을 베푸는 것을 목적으로 태어난 것이 아니다. 내가 다른 사람들을 구제하는 것만이 아니라 내 식구들도 돌봐야 한다. 내가 다른 사람들에게 선을 베풀면서 내 식구들을 모르는 체하면 그것은 잘못된 행동이다.'[52] 그러므로 딕슨은 하나님의 백성들이 가난한 자들을 하나님의 복권으로 간주하라고 하면서 다음과 같이 말했다. '땅에 뿌려라 그러면 하늘에서 거둘 것이다. 동전 몇 푼 뿌리는 것만도 측량할 수 없을 만큼 거둘 것이다. 왜냐하면, 하나님은 백을 열로 갚으시는 분이 아니라 열을 백으로 갚으시는 분이기 때문이다. 나는 오로지 하나님께만 고리대금업자가 될 것이다. "주라 그리하면 받을 것이다." 하나를 명령하신 하나님은 다른 것을 약속하신다. 선행은 선행하는 자들을 결코 파산케 하지 않는다. 자선은 주인을 거지로 만드는 것과 같은 나쁜 종이 아니다.'[53]

"네 이웃에 대하여 거짓 증거하지 말지니라."라는 계명은 악한 혐의, 불공정한 결말, 성급한 판단을 정죄하는 것이다. 또한, 금하고 있는 것은 우리의 행동에서 말이 아닌 몸짓으로 하는 행위, 예를 들면, 고개를 끄덕이는 것, 윙크라는 것 심지어 침묵으로 동조하는 행위들이다. 더람은 그 계명이 거짓되거나 헛된 보고서, 그리고 진실 여부를 떠나서 사악한 보고서를 통하여 위조된 사항들을 말

---

52) David, Dickson, Ibid, 7.
53) Ibid, 24.

하는 것을 금한다고 했다.[54] 이 계명은 분명히 거짓말을 금하는 것이다. 더람에 의하면 4가지 종류의 거짓말이 있다고 한다. 첫째는 다른 사람들을 해치기 위한 악의적인 거짓말, 둘째는 선한 목적을 위한 호의적인 거짓말, 셋째는 그러나 그 자체는 죄악 된 것이지만 다른 사람들을 웃게 하고 즐겁게 하고자 하는 농담의 거짓말, 넷째는 부주의와 습관적인 느슨함으로 사실과는 다르게 말한 우연한 거짓말이다.[55] 여기에 더람은 교리적으로 혹은 사실문제에 있어서 거짓을 확산시키는 일에 대해 강력하게 경고하였다.

'교리적인 것들에 있어서 거짓 교사들과 추종자들은 거짓을 가르치고 믿게 하는 범죄자들이다. 그런 교사들은 디모데전서 1:2절이 말씀하고 있듯이 거짓말을 하는 자들이다. 그들이 헛된 일들을 말할 때 이것은 주님에게 추잡한 거짓말을 늘어놓는 악한 행위이다. 그것은 주님이 생각하시거나 의도하신 것과 다른 것을 말하는 것이요, 스스로를 사실은 주님으로부터 명령을 받은 것이 아님에도 받은 것처럼 말하는 짓이다. 사실과 관련해서는 사람들은 실지로 그렇게 하지 않았는데 그렇게 했다고 말하는 것, 또는 자신들이 한 것보다 다르게 행해놓고 다 했다고 하는 것도 범죄행위이다.[56] 더람은 긍정적인 교훈을 요약하며 그 계명의 결론을 다음과 같이

---

54) 제임스 더람, 386, 388.

55) Ibid, 387.

56) Ibid, 388.

제시한다: "이 계명은 진리를 보존하고 장려하기, 사람들 가운데서 정직한 순수성과 재능을 발휘하게 함, 신실하고 정중하게 차별 없이 사랑의 안부를 서로 주고받게 함, 달콤한 내면의 자족함, 복된 만족과 그로 인한 마음의 평온함 가지기, 우리 자신의 명예를 관리하며 절절한 사랑을 나타내게 함이다."[57]

이러한 이상은 언약도들이 그들의 일상생활에서 추구하였던 것들이었다. 그들의 자녀들은 이러한 윤리적인 원리들 가운데서 육성되었다. 그것은 합법적으로 소명을 가진 자들이 근면·성실하게 수행해야 할 원리였다. 경건한 삶 속에서 참된 믿음의 열매들을 생산해야 한다. 이런 경건 생활은 먹고 마시고 입고 쓰는 일에 금욕이 요구된다. 그리고 거처할 장막을 꾸미는데 사치를 피하는 것이다. 그리고 영적인 임무들과 섬김과 자선 행위에 있어서 육체로 수고함 있어서 시간을 적절하게 활용하는 것도 포함된다. 이러한 이상들은 언약도들의 윤리적인 삶에 깊이 반영되어 나타났다. 교회의 권징은 성도들을 이러한 성경적인 원리에 맞는 행동을 하도록 이끌었다.

가장 엄한 권징은 비록 흔하게 시행되지는 않으나 교회로부터 출교당하는 것이었다. 수찬 금지는 죄인들에게 흔히 시행된 일상적 권징과는 거리가 먼 것이었다(거의 없었다는 의미이다). 커크톤이 말한 것처럼 권징의 주체는 법 앞에서 평등했다. 사람을 가리면서 시

---

57) Ibid, 389.

행되지 않기 때문에 모든 그리스도인은 큰 자든 작은 자든 목사든 권력자든 심지어 왕이라고 하더라도 교회의 권징에서 예외일 수는 없었다.[58] 언약도들에게 권징의 목적은 하나님의 영광을 위한 열정을 지키기 위하여, 교인들이 사악함에 물드는 것을 막고, 그들을 순결하게 보존하여 더 이상의 오염이 퍼지지 않도록 경고하고 회개치 않는 죄인들을 교제에서 단절시키기 위함이었다. 이것은 교회는 물론이고 가정에서도 역시 동일하게 지켜진 원칙이었다. 사실 '카메로니안들의 언약'이라고 부르는 퀸스페리 페이퍼(Queensferry Paper)와 1680년에 만들어진 '상콰르 선언문'은 거역하는 자들을 참된 교회에서 출교시켰는데 이것은 권징을 권장하고자 하는 또 다른 잣대였다.[59] 그들의 의도는 무죄한 자들의 피 흘린 불법적인 자들을 향한 공의로운 사법질서를 확립하고자 함이었다. 그들은 이에 대해서 말하고 있는 신앙고백서에 충실한 자들이었다.[60]

교회의 권징은 범법행위를 하는 자들을 바르게 교정하고 얻기 위하여 필요한 것이다. 다른 사람들이 동일한 범법행위를 저지르지 않게 하려고, 온 떡 덩어리가 부패하는 것을 막고 순결함을 지

---

58) D. Reid, 132를 보라.

59) 그들은 요크의 공작이며 교황주의자라고 공언한 찰스 스튜어트를 출교시켰는데 그가 폭군이요 강탈자로서 그의 행동들이 주 예수 그리스도에게 원수 노릇 하였기 때문이었다. 이 선언문은 언약도들에 의하면 반감독주의, 반국가만능주의로 백성들을 핍박한 자들을 대항하는 참된 장로회주의 선언문이요 참 증언이었다.

60) *Westminster Confession of Faith*, chapter XXX, Free Church of Scotland, 1973.

키게 하려고, 그리스도의 명예를 지키기 위하여, 복음의 거룩한 확산을 위하여 필요한 것이다. 그리고 교회가 하나님의 언약을 지키지 못하여 악명 높고 강퍅한 범법자들에 의해서 모독당하게 되어 교회에 공의롭게 임할 하나님의 진노를 막기 위해서라도 권징은 필요한 것이다. 이런 목적들을 잘 확보하기 위해서는 교회는 반드시 면책과 성찬 참여 금지 그리고 심하면 교회로부터 출교하는 일을 범죄의 유형과 죄책에 따라 반드시 실행해야만 하는 것이다.

2) 가정예배와 그리스도인 자녀양육(Family Worship and Christian Nurture)

만일 커크톤의 증언이 사실이라면 언약도 운동 기간에 대부분의 가정은 가정예배를 시행했다는 것이 일반적인 업무이었다는 것을 알 수 있다. 왜냐하면 '많은 곳에서 하나님의 말씀과 더불어 성령이 부어졌기 때문에 수많은 회심자가 생겼고 성찬에 한 번도 참여해보지 않았던 많은 사람에게 종교개혁의 일들이 발생했기 때문이다.'[61] 알렉산더 레이드(A. Reid)가 자신의 생애에 대해 말하면서 그는 1646년에 커크리스톤(Kirkliston)에서 태어났는데 그때가 복음이 왕성하게 증거될 때였다고 했다. 그리고 성경을 엄청 많이 배웠으며 웨스트민스터 표준문서에 적시된 원리들을 잘 익히게 되었다고 했다.[62] '1642년 총회 이후 세 R이 지방에서의 교육의 최소 기

---

61) K. Hewison, II, 108.

62) Ibid, 108.

본이었다고 했다. 즉 읽기(Reading), 쓰기(Writing) 및 종교(Religion)였다. 비록 목사들과 장로들이 교회 회원들을 가르치는 주된 도구들었지만' 가정예배가 자녀들을 주 예수 그리스도를 아는 지식 가운데서 자라도록 훈련하는 열쇠였다.[63]

Directory for Family Worship

우리가 가정에서 신앙을 실천하는 실천적인 양상을 분석해 보기 전에 특히 1647년에 총회의 비준을 받은 '가정예배 지침서(Directory for Family Worship)'를 살펴보는 것이 필요하다. 이것은 가정에서 경건을 실천하는 것들에 관한 논의를 기초한 것이었다. 몇몇 이야기들은 1639년에 기록된 것들로서 스털링의 목사요 훗날에 왕정복고 이후 던켈드(Dunkeld) 감독이 된 헨리 거쓰리 목사가 기록한 것이다. 그의 교구에서 아일랜드에서 피난 온 난민들이 있었는데 그들은 감독들 밑에서 박해를 받은 기간에 아일랜드에서 했던 대로 여기서도 가정에서 사적으로 모였다. 이것은 헨리 거쓰리 목사와 그 지역의 다른 목사들에게 무척 거슬리는 것이었다. 그들은 아일랜드 비밀집회를 인정하지 않았다.[64] 거쓰리와 다른 목사들은 그들의 모임에 대해서 말과 글로 엄청 크게 불만을 표출하였다.

---

64) *The letters and Journals of Robert Bailiie*, I. 249-255.

이 문제는 1639년 총회 이후 몇몇 목사에 의해서 사적으로 논의하게 되었다. 베일리는 딕슨과 로버트 블레어(Robert Blair) 목사와 함께 이 문제에 대해서 논의에 들어갔다. 그들은 사적 모임들의 몇 가지 양상들에 대하여는 비난하였다. 예를 들면, 그들이 동의한 것은 사적 모임들은 교회의 정기 예배시간에 맞추는 것이 되어서는 안 된다는 것과 성도를 분립하는 것도 해서는 아니 되며, 분리주의자들이 되지 말아야 하고, 목사와 회중 사이의 역할을 모호하게 나누는 일도 하지 않아야 한다는 것이었다.[65] 그러한 결정은 1640년 총회에서 요리문답과 가정실천 사항들과 관련하여 결의한 것을 기초로 한 것이었다. 즉 '모든 가정은 아침저녁으로 하나님을 예배해야 하고, 집에서 자녀들은 가장에 의하여 교육을 받아야 하며 그럴 능력이 못 되는 가장을 가진 가정에서는 목사가 대신 그와 같은 일을 하도록 하고, 장로들은 목사를 도와서 모든 가정을 심방하며 교육하는 일을 하게 하라는 것이었다.'[66]

1640년 애버딘 총회는 가정에서 실천사항들은 다음과 같아야 한다고 규정하였다: '가정예배는 한 가정의 온 식구들의 모임이어야 하지 식구들이 흩어지는 것이 되어서는 안 된다.' 베일리는 주장하기를 '가정모임은 동일한 식구들 밖에까지 확장해서는 안 된

---

65) W. Makey, *The Church of the Covenant 1637-1651* (Edinburgh, 1979), 60-61.

66) A. Peterkin, *Records of the kirk of Scotland* (Edinburgh, 1838), 209.

다'고 하였다.[67] 사무엘 루터포드는 가정에서 경건 생활을 실천해야 할 성경적인 근거를 제공하였다.[68] 그다음 해에 에든버러에서 모인 총회는 가장에서 경건 생활을 실천하도록 권고하는 안건을 통과시켰다. 그것은 오류, 스캔들, 분열, 의무들과 특별한 소명에 대한 태만 및 성령의 일이 아니라 육체의 행위와 같은 다른 악을 낳을 수 있는 모든 형태의 모임을 금지하였고, 총회의 검증과 승인이 없는 교리, 예배 또는 정치에 있어서 어떤 새로운 혁신안을 금하였다: '그러므로 총회는 모든 남용과 부패를 막고자 하는 하나님의 열정으로 규정한다. 그들의 드러난 의무에 따라 종교개혁과…. 종교의 일을 권장하려는 가장 진지한 욕구와 갈망함은 각 가정에서 모든 상황에서 각자 보편적으로 신앙생활을 실천하게 하는 것이다. 이것은 그들이 대표하는 이 교회의 목사들과 회원들이 다 해야 할 임무로서 그들의 다양한 지역에서 받은 소명에 따라 모든 불경건하게 사는 자들, 종교적 실천사항을 경멸하는 자들을 진압하려고 노력해야 한다. 특히 경건한 자들을 향해 어리석게 비방하거나 파당을 일으키는 자라고 비난하는 자들을 제지시키고 돌이키게 하는 일을 해야 한다.[69]

그러한 이상들은 가정예배 지침서에 잘 반영되었다. 그 지침서의 가장 중요한 목적은 경건을 독려하고 은밀하고 사적인 예배에

---

67) Robert Baillie, Ibid, 253.
68) 히브리서 12장; 야고보서 5:16; 말라기 3:16 등.
69) A. Peterkin, 294.

서 통일성을 이루며 상호 건덕을 제공하고 분리와 이탈을 막고자 함이었다. 따라서 가정에서 경건 실천은 언약도들 사이에 연대감을 고조시키고 분파주의자들이라는 오명을 피할 수 있게 하였다. 가정예배는 집에서 종교적인 교훈을 공급하는 바탕이었고 매일매일 하나님과 교제하는 특별한 채널이었다. 가정예배는 지상과 천상 시민권자들의 모든 다른 의무들을 감당토록 준비케 하는 역할을 했다. 목사와 치리 장로들은 이 지침서가 교구 내에 각각의 가정에서 잘 지켜질 수 있도록 철저히 감독하게 했다. 그들은 성실하게 살폈고 이 필요한 임무를 간과하거나 경시하는 가정들이 있는지를 살폈다. 어떤 가정이든 그 임무를 게을리하면 벌금이 부과되었다. 가장 무거운 벌금은 가장이 그 임무를 잘 하겠다고 다짐하고 그렇게 실행할 때까지 성찬 참여를 금지하는 것이었다.[70]

이는 각 가정의 가장이 매일 가정예배를 시행하도록 규정되었다. 만일 목사가 목회적 심방을 하려는데 마침 그 집에서 가정예배가 실천되고 있다면 목사가 예배를 집전하지 말아야 한다. 왜냐하면, 그 일은 온전히 가장의 임무이기 때문이다. 가정예배지침서는 또한 가정예배에 가족이 아닌 사람이 참여하는 것도 배제하였다. 다만 가족이 아닌 사람이 그 집에 기숙하고 있으면 가정예배에 동참할 수 있게 했다. 각 가정의 가장은 훈계와 필요하다면 책망을 하도록 요구되었다. 따라서 성도의 가정은 국가와 교회를 위한 홀

---

70) Ibid, 472.

륭한 시민을 만드는 학교가 되었다.[71] 언약도들의 지도자들은 그들의 어린 시절에 그들이 모든 필요한 종교적인 신앙교육을 다 집에서 받았다고 회상했다. 그리고 매우 어린 시절부터 주님을 경외하는 가운데서 성장하도록 훈련을 받은 것임을 회고하였다.

매일의 가정에서의 신앙 실천행위들은 즉흥 기도, 시편 찬송, 그리고 성경 읽기가 포함되었다. 그러한 정기적인 실천을 통해서 기독교 가정은 종교적 보양의 중심지가 되었다. 언약도들은 그들의 가정을 자녀들에게 필요한 모든 가르침을 제공하는 기관으로 여겼다. 자녀들이 성인들이 되어 현실 세계에서 성도로 살아가게 할 필요한 것들을 잘 훈육하는 기관이었다. 언약도 운동 기간에 목사들은 그들의 회중에게 '여러분들은 성경을 읽고 시편을 찬양하고 기도하는 것을 통해서 주님을 예배하는 일이 없는 가정에는 결코 머물지 마십시오.'라고 가르쳤다.[72] 그러한 실천사항들은 제임스 니스벳(James Nisbet)의 사생활이라는 글에서 발견된다.

'나는 하나님의 말씀을 읽음으로 죄가 무엇인지, 의무가 무엇인지를 알게 됩니다. 또 무엇을 선택할지 또 거절할 것이 무엇인지를 알게 됩니다. 나는 건전한 신학 체계를 종종 읽습니다. 나는 그리

---

71) 청교도들은 가정을 꿀이 저장되는 교회와 국가의 신학교로 간주하였다. 서창원 청교도 신학과 신앙, 지평서원, 2013, 360.

72) R. Chambers, *Domestic Annals of Scotland* (Edinburgh, 1874) II, 197.

스도의 신실한 사자들에 의해서 선포되는 복음을 듣습니다. 나는 종종 은밀한 중에 사적으로 기도합니다. 나는 하나님을 찬양합니다. 나는 나 자신이 종종 하나님의 창조 일들, 섭리하심, 구속 사역 및 죄 없을 때 인간과 맺은 행위 언약, 그리고 그 언약이 아담의 타락으로 어떻게 변질된 것인지를 묵상합니다. 택자를 위하여 성부와 성자 사이에 동의한 구속의 언약도 묵상합니다. 그리고 그 것이 어떻게 명료하게 알려지게 되고 영광스럽게 펼쳐지게 되었는지, 하나님의 말씀 안에서 선포된 복음 안에서 그 모든 특성과 특권들이 무엇인지를 묵상합니다. 나는 내 마음과 영혼의 기질, 성향과 성질 및 의향이 무엇인지 자세히 검토합니다. 나는 거룩한 길을 추구하며 모든 사람과 평화롭게 살고자 노력합니다. 또한, 하나님의 형상을 지닌 모든 사람을 진심으로 사랑하고자 노력합니다. 이 모든 일을 위하여 나의 일반적인 소명의 의무를 잘 감당하고자 주님의 거룩한 영의 도우심을 받을 수 있도록 주님에게 부르짖습니다. 그가 내게 힘을 주시고 흔들림이 없이 겸손히 그를 신뢰할 수 있도록 도움을 구합니다.[73]

도날드 카길이 말한 것은 가정에서 종교적 실천사항들과 함께 잘 스며들었다: '여러분은 여러분의 시간을 여러분의 것으로 삼아야 합니다. 여러분은 하늘을 향하는 달콤한 기도시간을 많이 가져

---

73) Edwin Moore, 141-2.

야 합니다. 시편 기자가 말한 것과 같이 "주님 내 날의 끝을 알게 하옵소서, 우리의 날 계수함을 가르치사 지혜의 마음을 얻게 하소서."라고 기도합니다. 만일 이것이 우리의 주된 생각이요 원칙적인 간구라고 한다면 거기에는 시간을 낭비하는 일들이 거의 없게 될 것입니다. 아침에 우리가 기상할 때 우리는 우리의 마감하는 날을 생각해야 할 것이며 저녁에는 우리는 그 날을 어떻게 보냈는지를 계수해야 합니다. 그리고 우리가 이날 동안에 잘못 한 것들을 탄식하며 회개해야 합니다.[74] 이와 같은 언약도들의 종교적 행위는 언약도 운동과 그리스도의 왕권을 지탱해나가던 옥외집회와 더불어 주된 원동력(발전소)이 되었다.

3) 성찬과 관련된 권징(Discipline with regard to the Sacraments)

교회의 성례, 곧 세례와 성찬은 언약도들이 가정과 공동체에서 종교적 의무를 준수하기 위해 장려된 필수적인 자극물이었다. 성례는 또한 언약도들이 영적 자양분을 공급받는 원천이기도 하다. 사도 시대 이래로 성례의 바른 시행은 참된 교회의 표지로 여겨왔으며 이러한 전통은 언약도들에게도 잘 보존되어 있다. 성례를 거행하기 전에 특히, 성찬의 경우에는 단순히 모든 그리스도인이 세례를 받았는지 혹은 그리스도인의 삶을 살고 있는지를 물었을 뿐만 아니라 또한 십계명과 주기도문과 사도신경을 잘 알고 있는지

---

74) Howie, *Sermons*, 518-519.

성찬 전 심방에서 점검 후
주어졌던 성찬 토큰

언약도의 유아 세례식

도 물어보았다.[75] 그와 같은 최소한의 지식이 없을 때는 물론 이런 일이 아주 엄격하게 지켜진 것은 아니라고 할지라도, 허락되지 않았는데 심지어 어떤 지역에서는 결혼식도 용납하지 않았다.[76]

옥외집회의 규모가 늘어나자 수많은 사람이 자녀들을 옥외 설교자들에게 데려와 세례를 받게 하였다. 이것이 정부 당국을 예민하게 만들었다. 1669년 3월 4일에 추밀원은 아이들 세례와 관련한 법령을 만들었는데 정부가 인정한 감독 교회에 의해서 세례를 받은 것이 아닌 자녀들의 아버지들은 다음과 같은 고통과 벌과금이 부과될 것이다: '임대인은 년 중 수입의 1/4일을 내야 하고 각각의 세입자들은 100파운드의 벌금과 6개월의 수감생활을 한다. 오두막집에 사는 자들은 20파운드와 6개월의 수감생활을 한다. 그들은 보안관들과 왕실 서기관들과 다른 판사들에게 이 법령을 신속히 실행하게 천거하였다.'[77] 이 법령에 대한 언약도들이 반대하는 주요 쟁점은 그들의 종교적인 예전이 왕

---

75) G. D. Henderson, *The Scottish Ruling Elder*, 45f.

76) G. D. Henderson, *Religious Life*, 12.; W. R. Roster, *The Church before the Covenant*, 179.; *G. I. Murray, Records of Falkirk Parish* (Falkirk, 1887), 150을 보라.

77) R. Wodrow, II, 121.

의 의지와 기뻐하는 것에 달려있게 했다는 것이다. 언약도들은 거룩한 성찬의 '비종교적인 퇴폐'(irreligious prostitution)를 수용할 수 없었다.

옥외집회 금지 법안

그러나 금지령에도 불구하고 세례는 옥외에서 거행되었다. 옥외 설교자들의 설교를 듣고자 사람들은 북쪽에서 남쪽으로 이주하였다.[78] 1670년대에는 옥외 집회가 왕성하였다. 개인적인 회심으로 이끌림을 받았을 뿐 아니라 전교회적으로 혹은 국가적으로 회심케 하는 일로 나아가게 되었다. 이 이상은 1638년 국가 언약에 그 뿌리를 둔 것이었다. 그러므로 옥외 설교자들은 개인적으로 회개와 스코틀랜드 국가가 회개하고 하나님께로 돌아올 것을 촉구하였다. 제임스 렌윅 목사는 교수대에서 올린 그의 마지막 기도에서 이렇게 외쳤다: '오 주님, 나는 주님께서 스코틀랜드를 떠나지 않을 것이라는 믿음을 가지고 죽습니다. 주님께서는 당신 종들의 피를 당신 교회의 씨가 되게 할 것을 믿습니다. 이 땅으로 다시 오소서 영광을 받으옵소서. 이제 주님 나는 준비가 되었습니다. 어린 양의 신부가 신랑을 맞을 준비

---

78) *Diaries of the Laird of Brodie*, 392.

를 하였나이다.'[79] 1680년도에 와서 상황이 급속히 바뀌었다. 옥외 집회들이 축소되었다. 언약도들의 많은 지도자가 순교를 당했거나 망명을 떠났기 때문이었다. 은밀하게 모이는 가정모임들이 증가하여서 거기서 하나님의 말씀을 듣기도 했지만, 예전과 같지 않았다. 그러나 1680년 5월에 하나의 법령이 발포되었는데 집에서 어떤 집회도 할 수 없다는 것이다. 교구 교회 반경 일 마일(1.6km) 내에서는 어떤 모임 처소도 가질 수 없다는 것이었다.[80] 1684년경에는 실질적으로 제임스 렌윅만이 옥외집회의 유일한 설교자였다. 언약도 정신을 흠모하는 자들은 렌윅 목사의 설교를 듣고자 밖으로 나왔다. 그가 사역을 시작한 지 3개월 만에 렌윅 목사는 300여 명의 아이에게 세례를 베풀었다. 왜냐하면, 그 땅에 그 외에 언약도 정신으로 사람들을 움직이고 감화시키는 목사가 없었기 때문이었다.[81] 세례 전에 모든 부모는 그들의 자녀들에게 교육한다고 약속하는 것이 하나의 규칙이었다. 이 300여 명의 아이 부모들은 집에서 그 임무를 충실히 지켰다.

17세기 스코틀랜드의 그리스도인들은 성찬식을 거행하는 것을 공동체적인 축제로 생각했다. 언약도들에게는 성찬식이란 교회 생활의 가장 큰 행사이기도 했다. 이 기간은 거의 두 주일 동안

---

79) R. Wodrow, IV, 454.

80) I. B. Cowan, *The Scottish Covenanters*, 107.

81) A. B. Todd, *Covenanting Pilgrimages and Studies* (Edinburgh, 1911), 120f.

언약도의 성찬 시즌

진행되었는데 금요일이나 토요일에 준비하기를 시작하여 주일 하루 혹은 월요일까지 이틀을 금식하기도 하고, 그다음 주일까지 두 주일간을 준비하는 것이었다. 주일에 성찬식을 하고 그다음 월요일에는 성찬을 하게 함에 대한 감사일로 지켰는데 어떤 교회들은 월요일을 지나 화요일까지 감사예배가 진행되기도 했다. 많은 경우 감사예배는 성찬 주일 이후 특별한 설교와 헌금을 드리는 일로 한 주간 동안 진행하기도 하였다.

이러한 스코틀랜드의 성찬식은 '성찬 시즌'(The Communion Season)이라는 또 다른 칭호를 낳았으며 교회의 가장 지속적인 전통이 되었다. 종교개혁 이후에 이것은 공동체적인 경축행사가 되었다. 사적으로 성찬식을 행하는 것은 금지되었다. 모든 교구의 주민들은 성찬에 참가하되 검증을 받은 후에 성찬석에 앉을 수 있었다. 매번 성찬식을 행할 때마다 교회당은 일반적인 주일 예배 때보다도 더 많은 사람으로 넘쳐났는데, 여기에는 두 가지 이유가 있다. 첫째, 성찬식이 자주 행해지지 않았으므로 전체 회중이 이때만은 다 모이도록 격려받았기 때문이며, 둘째, 주변에 다른 교회의 회중들도 초대를 받았기 때문이었다. 이 두 번째 요인은 우리가 스코틀랜드 사람들은 일 년에 한 번밖에 성찬을 가지지 않았다는 주장을 다시 생각하게 만든다.[82] 안크룸(Ancrum)의 존 리빙스톤 목사는 아일랜드와 스코틀랜드에 있는 그의 교회들에서 연 2회의 성찬식을 가졌다고 기록했다.[83] 로버트 블레어(Robert Blair) 목사는 그의 자서전에서 말하기를 1624년에 그와 홀리우드 교회의 로버트 커닝함은 연 4회의 성찬식을 거행하였다고 했다. 매번 서로 협력하면서 두 교회가 최소 8번의 성찬식에 참여할 수 있었다고 했다. 블레어 목사는 그의 성찬식 때(1630년) 이웃교회 성도들도 참여하였다는 증거를 제공하고 있는데 거기에 교회당 안팎으로 사람들로 가득했다고 했다. 그가 계산한 것은 그 예배당은 최소한 400가정의 식구들이 운집할 수 있었다고 했다.[84] 이런 증거는 스코틀랜드 교회에서 성찬식이 드물게 거행되었는지 그 이유를 충분히 설명해 준다. 성찬식이 한 교회의 행사가 아니라 지역의 축일로 간주했기 때문에 지역 내에 속한 교회들이 함께 하며 성찬 시즌을 즐긴 것이다. 비록 개 교회는 연 2회 실시할지라도 개 교회 회중은 존 리빙스톤 목사가 기술하고 있듯이 성찬식이 거행되는 옆 교회 성찬식에 참여하여 더 많은 성찬을 가질 수 있게 된 것이다. '우리는 성찬을 자주 할 필요가 없다. 우리 교회 주변 20마일 반경 내에 경건하고 능력 있는 목사들이 목회하는 교회들이 9개 혹은 10개나 존재

---

82) G. D. Henderson, *The Ruling Elder*, 45f.를 보라.

83) John Livingston, *A Brief Historical Relation of the Life of Mr. John Livingston*, ed. by T. Houston, 1848, 78-79, 112, 139.

84) Robert Blair, *The Life of Mr. Robert Blair*, ed. by Thomas M'Crie, The Wodrow Society, (Edinburgh, 1848), 64, 68.

하기 때문이다. 이 교회들이 함께 연합하여 각각 연 2회만 가지더라도 대다수의 종교적인 사람들은 교구 내에 있는 다른 교회들의 성찬식에 참여하기에 본인이 원하는 만큼 자주 참여하게 된다.'[85]

이 기록은 분명히 성찬이 교회의 연중행사로 치부한 것이 아님을 보여준다. 개 교회는(특히 남부지역에서) 연 2회 실시했다. 더욱이 그것은 이웃교회 성찬식에 참여함으로 말미암아 연 20회 이상의 성찬을 가질 수 있는 것이 가능하였다. 이웃의 두세 명의 목사들이 서로 협력함으로 이웃교회의 두세 개 교회들이 성찬에 함께하였다. 이것은 협력하는 목사들이 속한 회중들도 적어도 연 6회 내지는 8회의 성찬식에 참여할 수 있었음을 보여준다. 왜냐하면, 자기 교회 목사가 이웃교회 성찬 시즌에 참여하게 되면 자기 교회 예배가 멈추어 이웃교회에 가야만 했기 때문이다. 제임스 커크톤(1620-99) 목사는 전형적인 성찬 시즌에 대해서 묘사하였다. '엄청나게 많은 사람이 참여하였는데 무려 12명의 목사가 설교를 돌아가면서 했다는 것이다.'[86]

이처럼 성찬 시즌 예배들은 참석자들에게 옥외 설교자들에 의해서 엄청난 도전과 자양분을 공급받게 하는 살아있는 예배였다. 그래서 더 많은 사람이 참여한 것이다. 사람들은 옥외 성찬식을

---

85) John Livingston, Ibid, 139.

86) James Kirkton, *The Secret and True History of The Church of Scotland(1660-78)* (Edinburgh, 1817), 55.

'여호와께서 임재하심의 표시'(signal tokens of the Lord's presence)로 간주했다.[87] 참석자들은 경건한 삶을 살도록 인도되었다. 그들은 영적으로 풍요함을 경험하였고 핍박을 능히 감당할 힘을 얻게 된 것이다. 리빙스톤 목사는 그가 교류하고 있는 모든 사람이 다 메레스(Merese)와 테비옷데일(Teviotdale) 지역 내의 여러 목사가 집전한 성찬식에 의해서 깊은 영향을 받았음을 목격하였다.[88]

성찬식 예배는 영의 양식을 공급했을 뿐 아니라 상호 협력도 낳았다. 성찬 시즌 동안 사람들은 그들이 함께 모임으로서 여러 가지 일들을 협력하며 봉사하게 된 것이다. 철야 기도회와 금식기도회가 진행되었다. 여러 편의 설교들이 증거되었고 그것은 잘 훈련된 목사들의 희소성으로 인하여 영적으로 기아상태에 있는 영혼들을 배부르게 하였다. 그리고 옥외에서 잘 훈련된 목사들이 하는 설교는 성도들을 거룩하고 의롭고 정직한 신앙생활을 하도록 이끌었다. 성도들 사이에 존재한 그러한 생생한 영은 그들의 경건 생활을 더욱 강도 높게 한 것이다. 리빙스톤 목사는 다음과 같이 보고했다. '성찬식에서 하나의 흐름은 자발적으로 부요한 언약도 성도들이 자신들의 소유로 하나님을 영화롭게 하는 일에 적극적으로 나선 것이었다.'[89] 그들의 연 기부금은 개인당 50파운드였는데 이 돈들은 젊은이들을 교육하는 장학금과 가난한 성도들을 위한 구제금

---

87) R. Wodrow, I. Ibid, 393.
88) J. Livingston, Ibid, 135. 그는 이 책에서 그가 교류했던 사람들의 목록을 열거하였다.
89) 존 리빙스톤, Ibid, 135.

으로 사용되었다. 성찬 시즌에는 항상 구제헌금이 모아졌다. 그들의 신앙생활은 말과 행동으로 생기가 넘쳐났다.

성례에 대해 간단히 요약하자면, 그것은 그리스도께서 영적으로 자신의 교회 안에 임재하시는 인치심의 작정이요 성화의 수단이었다. 성찬은 자신의 백성들을 구속해주시고 그들과 지속적으로 교제하신다는 하나님의 약속을 상징하는 것이다. 세례는 은혜 언약에 동참하는 제자 된 백성들의 권리를 상징하는 것이다. 죄인의 구원은 오직 하나님의 일이지만 부모의 의무는 자녀들을 잘 훈련해서 그들의 언약적 의무에 충실하게 하고 특히 조석으로 행하는 가정예배를 통해서 진지하게 그 훈련을 잘 감당하도록 요구되었다.

3. 언약도 여성들의 역할(The Role of Covenanting Women)

이번 장을 마무리하기 전에 언약도 여성들에 대하여 살펴보는 것이 필요하다. 왜냐하면, 핍박의 시대에 그들이 행한 주목할 만한 활동들 때문이다. 이 핍박의 시기에 종교적인 차원에서 그들이 한 일들은 제임스 앤더슨(James Anderson)이 1857년에 출판한 언약도 여성들(Ladies of the Covenant)에 잘 나타나 있다. 여기서는 성경에서 말하고 있는 교회에서의 여성의 역할을 다루려는 것이 아니다. 혹독한 시련의 시기에 언약도들의 여성들이 무슨 일을 했는지를 소개하고자 하는 것이다. 그들에 대한 최초의 언급은 1637년 라우드 예식서를 성 자일레스 교회 예배에서 도입하려던 일과 관련이 있다. 에든버러에 있는 성 자일레스 교회에서 감독주의자 목사가 라우드 예식서를 읽을 때에 제니 게데스(Jenny Geddes)를 비롯한 여러 명의 여인이 의자를 집어 던진 사건이 벌어졌다.[90] 이를 계기로 감독교회로의 종교적 통일을 추구하는 왕의 정책에 강한 반대시위가 전국적인 폭동으로 이어졌다. 라우드 예식서 사용을 반대하는 청원서가 즉시 작성되었다. 즉, 1637년 10월 18일에는 '에든버러의 주의 종들과 남녀노소들이 예식서에 반대하여 그것을 철회하도록 주교에게 청원하는 선언문'이 작성되고 선포되었다.

'에든버러 영내에 사는 남녀노소, 종들과 거류자들인 우리는 비록 그 예식서를 사용하라고 촉구되고 있지만…. 그 안에 언급된 많은 것들이 이 나라에서 보편적으로 받아 고백하고 있는 하나님을 경외하는 공 예배 지침과는 상당히 다르다는 것을 겸손히 지적합니다…. 그러나 이제 우리가 압박을 받음으로써 그 동안 교회와 우리나라가 하나님을 섬김에 있어서 우리가 누린 자유가 박탈당하고 있다는 우려는 씻을 수가 없습니다. 그런데 지금 우리가 처한 곳에서 총회나 의회가 검토하거나 수용하지도 않은 다른 양식을 받으라고 강요당하고 있습니다. 그러한 극단적인 상황에서 우리는 전하께서 우리의 처지를 배려해 달라고 가장 겸손히 엎드려 탄원을 드립니다. 이 임무는 우리 같은 미천한 여성들의 헛소리로 치부할 수 없을 정도로 엄청 무겁고 중요한 문제입니다. 그러나 그것은 우

---

90) 몇몇 현대 학자들은 실질적으로 그런 행동을 한 여인의 이름이 제니 게데스인지에 의혹을 사고 있지만 그런 반박은 지지를 받을 근거를 제시하고 있지 않다.

리 사이에서 참 종교를 보존하기 위한 우리 마음의 절대적인 소망으로서 우리의 재산이나 생명보다 더 귀한 것이나이다….'[91]

여성들은 언약도 운동에서 배제된 것이 아니었다. 언약도 여성들의 두 번째 청원은 1674년 6월 4일에 에든버러 막달레나 채플에서 일어난 비밀집회로 말미암아 생겨났다. 이 일 후에 이 모임에 참석했던 몇몇 사람들이 체포되었는데 약 15명은 언약도 순교자 목사들의 미망인들인 과부들이었다. 그들은 머싱톤(Mersington) 여사, 존스톤(Johnston of Warriston)의 딸인 마가렛 그리고 엘리자베스 루터포드 여사들이었다. 이들은 11월 12일에 반역행위라는 이유로 에든버러 도시에서 추방되었다. 그들은 왕에게 청원했다. 목사들은 장로교회의 예배 방식으로 백성들을 인도할 자유를 가지게 해 달라는 것과 장로교 목사들은 장로회 체계와 반대되는 것들과 타협하는 죄를 범하지 말라는 것도 포함하여 청원한 것이었다.

언약문서에 서명한 또 다른 언약도 여인들의 공적인 행동은 '여인들의 언약'을 만들어 서명한 사건이다. 이들은 1678년 1월 18일에 제임스 미첼(James Mitchell)이 1671년에 제임스 샤프 주교를 암살 혐의로 체포되었다가 처형을 당하였을 때였다. 그 언약문서와 이에 서명한 그 여인들의 이름은 남아 있지 않다. 그러나 그 사건은 조지 힉스(Dr George Hicks)박사가 페트릭(Patrick) 박사에게 쓴 서신에

---

91) A. Peterkin, Ibid, 56.

서 엿볼 수 있다.[92] 그 편지에 이런 언급이 있다: '동일한 주 기간 안에 훌륭한 자질을 가진 여러 여인이 에든버러에서 사적으로 금식하고 비밀집회를 가지면서 하나님께 간구하기를 추밀원 사람들이 주님의 백성들을 향해 내린 조항들이 무효가 되게 해달라는 것이다. 그들이 흩어지기 전에 거기에 모인 모든 사람이 다 문서에 서명했는데 그들은 자신들의 모든 힘을 다하여 주님 안에서 이 언약을 준수하며 그 사악한 자들의 칙령에 순종하라는 일들에 반대하는 하나님의 백성들을 돕고 보호할 것을 굳게 다짐한 것이었다.'

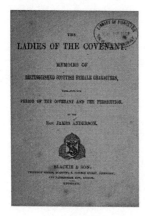

Ladies of
the Covenant

여성들만 아니라 아이들도 언약도 남성들이 겪었던 시련 못지않게 혹독한 고난과 역경을 당했다. 수많은 신실한 아내들이 남편들을 격려하고 믿음이 연약해졌을 때에 희망을 불어넣었다. 그녀들은 추방당한 목사들을 따르는 자들이요 지지자들이었다. 패트릭은 스코틀랜드 왕국의 존경받는 귀족들 모임에 보낸 청원을 소개하였다. 그 내용은 이렇다. '이 험난한 시대에 폭군의 매우 열렬한 도구요 앞잡이인 콜 발포 중위의 잔인하고 무례한 압박과 박해에도 불구하고 수많은 가련한 미망인들과 고아들이 항거하는 타당한 이유는 지금 정부에 대항하는 그의 사악한 음모에 대한 의구심 때문입니다. 여러분의 가련한 청원자인 이 여인의 양심은 압박을 받고 있기에 모든 겸손함으로 탄원

하나이다. 4년 전인 1685년 5월경에 서두에 언급한 콜 발포 중위는 제 남편인 존 우리(Urie)를 다른 정직하고 아무 죄가 없는 토마스 쿡과 로버트 탐과 함께 일터에서 끌고 갔습니다. 그들은 죽음에 처하거나 감금당할 만한 그 어떤 것도 하지 않았는데 어떤 심문이나 죄책 혹은 법적 혐의가 없이 가장 불공정하고 비인간적인 대우를 받아 들판에서 총살되었습니다. 그들은 죽기 전에 하나님께 간절히 기도하고자 했지만, 그마저도 허락되지 않았습니다. 콜 발포 중위는 이들의 간절한 호소도 무시하였고 심지어 그들에게 기도할 틈을 가지도록 허락하자는 메어란드 대위의 중재조차도 무시했습니다. 콜 발포 중위는 '이 녀석들은 반드시 죽어야 합니다. 살려두어서는 안 된다'라고 대답하며 총살했습니다. 그런 끔찍한 짓을 저지른 후에도 그는 가련한 과부인 제게나 친구들에게 그 시신들 곁에 다가가게는 하였지만, 관이나 시체를 덮을 천 조각조차도 주지 않았고 글래스고에서 오는 관들을 빵으로 바꾸어 먹었습니다. 그러므로 호소하나이다. 진술된 이 상황들을 살펴보소서. 이 가련한 과부의 호소를 불쌍히 여겨주소서. 아버지 없는 자식들을 위해서 간청하오니 이 피의 사람을 공의로운 판결로부터 도피 되지 않게 하시옵고, 이런 일을 소상하게 파악하여 적절한 판결이 나오기까지 감옥에 가둬주시기를 여러분의 가련한 청원자가 간절히 기도하나이다…'[93]

---

93) Patrick Walker, *The Six Saints of the Covenant*, 231-232. 이 여인은 글래스고 근처인 폴모디 (Polmodie)에서 살해된 존 우리의 미망인인 젠네트 하위(Jennet Howie) 여사였다.

언약도들의 부인들도 집에서 자신들의 종교적인 실천사항들을 철저하게 지켰다. 가정의 머리되는 남편이 잡혀가면 가정에서 모든 경건의 삶을 맡아서 인도하였다. 자녀들에게 성경을 읽어주고 가르치며 기도와 금식에 힘썼다. 추방당한 목사들을 자신들의 집으로 들여서 공궤하며 비밀리에 물질적으로 지원을 아끼지 않았다. 그들은 감독들 밑에서 잠시 세상의 쾌락을 즐기기보다는 고난 받고 억압당하며 비참하고 가난한 하나님의 백성들과 함께 하는 것을 영광으로 생각하였다. 심지어 이 여인들은 교수대에서 순교 당한 언약도들의 시체를 누구도 돌보지 않았을 때는 남몰래 거두어서 장례를 지내주는 일들까지도 그 누구보다도 앞장서서 행하기도 하며 언약도 운동을 지지하는 일에 참여하였다. 또 사형선고조차도 그들의 결심을 약화하지 못했다. 도리어 핍박이 그들을 더욱 단단히 결속시켰다. 예를 들면 베이치(Mr W. Veitch)가 12년 동안 감옥에 갇혀 있을 때 그 힘든 시기 동안에 그의 부인은 홀로 6명의 아이를 키웠다: '그녀의 영혼은 고통과 슬픔에 녹아내렸다…. 집에는 곤궁과 황폐함에 사무쳤다. 밖에는 파멸과 죽음이 놓여 있었다. 그녀는 그 압제자의 광포 때문에 매일 슬픈 소식을 접하는 것 외에 다른 무엇이 없었다. 이런 상황이 그녀가 더욱 진지하게 주님께 매달리게 하였다. 하나님께서 이 모든 상황을 해결해 주시기만을 간절히 기도했다. 하나님이 남편이 되어 주시고 하나님이 먹거리를 제공하는 농부가 되어 주시고 하나님이 창고가 되시고 곡식이 되어달라고 간구하였다. 하나님은 예비하는 분이시며 자기 식구들의 음식과 의복이 되어 주시고, 자기 집의 주인이 되시며 우리 애들의 아버지가 되어 달라고 부르짖었다. 그녀는 하나님께 더 바싹 붙어 떠나지 않고 달콤하고 위로가 되는 교제를 깊이 가지고자 결심한 것이다.[94]

언약도 여성들의 부드러운 동정심은 가난하고 억압받고 고난을 겪는 언약도들에게 큰 힘이 되었다. 그들의 확고한 신앙의 공정성을 깊이 의식하고 있었기 때문에 그들은 핍박받은 남편들 대신에 자녀들을 교육하는 일에 깊은 영향을 미친 것이다. 카버스(The Lady Cavers)여사는 1680년에 과부가 되었는데 홀로 많은 자녀를 떠맡게 되었다. 그 자녀들을 스코틀랜드의 종교개혁 원리들로 잘 훈련하고자 다짐하였다. 이 일은 그녀가 할 가장 중요한 일 중 하나가 되었다.[95] 에든버러와 돈노타 캐슬에서 동료 죄수였던 자넷 피머톤(Janet Fimerton)여사는 당시 50세였다. 결혼하지 않은 그녀는 대부분을 죄수들과 고난 받는 자들을 방문하여 돌보는 일에 시간을 보냈다고 한다. 그들에게 선한 일을 마다하지 않았고 그들을 위한 일이라면 뭐든 다 하였다. 특히 그들의 죽음의 피로 물들어버린 날들에 친구들에게 찾아가서 관들을 마련하고 시신들을 염하고 잘려나간 머리들, 손발이 잘려나간 피로 물든 시신들을 챙겨서 잘 씻

---

94) T. M' Crie, *The Memoir of Mr. W. Veitch and G. Brysson* (Edinburgh, 1825), 84.

95) James Anderson, *The Ladies of the Covenant*, 313.

기고 장례를 치르는 일을 했다.[96]

언약도들을 대적하는 무리는 언약도들이 스코틀랜드에서 가정 파괴의 주범으로 책임을 져야 한다고 주장한다. 언약 사상 때문에 가정이 종종 찢기고 가족 간의 결속이 다 망가졌다는 것이다. 예를 들면 제임스 렌윅은 수많은 가정을 파괴한 주범이라는 비난을 제일 많이 받았다. 남편들로부터 부인들을 떼어놓았고 아이들을 아버지로부터, 종들을 주인들로부터 갈라놓았다고 비난을 받았다. 렌윅 목사는 언약도들은 언약도들이 아닌 가족들과는 하나님을 함께 예배하지도 말아야 한다고 가르쳤다고 비난을 받았다. 그러나 이것은 완전히 렌윅 목사의 가르침을 잘못 이해한 것이었다. 일부 가족의 가장들이 위증과 배도에 연루되고 언약을 포기하고 박해자들을 돕고 유지하며 핍박에 동의했음을 고려할 때, 언약도들은 어떻게 하나님의 이름이 모독 되는 곳에서 그들과 함께 가정예배를 하며 앉아 있을 수 있었겠는가? 언약도들이 그러한 가족의 일원들을 떠나서 옥외 비밀집회에 합류하는 것은 피할 수 없는 일이었다. 심지어 그런 경우에서도 렌윅은 가족의 결속을 깨는 일을 하지 말라고 조언하였다. 그들을 설득하여 주님으로부터 빛을 구하며 이 시대의 아픔들을 인하여 탄식하며 기도하자고 권고하였다. 그들이 공격당하고 있는 것들이 무엇 때문인지 당당하게 증언할 수 있도록 격려하였다. 그리고 그들을 잡아끌고 가는 자들을 긍휼히 여기

---

96) Patrick Walker, *The Six Saints of the Covenant*, II. 96.

는 부드러운 마음을 가지자고 권고하였다.[97]

반대로 정죄는 언약을 깨거나 가정의 화평과 연합과 교제와 위안을 망가뜨리는 핍박자들에게 해당되는 것이어야만 한다. 언약도 아버지들은 그들의 자녀들을 지원한다고 박해를 받았다. 아이들은 그들의 부모들을 공양한다고 핍박을 받았다. 언약도 남편들은 부인들에게 좋은 항구가 되어준다고 고난을 겪었으며 부인들은 그들의 남편들을 귀히 여긴다고 핍박받았다. 많은 이들이 경건과 자비를 실천하면서 심지어는 죽음을 각오하기까지 그런 일에 앞장섰다. 뿔뿔이 흩어진 가정은 부도덕하게 사는 결손가족이 된 것이 아니었다. 도리어 언약도들의 사상을 더욱 굳게 붙들고 실천하는 자리로 나아갔다. 그들은 항상 주님의 보배로운 진리를 향한 뜨거운 열정을 더욱 소유하고자 했고 자신들의 피로 인치며 그 언약을 지키고자 했다. 이런 여인들을 그 언약의 영웅적인 여인들이라고 말하는 것은 결코 과장이 아닐 것이다.

---

97) Patrick Walker, *Biographia Presbyterianan* (Edinburgh, 1827), II. 95ff.

5

언약도 운동에 있어서
영적 리더십의 모델 7인

제 5 장

언약도 운동에 있어서
영적 리더십의 모델 7인

언약도 운동의 원칙을 위해서 자신들의 목숨을 기꺼이 헌신했던 많은 지도적 인물들이 있다. 그중에 7명의 영적 리더쉽의 모델을 살펴볼 것이다. 주목할 만한 가치가 있는 다른 사람들도 수없이 많지만, 지면의 제약으로 인해서 이들만을 간략히 살펴볼 것이다.

1. 사무엘 루터포드(Samuel Rutherford, 1600-1661):
저술 활동에 있어서 영적 지도력의 모델

사무엘 루터포드는 왕에게 불려가기 바로 직전에 임종을 맞이했으므로[1], 비록 언약도 순교자는 아니었지만, 그의 인생사를 간략히 살펴볼 가치가 있다. 왜냐하면, 그는 박해당하는 언약도들과 그들의 운동에 그의 저술들과 개인적인 경건을 통하여 심오한 영

---

1) W. M. Hetherington, *History of the Westminster Assembly of Divines* (reprint Edmonton, 1993), 392-395.

사무엘 루터포드(1600~1661)

Lex Rex, 법과 왕

향을 끼쳤기 때문이다.[2] 그가 조금만 더 살았더라면 제임스 거쓰리와 아어가일 후작(아치볼드 캠벨)과 더불어 순교자가 되었을 것이다. 백성들의 자유와 장로회주의의 신적 권리를 지키기 위하여, 그는 17세기 스코틀랜드의 장로교 운동을 대표한 언약도들을 이끌었던 가장 위대한 신학자들 중의 한 명이었다.[3] 그는 그리스도를 위하여 쓴『Lex Rex』(법과 왕)로 인해 많은 고난을 겪었다. 그러므로 그는 당대의 언약도들을 이끌었던 지도자로서 그 인물됨을 고찰하기에 충분한 가치가 있다.[4]

루터포드는 록스버러(Roxburgh) 인근 니스벳(Nisbet)에서 태어났으며, 제드버러 (Jedburgh)에서 교육을 받았고, 1617년에 에든버러 대학에 들어갔

---

2)   D. R. Strickland, 'Union with Christ in the Theology of Samuel Rutherford' (Edinburgh Ph.D. Thesis, 1972), 20ff.

3)   W. Campbell, 'Samuel Rutherford: Exponent of Scottish Presbyterianism' (Edinburgh Ph. D. Thesis, 1937)를 참조할 것.

4)   R. Flinn, 'Samuel Rutherford and Puritan Political Theory', *Journal of Christian Reconstruction* 5:2 (1978-9), 49-74.

다(1621년 석사학위). 1623년부터 그는 라틴어 교사로 가르치는 책임을 맡고 인문학부 평의원직을 수행하였다. 1627년에는 겔로웨이(Galloway)에 있는 안워쓰(Anworth)의 사방에 흩어진 양들을 돌보는 중책을 맡게 되었다. 그는 사람들을 잘 알았고, 그들의 아이들까지도 이름을 다 알고 부를 수 있었다. 매일 오전 세 시가 되면 일어나서 기도하였다. 그에 대한 주변 사람의 평가를 보면 그는 '항상 기도하는 것으로 보였으며, 항상 설교하는 것으로 보였다⋯. 항상 환자를 심방하였고, 요리문답을 가르쳤으며, 항상 연구하였다⋯. 그에게는 민첩한 눈을 하고 있었는데, 언제나 그가 걸어갈 때마다 얼굴을 위로 하늘을 향하여 들고 다니는 것으로 보였다⋯. 강단에서 그는 특이한 설교를 했는데, 그와 같은 설교는 한 번도 들어본 적이 없다. 그가 그리스도에 대해 수없이 설교할 때면 마치 강단 밖으로 날아다니는 것처럼 느껴졌다. 그가 그런 것을 완벽하게 갖춘 적은 결코 없지만, 주님이 명하시면 그렇게 순종할 것이었다. 그는 종종 침대에서 그리스도의 이름을 부르면서 잠들곤 했다.[5]

1630년에 그는 제임스 1세가 만든 퍼스(Perth) 5개 조항에 불복했다는 이유로 에든버러 최고위원회 재판에 출두를 명령받았다. 1636년 7월 최고위원회는 3일간의 재판 후에 그의 9년 동안의 안워쓰의 목회사역을 정지시켰으며 스코틀랜드에서 설교를 금하고 왕의 명령이 있을 때까지 애버딘으로 유배시켰다. 그 사건으로 인

---

5) G. D. Henderson, *Religious Life in Seventeenth-Century Scotland* (London, 1937), 214.

루터포드의 서한집

해 오늘날까지도 그리스도인의 고
전이자 그의 최고의 작품으로 남아
있는 『서한집(Letters)』을 저술하게 되
었다. 2세기 후에, 제임스 워커는
그 책을 아우구스티누스의 『고백록』
이나 토마스 아 켐피스의 작품과 같
은 수준의 책으로 평가했다.[6] 애버딘에서 루터포드는 애버딘 박사
중 한 명인 유명한 학자인 로버트 베론(Robert Barron)과 알미니안주
의와 종교적 의식에 대한 논쟁을 벌인 결과 자신이 더 유능한 논객
임을 증명했다. 그는 해외에 있는 여러 대학의 철학 교수직을 제
의받았으나, 고국에 대한 애정으로 인해 스코틀랜드에 머물렀다.
1638년 국가언약 이후에 안워쓰로 돌아와서 글래스고 총회의 총
대로 선출되었다. 그 총회에서 그는 세인트 앤드루스의 성 메리 대
학 신학교수직에 임명되었다.[7]

그는 대학에서 정기적으로 설교했으며 그 도시 강단을 맡은 로
버트 블레어(Robert Blair)의 동료였다. 1642년에 독립주의자와 분리
주의자를 대항해서 장로교정치를 수호하기 위해서 최초로 몇 권
의 책들을 출간했다. 1643년 11월에는 스코틀랜드 대표단의 한 사

---

6)   James Walker, *The Theology and Theologians of Scotland* (Edinburgh, 1888), 8.
7)   T. Murray, *Life of Rev. Samuel Rutherford* (Edinburgh, 1827); R. Gilmour, *Samuel Rutherford, A Study Biographical and Somewhat Critical* (Edinburgh, 1904); A. Thomson, *Samuel Rutherford* (London, 1889)를 보라.

웨스트민스터 총회 광경
(1643-4년에 양심의 자유를 토론하는 장면)

람으로서 런던을 방문하여 웨스트민스터 총회에 참석했다. 거기서 4년간 머무르면서 장기의회에서 설교하고, 신학 논쟁과 교회 정치에서 중요한 임무를 수행하였다.[8]

조지 뷰캐넌(1506-1582)

그의 주요저서는 『Lex Rex』(1644)를 포함하여 5권으로, 이 책들은 제임스 6세의 가정교사인 조지 뷰캐넌(George Buchanan)의 가르침에 영향을 받았다. 그는 왕의 권한이 백성들에 의해 제한된다고 선언했다. 다시 말해서, 왕직이란 폭군에 저항할 자유가 있는 백성들의 자발적인 동의로 부여된 것이라고 했다. J. D. 더글러스(Douglas)는 이 책에 대해 올바르게 평가한다: 『Lex Rex』는 백성들의 존엄성을 지키기 위한 언약도들의 항변이다. 진리를 위해서는 보좌에 앉은 관료가 왕이 아니라 바로 법이 왕이다; 신조가 고백하는 바와 같이 무한한 절대주권은 오직 하나님께만 속한 고유권한이다.'[9]

---

8) A. Taylor Innes, 'Samuel Rutherford' in *The Evangelical Succession*, 2nd Series (Edinburgh, 1883), 125-72.

9) G. D. Douglas, *Light in the North* (Carlyle, 1964), 50.

그는 1647년 성 메리 대학의 학장이 되었으며, 1651년에는 대학의 총장이 되었다. 스코틀랜드에서 찰스 2세가 왕위에 올랐을 때 왕을 군사력과 함께 지지하고, 국가의 수호를 위하여, 많은 이들이 이전에 행한 '서약'의 조건으로 왕을 지지하겠다고 한 사람들을 다시 복권하기를 원했다. 이로 인해서 언약도들은 결탁자들과 항거자들 두 갈래로 나눠졌다. 루터포드는 결탁자들을 반대하는 유명한 항거자였다. 두 당파가 교회에서 약 10년간 분열을 지속하는 이 기간에 루터포드의 대학 동료들이 그를 반대하고 나섰다. 1661년에 찰스 2세가 왕정에 복고한 뒤에 성직자 위원회는 『Lex Rex』의 소각을 명했으며, 루터포드의 직분을 박탈했다. 그는 또한 의회에 출석하여 반역죄를 선고받았다. 그는 1661년에 임종했다. 하위(Howie)가 전하는 바로는 그의 죽음은 '유명한 독수리가 하늘에 있는 높은 산으로 비상한' 것이라고 했다. '그 안에서 17세기 스코틀랜드 장로회주의의 정치사상에 대한 충만한 의미가 드러났다. 처음에는 좌익에 속한 대변인으로 여겨지다가, 도리어 여러 사건을 통해서 전체 언약도 무리를 대표하는 인물로 여겨지게 되었다.'[10]

그의 임종 머리맡에 기도하러 온 사람들 가운데 결탁자에 속한 우드(Mr Wood)와 아주 탁월한 인물인 허니맨(Mr Honeyman)이 있었는데, 후자는 나중에 주교가 되어 자신의 출세를 위해서 하나님을 반

---

10) Ibid., 48.

대하였던 인물이다. 그들이 함께 기도할 때 죽어가는 루터포드는 우드의 기도에는 크게 감동하지 않았으나, 허니맨의 기도에는 줄곧 울었다고 한다. 그래서 그들이 죽어가는 그에게 그의 반응이 다른 이유가 무엇 때문인지를 물었더니, 그가 대답하기를 '우드여, 비록 지금은 헤어져도 나는 자네와 다시 만날 것이지만, 아 불쌍한 허니맨이여, 당신과는 천국에서 영원히 다시 만나지 못할 것이기 때문이요, 이것이 참 슬프다오.'[11]

그가 죽기 전날인 목요일 밤에 국가의 상황에 대해 몹시 비통해하면서 고린도전서 1:30을 반복했다. "예수는 하나님께로 나와서 우리에게 지혜와 의로움과 거룩함과 구속함이 되셨으니." 또한, 덧붙이기를 '나는 죽어도 그는 여일하시니, 그는 나의 모든 것 중에 모든 것일세.'[12] 그는 곧 죽을 것을 알았기 때문에 이렇게 말했다. '오, 이 땅에 있는 내 모든 형제가 오늘날 내가 이토록 놀라운 주님을 섬겼으며 이토록 놀라운 평안을 가졌다는 것을 알게 되기를, 나는 그리스도 안에서 잠이 들 것이며, 내가 깨어났을 때는 그의 형상을 닮은 것에 만족하리라. 이 밤이 저물면, 베일 속에 있는 나의 닻을 내리고, 오전 5시에 나는 잠자면서 이 땅을 떠나리라.' 그는 정말로 그의 말대로 그렇게 임종했다.[13]

---

11) W. R. M'Phun, *Tracts on the Martyrs and Covenanters* (Edinburgh:, n.d.), 5.

12) J. A. Wylie, *The Scots Worthies* (Edinburgh, 1870), 278

13) *Ibid.*, 280.

루터포드는 언약도와 장로교주의 원리에 견고하게 서 있었다. 그의 모든 저술에는 진정한 기독교 정신이 살아 숨 쉬고 있다. 그의 저술들은 아래와 같다: 『신적 작정에 대한 스콜라주의 반박』 (1649), 『생명의 언약』(1655), 『장로들의 바른 권한』(라틴어, 1644), 『스코틀랜드에서 바울의 장로회를 위한 온건하고 절제된 변호』(라틴어, 1642), 『신앙의 역경과 승리』(라틴어, 1645; 영어, 1845), 『가장된 양심의 자유에 대항한 자유로운 논박』(라틴어, 1649), 『은총의 삶이 주는 영향』(라틴어, 1659), 『토마스 후커의 권징론에 대한 고찰』(라틴어, 1658), 『영적인 적그리스도에 대한 고찰』(라틴어, 1648), 『알미니안주의에 대한 검증』 (1648), 『그리스도의 죽으심과 죄인들을 자신에게로 이끄심』(1647). 이외에도 많은 설교가 유고작품으로 출판되었다.[14]

2. 제임스 거쓰리(James Guthrie, 1612-1661): 그리스도인 성품에 대한 지도력의 모델

제임스 거쓰리는 앙거스(Angusshire)주에 있는 오래된 명문가인 지주 거쓰리 가문에서 태어났다. 그의 부모가 감독제에 호의적이었기 때문에 그 또한 감독제의 예배의식에 우호적인 분위기 속에서 자라났다.[15] 그는 브레친(Brechin)에 있는 문법학교에서 고전어를 공부했고, 그 후에 성 앤드루스 대학에 이름난 장학생으로 들어

---

14) Hetherington, *History*, 394.

15) Hew Scott, *Fasti Ecclesiae Scoticanae* (Edinburgh, 1866-), IV, 318-19.

갔다. 사무엘 루터포드와 가깝게 지내게 되면서 그의 종교적 신념은 변화되었던 것으로 보인다. 마침내 그는 성 앤드루스 대학의 철학 교수가 되었다.[16]

그가 대학을 떠난 후에는 한 장로교회의 목사로 청빙을 받았다. 1638년에 그가 국가 언약에 서약했을 때에 말하기를 '나는 오늘 내가 한 이 일로 인해 죽을 것으로 압니다. 그러나 나는 이보다 더 나은 이유로 죽는 일은 없을 것입니다.'[17] 그는 1642년에 라우더(Lauder)의 교구 목사로 정착했다. 그가 거기서 9년간 사역하는 동안에 1646년에 뉴캐슬에서 열린 찰스 1세를 알현하는 스코틀랜드 대표 중의 한 명으로 참석하여서, 왕이 장로회주의를 수용하도록 압력을 가하였다. 그러나 3년 후에 찰스 1세는 참수형을 당했다.[18]

1649년에는 그의 사역지를 라우더에서 '북방의 잿빛 요새'인 스털링으로 옮겨서 1661년에 죽기까지 그곳에 머물렀다. 그는 위대한 지성의 소유자였고, 언약 원리를 강하게 지지하는 항거자들의 운동을 옹호하는 사역을 감당하였다. 스멜리(Smellie)는 그의 사역

16) T. Thomson, *Life of James Guthrie* (Edinburgh, 1846), 1ff.
17) N. M. de S. Cameron (ed.), *Dictionary of Scottish Church History & Theology* (Edinburgh, 1993), 381.
18) J. Kirkpatrick, 'James Guthrie', *Record of Scottish Church History Society*, 11, 1955, 176-188.

을 이렇게 간단히 줄인다. '여기에서 그는 자신이 믿는 기독교를 결코 무디게 하거나 모호하게 만드는 삶을 살지 않았다.'[19] 스털링의 목사 사택은 에클레시올라 데이ecclesiola Dei, 곧 '하나님의 작은 교회'였다. 그의 가정은 모든 회중이 본받을 만한 거룩하고 행복하며 건강한 삶을 영위하였다. 그는 이스라엘의 허물과 야곱의 집의 죄를 예로 들면서 자신의 회중에 주야로 하나님의 모든 경륜을 설교하는 일을 쉬지 않았다.[20]

그는 당대의 교회가 당면한 문제들을 해결하기 위해 충성스럽게 일한 참된 목사요 하나님의 종이었다. 그는 찰스 2세를 공적으로 지지하는 결탁자들을 반대하며 항거자들의 편에 서서 언약도 운동을 굳게 지지했다. 이때를 전후하여 그는 항거자들의 편에서 교회를 위하여 많은 공식 문서들을 저술했다. 그 가운데 하나는 '스코틀랜드를 향한 주님의 진노하심의 이유(The Causes of the Lord's Wrath against Scotland)'라는 글인데, 이 글은 그의 반대자들에게 그를 공격하는 무기로 종종 사용되곤 하였다. 이 글은 항거자들의 선언문인 것처럼 여겨졌다. 그것은 참된 종교를 보존하고 수호해야 하는 의무를 명시한 결정적인 문서였기 때문이다. 그래서 사무엘 루터포드의 『Lex Rex』와 더불어 정죄당하고 소각되었다. 그는 1651년 성 앤드루스에서 열린 어용 총회에서 면직당한 세 사람 가운데

---

19) Smellie, 89.
20) J. H. S. Burleigh, *A Church History of Scotland* (London, 1960), 232ff.

한 명이었다.[21]

제임스 거쓰리 목사

제임스 거쓰리 목사는 결탁자들에 맞서서 왕의 권력이 자유로운 의회와 자유로운 총회에 의해서 제한되기를 원한다고 두려움 없이 증거하였다. 찰스 2세가 언약에 서약하기를 동의하는 데에 조금도 신실함이 보이지 않기 때문에 스콘(Scone)에서 왕의 대관식을 거행한 것은 가장 크나큰 죄악이라고 지적하였다. 스코틀랜드에서 크롬웰의 권리찬탈에 대한 문제에 대해서는 왕을 지지하긴 했으나, 처음부터 끝까지 그는 그리스도의 사람이었다. 그는 왕에게 시민법적인 문제에 대해서는 그 권리를 인정하지만, 종교문제에 대해서는 왕이 몸소 참견해서는 안 된다는 뜻을 알렸다.[22] 이것으로 인해서 퍼스에서 한동안 가택에 가두도록 명령을 받았었다. 그 후에 스털링 성으로 후송되어서 1661년 2월 20일 재판일 조금 전까지 계속해서 갇혀있었다. 대주교 제임스 샤프는 이 온전한 마음을 가진 항거자를 증오하였다.[23]

그의 변호사 중 한 사람인 존 니스벳 경은 거쓰리 목사가 스코

---

21) Howie, *Worthies*, 257-268.
22) Smellie, 93.
23) Howie, *Worthies*, 257-268.

틀랜드의 법률에 정통한 것을 듣고는 매우 놀랐다. 다음은 니스벳 경의 말이다: '성경과 목회학으로부터 추론하는 부분이든지 혹은 그 결과든지 간에 그가 우리에게 약간의 도움이라도 주었더라면 나는 훨씬 덜 궁금해했을 것이다. 그러나 우리의 의회법에 대한 서원(맹세)의 문제에서조차도 그는 우리를 비껴간 몇 가지 논점들을 지적해냈다.'[24] 법정에서 그의 변론은 다음과 같이 결론지었다:

'재판관들이여, 나는 겸손히 간구하오니 하나님의 말씀으로부터 그토록 풍성하고 확실한 증거를 제시하였으니 이제 하나님의 지혜와 인간의 법, 그리고 교회와 국가의 관습 대부분으로 나 자신을 변호하면서, 나는 이미 내 사역과 내 삶의 터전과 생계로부터 추방되어 졌고, 나 자신과 내 가족은 타인들의 자비에 의존하며 살고 있고, 투옥의 고생을 겪은 지 8개월이나 되었지만, 여러분들의 권세는 내게 또 다른 짐을 얹히지 못할 것입니다. 선지자 예레미야의 말씀으로 끝을 맺노니 "보라 나는 너희 손에 있으니 너희 소견에 선한 대로, 옳은 대로 하려니와 너희는 분명히 알라 너희가 나를 죽이면 정녕 무죄한 피로 너희 몸과 이 성과 이 성 거민에게로 돌아가게 하리라 여호와께서 진실로 나를 보내사 이 모든 말을 너희 귀에 이르게 하셨음이니라"(렘 26:14-15).'

'나의 재판관들이시여, 내 양심은 순종할 수 없지만, 이 미친 늙은 몸과 죽을 육신으로는 죽든지 추방당하든지 투옥되는지 그 어

---

24) J. A. Wylie, *The Scot Wothies*, 312.

떤 것이라도 당신들이 원하시는 대로 무엇이든지 순종할 것입니다. 다만 내 피에 어떤 유익이 있는지 잘 숙고해 주시기를 바랍니다. 1638년 이래로 언약도와 종교개혁 운동을 소멸시킬 수 있는 것은 나의 멸망도, 다른 많은 사람의 소멸도 아닙니다. 내가 흘리는 피와 속박 혹은 추방은 내가 더 오래 살아서 내 삶이나 자유가 하는 것보다 이 모든 것들을 널리 알리는데 더 유용하게 쓰일 것입니다.'[25]

그러나 그의 이 변론도 그에게 선고된 사형을 되돌릴 수는 없었다. 의회는 6월 1일 에든버러 크로스에서 그를 교수형에 처했다. 그의 머리는 네더바우(Netherbow)에 달렸다. 그의 재산은 몰수되었고, 그의 사지는 찢겼다. 처형 직전에 그는 지극히 평온하였으며 영적으로 평정을 누렸다고 한다. 그는 아내에게 자신은 아어가일(Argyll) 후작보다 복되다고 했다. 왜냐하면, 후작은 참수당했지만, 자신은 주님처럼 십자가에 달릴 것이기 때문이었다. 그는 자신의 마지막 증언과 설교의 사본 하나를 베껴서 서명하고 봉인하여서 한 친구에게 준 다음 아직 어린 자기 아들이 어른이 되었을 때 전해줄 수 있도록 간직해 달라고 부탁했다. 교수대 위에 오른 뒤 자신의 얼굴을 덮은 두건을 벗고서 숨이 넘어가는 찰나에 이렇게 외쳤다. "언약도들이여, 언약도들이여, 그대들이 곧 스코틀랜드를 부흥시킬 것

---

25) *Ibid.,* 312.

이오!"라고 말이다.

그가 죽은 지 27년 동안 그의 머리는 매달려 있었다. 그 후에 든버러 대학생 중 한 명이었던 알렉산더 해밀턴이 그의 머리를 취하여 장사지냈다.[26] 그는 살인 시대 동안 예수 그리스도의 왕적 특권을 확증하고자 국교도주의에 반대하여 죽음을 당한 최초의 순교자였다. 그의 작품들은 다음과 같다. 『집사와 치리 장로직에 관하여』(1652), 『종교를 위협하는 위험을 발견하는 데 도움이 되는 몇 가지 고려사항들』[27] 『여호와의 진노의 원인들』(1653), 『전복자들이 아닌 항거자들』(1658), 『스털링에서 한 그의 마지막 설교』(마 16:22, 1660, 죽은 자들을 위한 외침이라는 제목으로 1738년 글래스고에서 재판됨)가 있다.

3. 휴 맥카일(Hugh M'Kail, 1640-1666): 설교의 지도자 모델

1640년 보스웰의 장관 매튜 맥카일의 아들로 태어난 휴 맥카일은 에든버러에서 수학했으며 1661년 그곳에서 장로회로부터 설교권을 얻기까지 콜트니스(Coltness)의 제임스 스튜어트 경의 집안 가정교사로 있었다.[28] 그는 학자로서의 소질을 타고났다. 어린 소년

---

26) 후일에 그는 거쓰리 목사가 사역했던 스털링 교회의 목사가 되었고(1726년), 신실하게 사역을 감당하다가 1738년에 하늘나라로 부름을 받았다.

27) William M. Abbott, 'Ruling Eldership in Civil War England, the Scottish Kirk, and Early New England: A Comparative Study of Secular and Spiritual Aspects', *Church History* 75, 2006, 38–68와 비교해보라.

28) Scott, *Fasti*, III, 230–231.

류 맥카일의 처형 장면

시절에 이미 그의 말을 듣는 이들의 마음을 녹이는 감화력 있는 웅변을 할 수 있었다. 그의 설교를 듣는 사람들에게 영적 유익과 만족을 준 몇 번의 설교자로서의 직무를 수행한 후에 1662년 9월에 에든버러의 성 자일스 교회로 부름을 받았으나 그것이 그의 공식적인 마지막 설교가 되었다. 왜냐하면, 그의 설교가 큰 공격을 받았기 때문이다. 그 상황은 그의 친구들에게는 결코 잊힐 수 없었지만, 그의 대적자들에게는 절대로 용서할 수 없기도 하였다.[29] 그는 설교에서 '폭력이 흘러나오는 샘은 교회가 결코 미칠 수 없는 더 큰 세력일 수도 있습니다. 하나님의 백성들이 권좌에 앉은 바로, 국가 권력자 하만, 그리고 교회에서 가룟 유다와 같은 자들에게서 핍박을 받았다는 사실을 성경은 풍성하게 증거하고 있습니다.'라고 말했다.[30] 비록 그가 특정한 이름들을 언급하지 않는다고 할지라도 그 당시의 국가와 교회에서도 이러한 인물들(바로, 하만, 유다)과 매우 유사한 자들이 있었다. 그러므로 휴 맥카일도 반대파들, 특히 자신의 성품을 가룟 유다와 비슷하다고 간주한 필립 샤프 대주교에게 체포되었다. 그러나 맥카일은 탈출하여 거의 4년 동안 종적을 감추었다. 이 기간에 그는 네덜란드로 가서 네덜란드의 저명한 대학들 가

29) *Ibid.*, I, 126-127.
30) *Naphtali*, 1862, 105.

운데 한 곳에서 신학 수련을 하였다고 전해진다.[31] 이 시기는 그의 경험이 성숙해 가는 기간이었다. 그가 경건의 수행과 참된 진리의 지식을 추구한 결과, 언약도들의 원리들을 굳게 붙들고 있는 자들 가운데 매우 탁월한 모범이 되었다.[32]

남부와 서부의 언약도들이 그들의 권리를 수호하기 위해서 더욱 전투적인 입장이 됨으로써 그도 1666년에 그들과 합류했다. 그해 11월 18일 룰리온 그린(Rullion Green)에서 병에 걸린 맥카일은 리버톤(Liberton)에 있는 고향 집으로 돌아가 부친과 잠시 재회하는 시간을 가지고자 했다. 그러나 도중에 적들에게 잡혀서 에든버러로 이송된 다음 톨부쓰(Tolbooth) 감옥에 수감되었다. 그는 반란의 주동자들에 관해서 취조를 받을 때조차도 자신은 그들과 아무런 연줄도 닿지 않으며 아는 바가 없다고 선언하였다. 그리고 언약도 운동 과정에 그가 어느 정도까지 관여했는지에 대해서 솔직하게 진술했다. 그에 대한 고문에 쓰인 도구는 '부츠'라고 불리는 것이었는데, 네 조각의 좁은 널빤지를 강력하게 접합시켜서 다리가 꽉 끼는 크기로 만들어진 것이었다. 이런 고문 방식은 범법자의 수족을 그 안에 집어넣은 다음에 쐐기로 박아서 망치로 내리치게 되면 차마 견딜 수 없는 고통을 유발하는데, 종종 수족을 갈기갈기 찢어

---

31) 많은 사람은 그의 집이 에라스무스의 도시로 유명한 네덜란드 로테르담에 있었다고 추측한다. 그의 피난 생활 중에 중요한 은신처는 대부분 클라이즈데일과 갈로웨이의 늪지대들이었다. 그는 존 리빙스턴, 로버트 맥워드, 존 브라운과 같이 많은 글을 쓴 지인들과 만나서 교제를 나눌 수 있었다.

32) T. MacCrie, *The Life of Mr. Robert Blair*(Ediburgh, 1848), 1ff.

놓고 살을 짓눌렀기 때문에 뼛속에 있는 골수마저도 튀어나올 지경으로 처참했다.[33] 맥카일은 이런 방식으로 자백을 강요당했으나 더는 자백할 것이 없다고 선언했다. 마침내 그는 반역자로 선고받아서 12월 22일 토요일에 머캇 크로스(Mercat Cross)에서 교수형을 언도받았다. 형이 선고되는 동안 그는 기쁘게 말하기를 "주신 자도 여호와시오 취하신 자도 여호와시니 오직 여호와의 이름이 찬송받으실지니라"라고 하였다(욥 1:21).[34]

'그의 얼굴에는 결코 잃어버릴 수 없는 숭고한 아름다움이 있었으니 그가 처형장으로 가는 대로를 지날 때 구경하는 자들의 마음을 감동하게 했다.'[35] 비록 그는 순교자가 되는 것을 피할 수 있었지만, 그는 분명히 '하나님께서 자신의 단순함과 어리석음에 의해서 하나님 자신의 영광과 그의 종의 기쁨과 승리를 위하여 결국 그 순교의 길을 마련하셨다고 믿었다.'[36] 그가 톨부쓰에 갇혔을 때 사람들은 그의 운명의 비참함을 애통해했다. 그러나 그의 빛나는 얼굴은 '하나님을 신뢰하라, 하나님을 신뢰하라, 4일만 지나면 예수 그리스도를 보게 되는 기쁨의 여행이 있을 것이니 얼마나 복된 소식인가'라고 외치고 있었다. 그는 계속해서 말했다. '나는 이러한

33) W. R. M'Phun, *Tracts on the martyrs and Covenanters* (Edinburgh, n.d.), No. 6, 2.

34) T. MacCrie, *Memoirs of Mr. William Veitch and George Brysson* (Edinburgh, 1825), 35-38.

35) Alexander Smellie, *Men of the Covenant* (London, 1909), 174.

36) *Ibid.*, 176.

부성적 징계받음을 인하여 주님께 찬양합니다. 그로 말미암아 내가 온전해질 것이며, 그의 거룩하심에 참예할 것이니…. 다시 한번 이것이 나의 위로이며 그리스도의 손에 이끌리어 아버지 앞에 나를 흠이 없고 책망할 것이 없는 자로 세우시니 나는 영원히 주님과 함께 살게 될 것입니다.'[37]

그의 죽음은 하나의 강력한 설교요 영광스러운 승리였다. 다음은 그의 마지막 말이다.

'이제 나는 더 이상 피조물들에게 말하지 않고, 오 주님 당신께만 말씀합니다. 이제 나는 결코 깨어질 수 없는 하나님과의 친교를 시작합니다. 아버님, 어머님, 친구들과 친지들이여, 안녕히 계십시오! 이 세상과 모든 즐거움도 잘 있거라! 하나님 아버지, 어서 오소서, 새 언약의 중보자시오 달콤한 주 예수님, 어서 오소서! 은혜의 복된 성령님, 모든 위로의 하나님이시여, 어서 오소서! 영광이여, 어서 오라! 영생이여, 어서 오라! 죽음이여, 어서 오라!'[38]

---

37) *Ibid.*, 180.
38) *Ibid.*

4. 도널드 카길(Donald Cargill, c.1627-1681): 선지자적 경건한 삶의 모델[39]

도널드 카길 목사

도널드 카길은 퍼드셔 지방 라트레이 (Rattray)에서 한 마을 서기의 아들로 태어 났다. 그는 성 앤드루스 대학에서 철학을 공부했으나 그의 아버지는 신학을 공부하 여 목사가 되도록 강권했다.[40] 이것이야 말로 그에게 큰 축복이 되었는데, 바로 사 무엘 루터포드의 영향을 받을 수 있었기 때문이다. 그는 글래스고에 있는 배로니 (Barony) 교회 목사로 청빙 받아서 겨우 7년을 사역했음에도 불구하 고 그의 교구 사람들과 그의 설교를 듣고 아는 모든 경건한 이들의 만족을 끌어낼 만큼 엄청난 성공을 거두었다.[41]

1656년에 안수받은 지 1년 후에 파이프(Fife) 지역 블레보(Blebo) 의 앤드루 비튼의 미망인 마가렛 브라운과 결혼했으나 4개월 만에 사별했다. 카길은 찰스 2세의 왕정복고와 더불어 감독제도의 도입

---

39) 그의 출생날짜는 전혀 정확하지 않다. J. A. 와일리는 1610년, 스멜리는 1619년, 그란트는 1627년 으로 말한다. 이것은 그의 어린 시절에 대해 1655년 이전까지는 거의 알려진 것이 없기 때문이다. 그 가 글래스고의 배러니 교회 목사로 임명된 것이 1655년이다.

40) M. Grant, *No King but Christ* (Darlington, 1988); W. H. Carlsaw, *Life and Times of Donald Cargill* (Paisley, 1900)를 참조하라.

41) Scott, *Fasti*, III, 393.

을 강하게 반대했다. 호세아 9장 1절에 대한 그의 설교는 적대적인 당파의 심기를 자극했다. 그는 새로운 교회법 조례에 순응하기를 거절한 결과로 1662년 목사직에서 제명당하고 미들턴 백작의 판결 때문에 반역죄로 기소되어 구속형을 받아 북쪽 테이(Tay) 지방으로 추방되었다.[42] 다행히도 그는 한 무리의 군사들에게 생포되기 직전에 가까스로 탈출하였다. 목회사역에서 추방되었음에도 가정집에서나 옥외 집회에서 하나님의 섭리로 효과적인 사역을 감당했다. 그가 여기저기로 처소를 옮겨가며 사역할 때마다 알렉산더 쉴즈가 말한 격언과 동일한 깨달음을 얻었다. '스코틀랜드의 악은 곳곳에서 발견되나, 스코틀랜드의 선은 어디에도 없노라.'[43]

그는 약 3년간을 매우 경건한 여인인 마가렛 크레이그(Margaret Craig)의 집에서 머물면서 그에게 나아오는 사람들에게 아침저녁으로 말씀을 강론하였다. 적들이 몇 번씩 그를 찾기 위해 샅샅이 뒤졌으나 그때마다 하나님의 섭리로 인해 구원받는 은총을 누렸다. 와일리(Wylie)에 의하면 세 번의 극적인 탈출이 있었다고 한다. 한 번은 주일에 우드사이드에 설교하러 가기 위해 말에 오르려는 찰나 한 발을 등자에 올려놓고서 시종에게로 돌아서서 '오늘은 멀리 가면 안 되겠다'라고 말했다.[44] 그때 한 무리의 적들이 그를 잡으

---

42) 미들턴 백작에 의해 만들어진 이 법 때문에 모든 장로교 목사들이 교회에서 추방되었다.

43) A. Smellie, 343.

44) Ibid.

려고 왔으나 이렇게 하여 잡히지 않을 수 있었고, 대신에 모임에 참석한 몇 명이 붙잡혔다고 한다. 또 다른 경우에는 적들이 그의 침실에 들어왔으나 그날 밤 다행히도 그는 다른 집을 택해서 자는 바람에 살아났다. 가장 극적인 탈출은 칼렌더(Callender)씨의 집에서 은밀하게 설교하던 날 발생했다. 한 무리의 군사들이 그 집을 에워쌌기 때문에, 사람들은 그와 다른 이들을 두꺼운 벽 안쪽에 있는 창문으로 밀어 넣고 책을 쌓아서 창문을 가렸다. 군사들은 매우 철저하게 다락방까지 살피다가 수색자 중 한 명이 다락방 아래로 떨어지기까지 했다. 만약 그들이 책들을 한 권이라도 빼내었더라면 분명히 카길은 붙잡혔을 것이다. 그러나 주님께서는 그들이 그를 발견치 못하도록 섭리하셨다. 왜냐하면 한 병사가 책 중 하나를 집어 들려는 찰나에 하녀가 그들의 대장에게 소리치기를 그것은 주인의 책들인데 그 병사가 함부로 한다고 했기 때문에 책들은 건드리지 말라는 명령을 내렸다. 이렇게 가까스로 카길은 위험을 모면했다. [45)]

1669년에 추방령이 느슨해졌을 무렵 카길은 글래스고 근교에 주거지를 정하고 거기에서 날로 늘어만 가는 옥외 집회 설교자들의 무리와 함께했다. 그는 정부 당국에 의해 주어진 종교 자유령을 거절하였다. 종교 자유령을 거부한 목사들에 대한 박해가 강화됨

---

45) J. A. Wylie, 528.

에 따라 그는 대중들에게 더 널리 알려지게 되었다. 그는 언약도의 사자인 리처드 카메론(Richard Cameron)처럼 용감무쌍하게 일할 수 있었다. 보스웰(Bothwell)에서는 적들에게 잡혀서 칼에 맞아 땅에 쓰러지며 머리에 약간의 상처를 입었을 때 눈앞으로 다가온 죽음을 보면서 한 병사가 그의 이름을 물었고, 도날드 카길이라고 대답했다. 다른 병사가 그가 목사냐고 물었을 때 그렇다고 대답하자 그들은 그 자리에서 그를 풀어주었다.[46]

보스웰 다리 사건 이후, 그는 네덜란드로 갔으나 곧 돌아와서 리처드 카메론과 합류하여 카메론이 에어스모스(Ayrsmoss)에서 순교할 때까지 1680년 여름 몇 달 동안 옥외집회 설교를 했다. 그해 9월에 스털링 근교 토우드(Torwood)에서 큰 집회를 가졌는데 거기에서 그는 찰스 2세를 포함해서 당대의 가장 폭압적인 박해자들 몇몇에 대해 공개적으로 추방형을 선포했다.[47] 이런 그의 행동은 정부 당국을 극도로 자극했고, 그를 생포하는 데 큰 현상금이 걸렸다. 그다음 주일 리빙스턴에 있는 팔로힐(Fallowhill) 교구 교회에서 설교하는 가운데 그는 자신이 그렇게 한 행동한 것은 바로 하나님의 마음을 분명히 알기 때문이라고 하였다. 그리고 그런 선언에 대한 성취는 하나님의 때에 이루어질 것이라는 두 가지 표징을 제시

---

46) P. Walker, *Six Saints of the Covenant* (Edinburgh, 1901), II, 1–62.
47) 그는 다음과 같이 선고하였다: 예수 그리스도의 목사로서 그리스도의 권위와 능력을 부여받은 나는 다음과 같은 자들을 그리스도의 이름과 그의 영으로 참된 교회로부터 파문하고 사탄에게 넘긴다. 찰스 2세, 요크의 제임스 공작, 로더데일 공작, 로우드 공작, 달지엘 장군, 조지 맥켄지 경, 그리고 왕의 지지자들이 파문되었다.

했다. '만약 이들 가운데 몇몇이 그들이 죽기 전에 그 선고에 결박되었음을 모르고 어쩔 수 없이 고백하더라도 이들이 평범하게 죽는다면, 하나님이 내게 말씀하시지 않은 셈이 될 것이다.'[48]

앞에서 얘기한 것처럼 그는 몇 번씩이나 탈출에 성공했으나 마침내는 라나크(Lanark) 근교 코빙턴 밀(Covington Mill)에서 체포되었다. 그의 마지막 설교는 이사야 26장 20절에 관한 것이었다. "내 백성아 갈지어다 네 밀실에 들어가서 네 문을 닫고 분노가 지나기까지 잠깐 숨을 지어다." 그는 반역죄로 재판받고 갇힌 뒤에 1681년 7월 27일 에든버러 크로스 광장에서 처형당했다.[49]

카길의 성품으로 말하면 진실하고 순수한 영혼을 가진 온유하고 부드러운 사람이었다. 그의 많은 설교 가운데 결코 왕의 실수나 그 땅의 죄악에 대해 지적하지 않았다. 그가 죽을 때 한 말은 이것이다. '나는 거룩을 추구했고 진리를 가르쳤으며, 모든 일에 최선을 다했습니다. 이 시대의 문제들을 결코 소홀히 하지 않았습니다.'[50] 교수대에 오르면서도 사다리를 등지고 서서 많은 사람이 그에게 주목하기를 바란 다음, 시편 118편 16절을 노래 부르고 세 종류의 사람들에게 말하기 시작했다. 그러나 북소리로 인해 중단되자 웃는 얼굴로 말했다. '여러분, 우리가 말하고 싶은 것에 대한 자

48) J. A. Wylie, 533.

49) J. Howie, *Cloud of Witnesses* (Edinburgh, 1871), 1-26.

50) *Ibid.*, 501-510.

유가 없음을 보십시오. 그러나 하나님께서는 우리 마음을 아십니다.[51]

그는 사생활에서도 가장 엄격한 훈련과 자기관리를 실천했다.[52] 그는 설교자로서 청중들의 양심을 향해 엄중하게 설교하여 크나큰 존경을 얻게 되었다. 많은 사람에게 남긴 그의 영원한 유산은 바로 힘든 고난과 역경의 시기에 교회의 역사적인 선언들을 확증하는 데서 보여준 그의 견고한 인내심이었다.[53] 특히 그가 붙잡힐 즈음에 대적들에 대하여 말한 것은 무엇이든지 다 이루어졌다. 카길을 체포했던 본서의 제임스 얼바인과 월터 스미스, 제임스 보이그는 그 대가로 5,000머크를 받고 매우 기뻐했다. 카길은 그에게 '당신들의 죄악은 크도다, 하나님의 심판을 머지않아 받게 될 것이다. 내 말이 틀리지 않는다면 바로 이 자리에서 다시 심판받게 될 것이다'.[54]라고 말했다. 이 일은 정확하게 일 년 뒤에 그들의 동료들 가운데 하나가 칼을 휘두름으로써 성취되었다.[55] 이 예언은 또한 제임스 얼바인이 카길이 죽은 날과 동일한 바로 그날 오전에 죽었기 때문에 성취되었다.

---

51) Howie, *Worthies*, 439–453.
52) Walker, *Six Saints*, 1–62.
53) Cameron, *Dictionary of Scottish Church History and Theology*, 137.
54) Howie, *Worthies*, 439–53.
55) J. A. Wylie, 536–7.

5. 리처드 카메론(Richard Cameron, 1648경-1680): 실천적 믿음과 삶의 영적 모델

리처드 카메론 목사
(1648경-1680)

리처드 카메론은 파이프(Fife)에 있는 포클랜드(Falkland)에서 출생했다. 아버지 알렌 카메론은 상인이었고 어머니의 이름은 마가렛 패터슨이었다. 그는 당시의 독재군주제와 감독제도의 그늘에 성장했다. 두 명의 남동생이 있었는데, 그들의 이름은 마이클과 알렉산더였다. 마이클은 리처드와 함께 언약도 역사의 제일 중요한 시기에 함께 사역을 감당했다. 알렉산더는 언약도 목사가 되었고 네덜란드에서 공부했다. 그의 유일한 여자 형제인 마리온 카메론은 용감한 여성으로서, 전해지는 이야기에 의하면 군대의 손에 죽임을 당했다고 한다. 이 작은 가족은 살인 시대의 박해받는 교회의 인상적인 증거를 남겼다.[56]

리처드 카메론은 성 앤드루스 대학을 졸업했다(1665년 석사). 그는 한때 포클랜드 감독교회의 교사요 선창자로 섬겼다(악기가 없기 때문에 대중들이 시편 찬송을 부를 때 먼저 선창하면 회중이 따라서 찬송하였다). 그런데 뜻하

---

56) J. Herkless, *Richard Cameron* (Edinburgh, 1896); J. Downie, *The Early Home of Richard Cameron* (Paisley, 1901) 참조.

지 않게 옥외집회 설교자들의 설교를 들을 기회가 생겨서 거기 참석했다가 하나님의 은혜로 새로운 피조물이 되었다. 패트릭 워커(Patrick Walker)는 이렇게 기록했다. '눈 부신 태양이 비치는 날에 복음의 그물이 그 배의 오른편에 던져졌을 때 애타게 목말라 하며 죽어가던 영혼들이 마침내 그물에 걸려 올라왔다.'[57] 그리하여 그는 옥외 설교자들의 원리에 전적으로 헌신하였고 주께서 보여주시는 공공의 죄악과 시대의 유혹들을 올바로 뚫어볼 수 있는 눈을 가지게 되었다. 그는 '종교 자유령'(1672, 1678)의 모든 죄악은 교회의 머리되신 그리스도의 자리를 빼앗고 그 자리에 찰스 2세를 교회의 최고 권위자로 앉혔다는 사실을 발견하였다. 그리하여 그는 자신의 영적인 본향을 장로교회 가운데서 찾았으며 곧바로 자기 자신을 '뿌리와 가지의 사람(철저한 장로교인)'으로 드러내 보였다.[58] 왜냐하면, 그는 종교 자유령을 받은 목사들 또는 교회의 권위 위에 군림하는 위정자들의 국가 만능주의를 인정하는 것에 대항하며 증거할 기회를 갈망했기 때문이었다.

이것은 그가 고향을 떠나게 하여 록스버러(Roxburgh)에서 잠깐 하덴(Harden)의 윌리엄 스콧 경의 가정교사로 일하게 되었다. 스콧 경은 종교 자유령을 수용한 목사의 교회에 출석하는 교인이었다. 카메론은 이곳에서 그들과 종교적 토론을 벌일 기회가 얼마간 있었다. 그러나 그들은 비록 그들이 후일에 언약도의 지지자가 되

---

57) Walker, *The Six Saints*, 218.
58) A. Smellie, 329.

었을지라도 이 젊은 선생에게 확고한 신앙인의 모습을 충분히 보여주지 못했다. 따라서 그는 남쪽으로 가서 테비옷데일(Teviotdale)에서 옥외집회를 인도하던 아이롱그레이(Irongray)의 목사 존 웰쉬(Welsh)와 합류했다. 카메론을 설교자가 되게 한 이는 바로 이 존 웰쉬 목사였다. 그리하여 호우헤드에 있는 헨리 홀의 집에서 웰쉬와 셈플(Semple)목사에 의해서 강도권을 받았다. 헨리 홀은 드럼클록(Dromclog)과 보스웰 전투에 참여한 대위였다.[59]

강도권을 받은 후에 웰쉬 목사와 셈플 목사는 카메론을 애넌데일(Annandale)로 보냈다. 많은 사람들이 당시에 악명 높은 애넌데일의 도적 떼들에 대한 소문을 알고 있었다. 그런데, 그들 중 일부는 그의 설교에 큰 은혜를 받았다. 훗날에 그들이 고백한 것을 보면 그날 자신들의 생애 최초로 옥외집회의 설교를 들은 것이라고 했다. 그들이 나와서 복음을 들은 것은 단지 목사라는 사람이 천막에서 어떤 식으로 설교를 하는지 그 주변에 앉아 있는 사람들은 누구인지 궁금해서 확인해 보려는 이유 때문이었다고 했다. 그러나 그들 중 많은 이들이 특별한 볼일이 없이 왔지만, 그들에게 있어서 그날은 정말로 특별한 날이 되었다.[60]

그러나 공적인 업무들에 관해서, 특히 '종교 자유령'을 받은 목사들에 대하여 비타협적인 그의 견해로 인하여 카메론은 점점 더

---

59) Walker, *Six Saints*, I, 218-236.
60) Smellie, 330.

고립되어갔다. 존 웰쉬, 가브리엘 셈플, 토마스 더글러스, 데이빗 윌리엄슨은 1678년 8월 28일에 에든버러에서 열린 장로회 모임에서 그의 현명치 못한 과격한 자세를 꾸짖었다. 그런데도 카메론은 종교 자유령을 정죄하는 일을 멈추지 않았다. 1678년 말이 되자 카메론은 영적인 문제에 간섭하는 정부의 권위에 대해서 뿐만 아니라 시민 정부 그 자체의 영역 안에 있는 문제들까지도 도전하는 발언을 서슴지 않는 자들의 교회의 새로운 그룹에 속한 인물로 여겨지게 되었다.[61]

1679년 5월, 카메론은 네덜란드로 갔으며, 곧이어 영국에서 추방되어 와있던 로버트 맥워드(Robert MacWard)와 존 브라운(John Brown)에게서 목사안수를 받았다.[62] 1680년 초에 맥워드의 충고를 듣고 스코틀랜드로 돌아왔다.[63] 그는 땅바닥에 떨어진 공공의 질서를 재정립하기 위해서 옥외설교를 재개하고자 시도하였다. 그러나 처음에는 엄격한 법령들 때문에 아무도 그에게 나아오지 않았다. 그러나 결국은 그처럼 네덜란드에서 돌아온 도날드 카길과 함께 위험을 무릅쓰고 나라의 가장 열악한 지역에서부터 옥외집회를 열어 설교하기 시작했다. 그는 외로이 주님이 맡기신 임무를 서둘

---

61) Howie, *Cloud*, 495-500.

62) Robert Wodrow, *The History of the Suffering of the Church of Scotland* (Glasgow, 1828), I, 206 ff; W. Steven, *The History of the Scottish Church, Rotterdam* (Edinburgh, 1832), 1 ff 참조.

63) J. A. Wylie, 503.

러 행했다. 옥외설교 사역 9개월 동안 참석자의 수는 수천 명으로 급증하였다. 몇 번의 집회 이후에 그와 동료들(카길, 토마스 더글러스, 존 웰우드, Jphn Welwood 등)은 당시 현안들에 대한 그들의 의견을 세상에 증언하고자 한 선언문을 만들기로 했다. 이것이 1680년 6월 22일에 선언된 일명 상콰르(Sanquhar) 선언문이다.[64] 이러한 일로 인해 그와 그의 동료들은 반역자로 낙인찍혔고, 그들의 목에 커다란 현상금이 걸리게 되었다. 한 달 후, 에어모스에서 카메론과 그의 동료들은 정부군에 의해 살해당했다. 그의 머리와 사지는 에든버러로 보내져서 네더보우(Netherbow) 항구(포트)에 전시되었다. 그의 머리와 사지를 잘랐던 집행인은 추밀원에 그것을 실어 나르면서 말하기를 '살아서 기도하고 설교하던 그 머리와 손발이 죽어서도 기

---

64) 이 선언문은 찰스 스튜어트의 지배적 권위를 명백하게 거부하였고, 독재자요 강탈자인 그를 향해 전쟁을 선포한 것이었다. 그것(국가언약)은 이렇게 시작된다: '비록 우리가 하나님의 말씀과 우리의 언약이 허용하는 것과 같은 그러한 정부와 위정자들을 순종해야 할지라도, 우리 자신과 우리와 함께 하는 모두를 위해서 참된 장로교회와 스코틀랜드의 언약의 국민을 대표해서 이들 찰스 스튜어트 왕이 저지른 이토록 크나큰 악행을 고려해볼 때 그는 통치한다기보다는 오히려 폭정을 자행하고 있으므로, 영국의 왕위에 앉아서 스코틀랜드의 왕권에 대한 어떠한 권리나 명목이나 이해관계도 포기할 것을 이로써 명시하는 바이다. 그러므로 우리는 수년 내에 그가 왕권과 입법권과 지배권 등을 빼앗길 것이라고 선포한다. 또한, 우리는 구원의 주님이신 우리 주 예수 그리스도의 기준 아래 그리스도와 그의 뜻과 언약에 대한 원수요 폭군이며 강탈자인 그와 그 모든 신하에게 전쟁을 선포한다. 또한, 그에게 힘을 실어주고 그의 편이 되며 어떤 식으로든 그의 독재를 인정하는 모든 자에게도 그들이 시민이든 교회든지 막론하고 전쟁을 선포한다.' 이 선언문은 주로 카메론이 스스로 만들었다고 모리스 그란트는 그의 책 『언약도의 사자』(Evangelical Press, 1997, 241.)에서 말하고 있다. '상콰르 선언문의 모델은 어떤 면에서는 유사해 보이는 퀸즈페리 문서(Queensferry Paper)와 확연히 다르다. 오히려 카메론과 그의 동료들이 그 문서보다 몇 달 전에 작업한 문서였다. 그것이 바로 카메론의 일이었고, 그 선언문이었다.' 퀴즈버리 페이퍼는 1680년에 무명의 사람이 작성한 것으로서 교회 정치와 예배 문제에 대한 장로회주의 원리를 천명한 것으로 도날드 카길과 함께 체포위기에 처해 있던 헨리 홀 장로 언약도의 품속에 있던 것으로 알려진다. 카길은 도망쳤으나 헨리 홀 장로는 퀸즈페리에서 체포되어 그 지역 이름을 딴 문서로 불리게 되었는데 거기에 작성자의 이름도 서명자들의 이름도 없는 문서였다고 한다. 이 문서의 존재는 카길도 몰랐던 것으로 보아 헬리 홀이 혼자 만든 것으로 추정한다.

도하고 설교하고 있다.'라고 하였다.[65]

그 선언문의 일부는 너무 극단적인 면들이 있어서 유감스러운 점도 있지만, 5적들과 그들에 동조하는 자들을 향한 그 선언문의 날카로운 공격은 결과적으로 1688년에 확립하게 된 의회정치의 자유, 교회가 속박에서의 해방 및 시민권의 자유를 획득하는데 필수적인 것이었다. 사실 카메론의 행동은 1688년에 이루어질 일들을 전반적으로 예견한 것이었다. 그의 짧은 생애에도 불구하고 카메론은 언약도들의 순교사에서 가장 유명한 인물이 되었다. 그는 위대한 복음 선포자였으며, 그의 설교를 듣는 이들은 큰 영적 감화를 받아서 복음의 진리와 언약을 굳게 붙들고 지켜나갔다. 종종 그는 '언약도의 사자'라고 불리기도 한다.[66]

6. 알렉산더 페든(Alexander Peden, 1626-1686): 선지자적 가르침의 영적 모델

알렉산더 페든은 소른(Sorn) 근교의 에어셔에서 1626년경에 출생했다. 그의 부친은 작은 여관을 경영했으며, 장남이었던 그는 글래스고 대학에서 제임스 달림플(Dalrymple)에게서 철학을 공부했다(1643-48). 나중에 타볼톤(Tarboton)에서 교사, 선창자, 당회 서기로 일했으나, 그의 아기를 임신했다고 주장하는 어떤 젊은 여인으로

---

65) Howie, *Cloud*, 495-500.
66) Walker, *Six Saints*, 218-36.

부터 거짓 고소를 당하기도 했다.[67]

1660년 갤로웨이(Galloway)에 있는 뉴 루스(New Luce) 목사로 임명받았으나, 1662년에 감독제에 반대하였다는 이유로 그곳에서 추방되었다. 그는 교회를 떠날 때 사도행전 20:31-32을 설교했는데 많은 이들이 눈물을 흘렸으나 자제를 요청하면서 밤늦게까지 설교를 계속하였다. 그는 강단 문을 닫고서 성경책을 집어 들고 그 강단 문을 세 번 강하게 두드리고는 세 번 반복해서 말했다. '나는 당신들을 주님의 이름으로 체포하노니 내가 문을 두드린 것처럼 그 문으로 들어오는 자들 외에는 아무도 여러분들께로 들어갈 수가 없을 것입니다.'[68] 이 예언은 성취되었다. 왜냐하면, 1693년 윌리엄 카일이 뉴 루스에서 목사로 안수를 받고 그 문을 다시 열기까지, 페든이 그리스도의 경고와 그리스도를 영접할 것을 설교했던 그 자리에서 명예혁명이 일어날 때까지 어떤 감독주의 사제들이나 종교 자유령을 받아드린 목사들은 누구도 설교하지 못했기 때문이다.[69]

1666년에 그는 비밀 옥외집회에서 설교하고 세례를 거행했다

---

67) 알렉산더 페든을 연구하는 대부분 전기작가는 그가 결코 결혼하지 않았다고 한다. 그러나 J. A. 와일리만이 그의 '스코틀랜드의 유산'에서 페든이 잠시나마 결혼 생활을 했다고 한다(The Scots Worthies, p612). 그는 패트릭 워커의 말이 옳다고 생각한다. 왜냐하면, 워커는 그의 작품 '언약도의 여섯 성인'을 쓴 시점인 언약도 시대의 말기까지 생존해 있었기 때문이다(Walker, *Six Saints of the Covenants*, p46.).

68) J. A. Wylie, 609.

69) T. C. Smout, *A History of the Scottish People* (London, 1985), 205-222.

는 이유로 그의 생명과 재산에 대한 몰수형이 선언되었다. 이 일이 있고 난 뒤에 그는 가장 널리 알려진 언약도의 설교자 중 한 사람, 특히 종종 한 사람의 선지자로 존경받게 되었다. 그는 죽음과 침묵의 시대에 방황하는 하나님의 사자들을 인도하는 지도자요 스코틀랜드가 가장 깊이 빚을 진 주권자였다. 23년 동안 거친 산들과 허허벌판이 그의 본거지였다. 때로는 북으로 때로는 남으로 돌아다닌 그를 기억하여 일컫기를 이 동굴은 페든의 굴이요, 저 바위는 페든의 강단이요, 그늘진 외딴곳은 그의 침실이라고 하였다.[70]

카메론의 참수된 시신 무덤 앞의
Alexander Peden

그는 예지력과 통찰력 그리고 급박한 상황 가운데서 빛나는 감동적인 화술까지 갖춘 인물이었으며, 종종 닥치는 위협이나 희미한 소망을 경계하는 데도 은사가 있었다.[71]

이렇게 하나님은 그를 그의 날개 깃으로 덮어주셨고 그 날개 아래는 그 종의 피난처가 되었다. 그래서 무척 위험한 상황에서도 그는 언제나 하나님께 감사를 드리기를 즐겼다. 그러나 아주 정교하게 쳐진 그물에서 언제나 벗어날 수 있었던 것은 아니었다. 1673년 6월 남부 에어셔에 있는 녹도우(Knockdow)에서 비밀집회를 하는 중에 체포되었고 바스(Bass)로 이

70) A. Smellie, 461.
71) K. Hewat, *Peden the Prophet* (Ayr, 1911), 1ff.

송되어서 4년 3개월을 지냈다.[72]

휴 비닝(1627-53)

Peden은 킬마콤(Kilmacolm)의 목사 패트릭 심슨(Patrick Simpson)에게 포로가 된 자신의 슬픔을 묘사하는 편지를 보냈다: '우리는 감옥에서 꼼짝도 못 한 채로 함께 대화도 식사도 예배하지도 못하게 되어있습니다. 그러나 하루에 한 번 두 명씩 같이 나가서 바람을 쐬고 옵니다. 우리가 하나님의 가장 일반적인 자비하심을 찬양케 하고 요청하는 날아다니는 새들의 자유를 부러워합니다.'[73] 바스 감옥에서 어느 날 주일 아침에 주님께 홀로 예배하려는 찰나에 어떤 14살 먹은 소녀가 큰소리로 그를 비웃자 이렇게 답했다. '불쌍한 아이야, 너는 하나님께 예배하는 것을 조롱하고 놀렸구나. 그러나 머지않아 하나님의 갑작스런 심판이 닥치게 될 터인데 그때에는 너의 비웃음으로 말미암아 너에게 화가 있을 것이야.' 그 후 얼마 되지 않아서 그 소녀가 길을 가며 바위를 넘어가는 중에 강한 바람이 그녀를 바다로 던져버렸고, 끝내 발견되지 않았다.[74]

에든버러 톨부쓰(Tolbooth)에 좀 더 갇힌 후에, 다른 60명의 죄수

---

72) 바스는 작은 바위섬이다. 한번 들어가면 살아서는 나올 수 없는 곳이었다. 1673년부터 1687년까지 39명의 언약도가 추밀원에 의해 감금되었다. 두노타르 성과 더불어 바스는 악명높은 감옥이었다.

73) A. Smellie, 463.

74) J. C. Johnston, *Alexander Peden, the Prophet of the Covenant* (Glasgow, 1902), 1ff.

와 함께 석방되었는데, 석방의 조건으로 영국을 영원히 떠나야 했다. 그러나 그가 탄 배의 선장이 종교적 죄수들을 싣기를 거부하는 바람에 추방을 면하게 되었다. 그렇게 자유를 얻은 뒤에 어떤 제제나 구속도 없이 페든은 1679년까지 런던과 영국의 여러 곳에 머물렀다. 같은 해에 보쓰웰 다리 전투에서는 많은 언약도가 적들의 손에 죽거나 도망쳤다. 그날 낮에 약 40마일가량 떨어진 곳에서 물러나 살던 그에게 친구들이 찾아왔다. "목사님, 사람들이 당신의 설교를 듣고자 기다립니다." 그가 말했다. "그들에게 기도 자리로 가라고 하시오. 나는 오늘 조금도 설교할 수도 설교하지도 않을 것이오. 우리 형제들이 해밀턴에서 원수들의 손에 죽고 도망쳤으며, 그들이 악행을 당해 고통 받고 있으며 그들의 피가 강물같이 흐르고 있기 때문이오."[75]

페든은 스코틀랜드로 돌아온 뒤에는 '저쪽 피바다에서 이쪽 피바다로 옮겨왔다'라고 종종 말하곤 했다. 1682년 페든은 카일에 있는 무어커크(Muirkirk) 교구의 이사벨 와이어와 결혼했다. 노인이 되어 고향인 아우친렉(Auchinlech)으로 돌아왔다. 그러나 그곳에 이르러서도 쉴 틈은 없었다. 정부가 언제나 그를 감시하고 있었기 때문에 그의 집을 떠나서 가까운 곳에 있는 동굴로 숨어야만 했다.[76]

스코틀랜드와 아일랜드에서 좀 더 이리저리 숨어 다니며 피난 생활을 하다가 1686년 1월에 그의 고향에서 죽어 아우친렉 교회

---

75) Walker, *Six Saints*, I, 53.

76) Patrick Walker, *Life of Alexander Peden* (Edinburgh, 1724), 1ff.

에 장사 되었다. 그러나 한 무리의 흉악한 기병들이 들이닥쳐서 그의 시체를 2마일 떨어진 쿰녹(Cumnock) 교수대 아래로 실어 날랐으며, 그곳에서 다른 순교자들 곁에 매장되었다. '죽어서나 살아서나 페든은 사랑 중의 사랑을 받은 것처럼 멸시 중의 멸시도 또한 받았다.'[77] 기도하는 일에 있어서 그의 고유한 경건, 열심, 신실함, 그리고 지칠 줄 모르는 끈기는 대대로 명성을 얻게 되었다. 앞을 내다보는 능력과 예언자적인 은사는 특정한 사람들이나 가족들에게서 뿐만 아니라 교회와 스코틀랜드와 아일랜드에서도 높이 평가받았다.[78]

7. 제임스 렌윅(James Renwick, 1662-1688): 참된 설교의 영적 모델

제임스 렌윅 목사

제임스 렌윅은 1662년 2월 15일 덤프리셔의 모니아이브(Moniaive)에서 출생했으며, 경건한 부모 슬하에 태어난 유일한 생존자였다. 아버지 앤드루 렌윅은 베를 짜는 직조공으로 생계를 꾸려나갔으며, 어머니 엘리자베스 코산(Corsan)은 몇 자녀를 더 낳았으나 어려서 모두 죽었다.[79] 여

---

77) A. Smellie, 469.

78) Ibid.

79) T. Houston, *Spiritual Support and Consolation in Difficult Times* (Paisley, 1865); W. H.

느 스코틀랜드 농부나 노역자들처럼 그들도 제임스를 어릴 때부터 교회 일에 봉사하게끔 했다. 쉴드의 말에 의하면, 제임스는 두 살 무렵부터 '기도를 목적하는 아이로 식별되기도 했다.'라고 한다.[80] 제임스는 6살이 되었을 때 성경을 읽는 법을 배웠다. 그가 13살 때 아버지가 돌아가셨지만, 1681년에 에든버러 대학에서 좋은 교육을 받게 되었다. 대학에 들어와서 그는 지적 고민을 스스로 뚫고 헤쳐 나가야만 했다. 그러나 그 해에 도널드 카길의 순교를 직접 보고 감동하여서 그의 모든 의심과 불확실성을 던져버리고 언약도 운동을 따르게 되었다.[81]

그의 삶에 시험과 고난과 반대와 모순이 들이닥쳤지만 죽는 날까지 거기에 굴복하지 않았다. 그는 언덕에 사는 일군의 무리인 '연합회(united societies)'의 일원으로 가담하여 그 당시의 독재정치에 대항하여 그들 가운데 가장 열정적으로 전투에 임했다. 그는 자신을 카길과 카메론의 제자라고 규정하면서 감독제도 목사에게서 설교를 듣는 자들을 애석하게 생각하며 비난했고 그들에게 세금을 내지 말 것을 촉구하였다. 독재 군주의 권위를 옹호하는 자들을 탄식하는 증언을 하였다. 연합회를 통해서 목사가 되기 위한 수업을

Carslaw, *The Life and Letters of James Renwick* (Edinburgh, 1893); W. H. Carslaw, *The Life and Times of James Renwick* (Paisley, 1901) 참조.

80) Alexander Shield, *Biographia Presbyteriana* (Edinburgh, 1827), II, 1ff.

81) Howie, *Worthies*, 525-49.

완성하고자 네덜란드의 로테르담과 그로닝겐과 리우바덴으로 떠났다. 그의 21세인 1683년 5월에 이 고귀한 소명으로 목사 안수를 받았다.[82]

스코틀랜드로 다시 돌아온 제임스 렌윅은 애국의 불로 가슴이 뜨겁게 달아올랐다. 그리하여 연합회로부터 즉시 그들의 목사로 부름을 받게 되었다. 그는 불법적인 설교를 금하는 엄한 법규에도 불구하고 언약도 운동의 말기에 가장 뛰어난 옥외 설교자로서의 경력을 쌓게 되었다. 1683년 11월 캠부스네던(Cambusnethan)교구의 많은 회중 앞에서 열린 공개적인 모임에서 그의 첫 설교를 하였다. 그는 도날드 카길이 예전에 이사야 26:20절로 했던 것과 같은 본문을 선택하였다. "내 백성아 갈지어다 네 밀실에 들어가서 네 문을 닫고 분노가 지나가기까지 잠간 숨을지어다"(사 26:20). 그것은 혼돈에 빠진 채 고난을 겪고 있는 교회에 주는 하늘나라의 부르심이자 하나님의 보호하심 가운데 용기를 불어 넣어주는 것이었다. 이 설교에 가득 찬 복음적 온유함과 열정으로 말미암아 그는 단순한 교회주의자요, 논쟁주의자요, 전투적인 사람이 아니라 온유하고 복음적인 목사였음을 보여줄 수 있었다. 그는 복음적인 온유함과 열정으로 가득한 사람이었다.

---

82) Howie, *Cloud*, 525-49.

그는 곧장 정부의 감시를 받게 되었으며, 반역자요 배신자로 낙인찍히게 되었다. 정부는 무자비한 분노와 악의를 드러내며 그와 그의 동료들을 추적했다. 그런데도 정부가 그들을 억압할수록 더 많은 수의 사람들이 늘어나서 제임스와 함께 뜻을 같이하였다. 12마일에서 16마일 떨어진 먼 곳에서도 사람들이 떼로 몰려와서 그의 설교를 들었고, 그의 영적 능력으로 말미암아 그들은 하나님께 순종할 것을 맹세하게 되었다. 언제나 존재하는 위험 앞에서도 종종 신체적 연약함에도 불구하고 그의 사역은 능동적으로 지속되었다. 그는 기회가 주어질 때마다 마다하지 않고 설교하였다. 스멜리(Smellie)는 말한다. '그는 끊임없이 설교하였다. 그것은 그가 가장 즐거워한 과업이었다. 그러나 이것이 전부는 아니었다. 12개월이 채 되기도 전에 그는 600명 이상의 아이들에게 세례를 베풀었다고 한다. 왜냐하면, 아이의 부모들은 종종 주님의 발걸음 소리를 듣게 되는 이 사람에 의하여 자신의 자녀들이 믿음의 권속에 포함되는 것을 기뻐했기 때문이다.'[83]

그는 또한 연합회의 입장을 옹호하는 진술들과 선언문의 토대를 짜는 데에도 그의 선구자들과 마찬가지로 그리스도에 대한 진지한 열정으로 헌신했다. 연합회의 『변증적 선언』(Apologetical Declaration, 1684) 출판으로 인해 정부는 이전과는 비교할 수 없을 정도로 엄하게 박해를 강화했다. 추밀원의 칙령(비밀의회 칙령)이 선포

---

83) Smellie, 484.

되었는데 그것은 무자비한 선포였다.[84] 그럼에도 불구하고 그는 3년이 넘는 기간 동안 모든 박해자로부터 안전하게 지낼 수 있었다.[85]

그런데, 렌윅의 극단적인 반대자는 그의 편에 서 있는 자들 가운데도 있었다. 그들 중 일부는 렌윅의 목사임명의 타당성을 두고 문제 삼았다. 다른 이들은 렌윅이 1685년에 일어난 아어가일(Argyll) 백작의 반란을 지지하기를 거부한 이유로 그를 비난했다. 그러나 그 반란은 렌윅이 보기에는 그것은 언약도 정신과 온전히 일치하는 것이 아니었기 때문이다. 1685년에 그는 상콰르 선언을 출판하는 데 동참했다. 그는 자신과 연합회의 입장을 옹호하기 위해서 1687년에 '교훈적인 정당성(Informatory Vindication)'이란 글을 썼는데, 이것은 언약도들 가운데서도 더욱 엄격한 그룹들과 그들의 입장을 정당화하기 위해서 쓴 변증서였다. 1687년 2월에는 온건한 장로교도들이 자신들의 집에서 사적으로 모여서 종교 자유령을 받은 목사들의 설교를 듣는 것에 관용을 베푼다는 선언이 발표되었으나, 그 반면에 옥외집회 모임에는 가장 엄한 법으로 여전히 박해가 가해지고 있었다. 같은 해 6월에는 또 다른 선언문, 곧 모든 사람이 자신의 방식대로 어느 집에서든지 하나님께 예배하는 것을 허가한다는 선언이 발표되었다. 10월에 나온 세 번째 선언문

---

84) *Ibid.*, 489
85) Howie, *Worthies*, 525-49.

은 옥외집회에 참석하는 모든 목사와 청중들은 법이 허락하는 한 가장 엄격한 방식으로 박해를 받게 된다고 공포하고 있다. 따라서 렌윅은 이러한 관용을 공포한 자들만이 아니라 그것을 받아들이는 자들의 죄악까지도 정죄하기 시작하였다.

그러는 동안에 그를 향한 박해는 점점 더 악랄해져서, 관용정책이 선언된 지 5개월도 채 안 되어서 그를 잡으려는 필사적인 수색이 15번씩이나 진행되었다. 그가 잡힐 때가 서서히 다가오기 시작했다. 1688년 초에 한번은 피블스(Peebles)에서 에든버러로 가는 길목에서 거의 붙잡힐 뻔하였으나 간신히 탈출하였다. 그래서 파이프(Fife)로 도망가서 몇 번의 안식일에 설교하였다. 그리고 1월 29일에는 버로우스토운네스(Borrowstounness)에서 마지막 설교를 한 다음 에든버러로 돌아와서 캐슬 힐에 있는 친구의 집에 머물면서 기도하는 중에 그의 목소리를 엿들은 사람들에게 발각되었다.[86]

감옥에서의 제임스 렌윅 목사

그는 매우 강하고 민감한 사람으로 고문의 두려움을 엄청나게 겪으면서도 종종 '부츠' 고문이나 '엄지손가락을 죄는' 가혹한 고문의 와중에서 최후까지 신실하게 믿음을 지킬 수 있었다. 그가

---

86) Ibid.

죽기 하루 전날, 이렇게 증언할 수 있었다.: '나는 달콤하고 사랑스러운 그리스도의 십자가를 찾았습니다. 그로 인해 내가 여기 잡혀온 이후로 수많은 즐거운 시간과 용감한 생각들로 버틸 수 있었습니다.'[87] 그는 세 가지 죄목으로 고발되었다. 첫째로 왕의 권위를 부인했으며, 둘째로 왕에게 세금을 바치지 않으려고 했으며, 마지막으로는 그의 동료들과 함께 모임에서 무장하는 것을 모의했다는 것이다.

순교자 기념탑

렌윅은 언약도의 마지막 순교자였다. 그때는 한 해전에 스튜어트 왕가가 망명을 떠났으며 스코틀랜드에 28년간에 걸친 박해가 끝나간 때였기 때문이다. 그는 '가장 엄격한 박해 기간에 저항 세력의 길을 안내하는 데 있어서 그 누구보다도 책임감 있는 사람'이었다.[88] 한 무명의 증언이 그를 이렇게 표현하고 있다: '한 명의 사람으로서 그에 대해 말한다면, 그보다 더 단정하고 총명하며, 영웅의 정신으로 충만하면서도 그처럼 온유하고 인간미 넘치며 겸손한 사람은 본 적이 없다……. 그는 진리를 알았고, 그것의 대가

---

87) Ibid.
88) Cameron, *History*, 710.

를 헤아릴 줄 알았고, 그것을 자신의 피로 인쳤다.'[89] 그는 교수대
에서 스코틀랜드 종교개혁의 언약도 정신과 신앙과 자유를 온전히
드러낸 마지막 인물이었다.

제임스 렌윅 목사 처형 장면

언약도 운동의 7명의 지
도적 인물들을 살펴보면, 그
들의 삶과 성품이 하나님의
말씀에 따라 형성되었고, 그
들을 따르는 자들에게 죽기
까지 그들의 주님 예수 그리
스도의 빛을 비추었다는 사
실을 그 누구도 부정할 수는 없을 것이다. 그리스도가 그들 안에서
사셨고 그들 안에서 말씀하셨기 때문이다. 그들은 바로 그 시대에
참된 자유와 신앙의 증인들이었다. 모든 참된 그리스도인 형제자
매들에게 그리스도의 영광과 그의 나라가 이 땅에 임하기만을 위
해서 결심하고 그리스도 안에 살도록 동기를 부여하였던 자들이
다. 비록 그들은 죽었으나 오늘날도 여전히 말하고 있다. 오늘날
교회에 필요한 것은 정확 무오한 하나님의 말씀인 성경에 온전히
헌신한 경건한 목사들과 영적으로 능력 있는 지도자들이다.

---

89) A. Smellie, 493.

6

언약도 운동의 결과

제 6 장
....

언약도 운동의 결과

    스코틀랜드 언약도들이 남긴 유산은 국가적인 영화 중 하나였다. 언약도 운동은 또한 섬나라 영국의 시민적 및 종교적 자유 확보에도 크게 이바지했다. 킹 휘이슨(King Hewison)에 의하면 그들은 '최고위 계층들로부터 최하위 계층에 이르기까지 스코틀랜드 전체 국민의 꽃이자 힘'이었다.[1] 그들은 영적 독립과 국민적 자유를 표상하였다. 그러한 목적을 위하여 언약도들은 국가 언약에서 다음과 같이 확증하였다:[2] '우리의 현안에 대한 하나님의 축복을 구할 수 있는 것은 오직 우리가 하나님과의 언약을 갱신한 그리스도인다운 삶과 생활로 신앙의 고백과 언약에 동의할 때뿐이다. 그러므로 우리는 우리 자신과 동료들과 우리를 따르는 다른 모든 이들, 곧 대중들과 각각의 가족들 앞에서, 그리고 개인적 처사에 있어서 그리스도인의 자유의 한계 안에 우리 자신의 위치를 정립하고자

---

1) J. K. Hewison, The Covenanters, I. 298-9.
2) *Confession of Faith and Subordinate Standards,* The Free Church of Scotland, 1973, 220.

힘쓸 것과 하나님과 사람 앞에서 우리가 행해야 할 모든 경건과 절제와 의로움과 책무의 선한 본이 되기를 신실하게 서약한다.'

존 오웬 목사(1616-1683)

국가적 혼란의 와중에서 언약도들은 자기들의 목숨을 걸고서 입헌정치라는 자유의 나무를 심고 물을 주었다. 그들은 순전한 종교적 자유와 시민적 자유를 추구한 선구자들이었다. 그들은 스코틀랜드 귀족들과 민중들을 일깨워서 모든 권력과 특권을 자신들만 독점하려고 위협하는 군주제와 고위성직(감독)제도의 정치적이고 교회적인 독재에 맞서 싸웠다. 언약도들의 영적이고 윤리적인 가르침은 스코틀랜드 국민들에게 깊은 영향을 끼쳤다. 그들은 강력하고 거룩한 종교적 교훈과 실천들을 주장하였는데 그것은 칼빈주의 신학에 기초를 둔 것으로 그 요소들은 언약신학, 하나님의 절대주권, 그리스도의 왕권, 장로교 형태의 교회 정치, 예정 교리와 선택교리였다.

이러한 신학 사상들은 성경과 강력한 설교의 핵심 요소들이자, 사람들 가운데 두 가지 경로로 깊이 퍼져 있었다: 그것은 바로 교회의 사역과 가정에서의 경건 실천을 통해서였다. 개인과 가정의 경건(종교) 없이는 국가적 경건(종교)도 없음은 명백히 맞는 말이다. 이 사상은 영국의 가장 저명한 목사들 가운데 한 명인 존 오웬(John

Owen)이 잘 표현하고 있는데, 그가 쓴 제임스 더람(James Durham)의 '십계명 주해'의 서문을 살펴보자.[3]

'종교 안에 있는 모든 부패는 개인들 각각에게서 시작되어 그것이 가정으로 번질지라도 그 감염의 효과는 더욱더 큰 사회인 교회와 국가로 퍼져나간다. 그러한 것은 또한 이를 반대하는 종교적 능력의 순수한 진전 안에 있는 질서이기도 하다. 하나님께서 아브라함에게 주신 증거는 스스로 주님의 길을 따라서 자녀들과 가정이 그의 경건을 본받도록 가르치고 명하는 것이었다. 만약 그리스도와 복음의 역사와 거룩한 교제 안에서 드러난 살아있는 경건의 능력이 개개인의 삶에서 거룩한 생활로 개개인들의 삶 속에 보존되지 못한다면, 교회들 가운데 있는 가장 순수한 종교의 신앙고백이나 공적으로 드러나는 국가적 행사 속에 있는 가장 숭고한 종교적 의식일지라도 인간의 영혼에는 무익하며 하나님의 영광에 아무런 기여도 하지 못하는 것이다. 모든 외적인 종교적 의식과 고백들을 사용하는 영혼은 상실되어, 개개인들 속에서 거룩함이나 복음적 순종을 일으키고 증진하는 데에 적용되지 못하게 된다…. 그런 사람들의 마음과 양심 가운데 있는 경건의 원리들을 형성하고 회복하는 것은…. 반드시 그들의 가정 가운데서, 그리고 나아가 더 큰 사회 속에서 논의되어야만 하는 것이다. 바로 이것이 모든 종교개

---

3)   J. Durham, op. cit., 12.

혁의 출발점이다….'

위와 같은 이상을 실천하기 위하여 개인적이고 가정적인 경건의 교훈이 가장 비천한 사람들에게까지도 널리 전파되도록 채택되었다. 그렇게 깊이 심어진 성경적 교훈의 지식이 오랫동안 스코틀랜드 국민 가운데 존속하였다. 비록 그러한 영향력의 수단과 범위는 쉽게 규정할 수는 없을지라도 그것은 18세기 영국의 복음주의 부흥 운동의 싹을 터뜨린 씨앗들 가운데 하나였을 가능성이 있다.[4] 그러나 확실한 것은 헌신 된 스코틀랜드 장로교들이 18세기 부흥 운동이 도래하는 데에 기본적이고 필수적인 자양분을 땅에 심고 물을 주었다는 사실이다. 언약도들의 영적 지도력의 영향에서 무슨 교훈을 찾아낼 수 있을 것인가? 이것은 특히 두 가지 측면에서 살펴봐야 한다: 하나는 그 당시와 오늘날까지도 지속하고 있는 언약도들의 사회 경제적인 영향력 측면이다. 다른 하나는 언약도들이 이바지한 참된 장로회주의의 재정립이라는 측면이다.

1. 사회경제적 영향

언약도들의 사회적 활동들은 그들이 가진 신학에 기초한 것이었다. 그러나 언약도에 대한 기록들은 근본적으로 그들의 사회적

---

4) J. Walsh, "Origin of the Evangelical Revival" in Essays in *Modern Church History*, ed, by G. G. Bennett & J. D. Walsh(London, 1966), 157.

활동을 언급한 자료들이 전혀 없다. 이것은 언약도들이 사회—경제적 삶의 양상에 아무 관심이 없었기 때문이 아니라 오히려 17세기 언약도 연구가들이 정치적이고 교회적인 사건들에 더 주목했기 때문이었다. 무엇보다도 언약도들의 회고록(memoirs)들은 박해받는 교회와 고난 받는 그리스도인 개개인들의 증언에 더 주목하였기 때문이었다. 언약도들의 사회적 활동에는 어떠한 증거들이 존재하는지는 설교와 논문과 회고록과 일기와 같은 다양한 자료들을 통해서 연구되어야 한다.

언약도들의 사회경제적인 활동들에 내재하여 있는 그리스도인의 원리들은 소요리문답에 포함된 십계명 주해 속에 잘 가르쳐지고 있다. 17세기 칼빈주의 신학은 예정론과 소명과 세속적 금욕주의와 함께 사람들의 그 시대 매일 매일의 행위들을 결정하는 데 있어서 매우 중요한 요소였다. 이번 장에서는 먼저 언약도들의 사회경제적 삶의 신학적 배경과 함께 특히 소명과 금욕주의라는 두 가지 특별한 측면에서 다룰 것이다. 그런 다음에 가장 중요한 그리스도인 행동원리인 '그리스도인의 사랑'에 대해 살펴보고자 한다.

종교개혁의 가장 위대한 성취 가운데 하나는 바로 일반 신자들이 살아가는 세속적 삶 자체였는데 그것도 오히려 경건한 삶의 일부로 소중하게 여길 수 있게 되었다는 점이었다. 종교개혁 이전에는 경건한 삶이란 오로지 수도원에서 수행하며 사는 것만을 의미했었다. 칼빈주의 신앙은 예정 교리 안에 있는 세속의 일상사에도

'심리학적 제재 규정(psychological sanction)'을 부여했다. 예정론은 하나님의 영원한 작정으로 말미암아 각 사람에 대하여는 하나님 자신이 뜻하시는 바대로 이루어진다는 것이다. 예정 교리에 의하면 칼빈주의자들은 어떤 이들에게는 영생이 나머지 다른 이들에게는 영벌이 정해져 있다고 믿었다.[5] 모든 사람은 각각 영생이나 영벌에 정해져 있다. 칼빈주의는 신자들에게 무수한 역경들 가운데서도 굽힐 줄 모르는 소망의 근거를 제공하였다. 비록 하나님께서는 택자들의 죄를 벌하실지라도 결코 그들을 버리지 않으신다. 이러한 심리적 규정으로 인하여 언약도들은 박해 가운데서도 그리스도인의 책무를 다 감당할 힘을 얻을 수 있었다. 칼빈이 가르친 것처럼 언약도들은 사람마다 자기 자신의 인생에서 감당할 어떤 책무를 하나님께서 부여하셨다고 믿었다.[6] 그러므로 신자의 삶에 있어서 올바른 행동의 중요성은 그리스도인의 소명 혹은 부르심이라는 교리로 말미암아 더욱 강화된다. 소명을 향한 그리스도인들의 태도는 로버트 롤록(Robert Rollock)이 강론한 '데살로니가전후서 주석 (1616)'에 잘 설명되어 있다. 그는 다음과 같이 말한다.[7]

'그리스도인의 소명이란 그로 말미암아 우리의 행동을 규정하는 법칙과 기준으로서 만약 해 아래서 우리에게 소명이 주어지지

---

5)   J. Calvin, *Institutes of the Christian Religion,* Ed, by John T. McNeill, III, 21, 5, 926.

6)   Ibid., 224.

7)   R. Rollock, 748.

않는다면 우리는 무엇이든 어떤 계획 없이도 혹은 그리스도인의 소명에 어울리지 않는 행동까지도 할 수 있다. 그러나 우리의 모든 행동은 그 소명을 확인할 수 있도록 규정되어야 한다. 그리스도인 왕이라면 그의 모든 행동을 이 소명의 법칙에 어울리도록 맞추어야 한다. 그리스도인 백성들도 그리스도인 소명의 법칙을 따라야 한다. 상인이라면 상인의 역할을 다하되 그리스도인으로서 감당해야 한다. 법관이라면 법관의 역할을 다하되 그리스도인이라는 사실을 망각하지 말라. 당신 자신의 직업 속에 있는 모든 행동을 그리스도인 소명의 법칙에 기준을 맞추도록 하라. 그러면 크나큰 유익이 있게 된다. 어떤 사람이 어떤 직업에서 그리스도인으로 스스로 행동할 때 그 일은 하나님 보시기에 기뻐하시는 것이며 복된 것이다. 어떤 그리스도인이 자신의 소명 가운데서 하나님의 영광을 추구한다면 그의 행동에 복을 받게 될 것이다: 그러나 어떤 일을 할 때 그리스도인의 소명을 망각하고 주님이 그의 눈앞에 계시지 않다면 그의 행동은 아무리 합법적인 것이라 할지라도 결코 합법적인 것이 아니다.'

이 부분에서 롤록이 강조하는 것은 어떤 사람이든지 특정한 소명을 추구하면서 성실해야 한다는 것이다. 그는 줄곧 그리스도인 형제들에게 다음과 같이 충고하고 있다.[8] '당신이 일군으로 인정

8) R. Rollock, *Certain Sermons upon several Texts of Scripture*(Edinburgh, 1616), 50.

죽었으나 말하는
280 언약도들

받고자 한다면…. 삶에서 게으름이나 무기력함에 빠져서는 인정받지 못할 것이다. 모든 사람이 저마다의 지위에서…. 만왕의 왕에게서 인정을 받도록 추구하며, 자신의 소명 가운데서 신실한 일군이 되기를 열심히 추구하라.'

소명을 추구하는 이러한 태도는 택자들을 유기자들로부터 차별화시켰다. 17세기 칼빈주의자들을 향한 하나님의 영원한 은총의 명백한 표징은 자신의 합법적인 직업에 종사하는 데 있어 진정한 근면함이었다. 그러므로 게으름이란 유기자들의 표징이라고 생각되었다. 택자들이 일단 은총으로부터 떨어질 수 없다고 선포되었으나 성화와 신앙에 있어 끊임없는 진보를 계속해나가야 한다. 자신의 특정 소명에 성실함으로 인해 참된 신앙의 확실한 증거를 드러낼 수 있다. 모든 그리스도인은 모름지기 자신의 모든 행동으로 인해 그 자신이 그리스도인인지 아닌지 아닌지를 입증해야 한다. 이 예정 교리는 세속적 업무에 종교적 의미를 불어넣었다.

달리 말해서, 참된 신앙이란 언제나 하나님의 존귀와 영광을 드러내는 모든 행동 속에서 경건한 삶으로 말미암아 입증되는 것이다. 제임스 더람은 "참된 신앙"을 다음과 같이 정의한다: '참된 신앙은 언제나 신자의 의도와 수고 가운데서 은혜를 통하여 어떤 식으로든 얻어지는 모든 생활의 방식 속에서 믿음과 함께 거룩함을 나타낸다. 그들의 의지는 하나님의 뜻 안에서 믿음을 결코 간과하지 않고, 바로 그 신앙은 한 사람을 작업장에서 거룩함을 배우게 한다.[9] 이것은 신앙의 선택적 특징이 아니라 신앙의 확실한 표징으로 여겨진다.

제임스 더람은 그의 작품에서 가장 완전하고 명백한 스코틀랜드 칼빈주의자의 윤리를 선언하고 있다. 그에 따르면 참된 신앙은 구원의 증거로서 두 가지 특징을 가지고 있다: 신실한 구원의 열망을 가지고 그리스도에게 피하는 것, 그리고 심리적인 인준으로서의 경건한 삶이다. 그저 단순한 신앙고백만으로는 충분하지 않다. 경건한 삶에 있어서 신앙과 행위 모두는 하나님의 확실한 선택을 보여주는 데 있어서 필수적으로 요청된다. 바로 이 점에서 우리는 언약도들의 윤리적 행동 지침의 목표인 경건한 삶을 마주한다. 더람은 '경건'이란 다음과 같은 것이라고 말한다.[10] '경건이란 우리를 의롭게 하도록 예수 그리스도 위에서 신앙을 실천하는 것이며, 거룩의 탐구며, 두 가지 모두의 경우 다, 곧 죄를 죽이는 것 혹은 죄에 대하여 죽은 자가 되는 것이다. 활기 있게 사는 것 혹은 의에 대하여 산자가 되는 것이며…. 영과 육의 모든 더러움으로부터 정결케 되고, 하나님을 경외함 가운데 온전한 거룩함을 추구하며 모든 생활 방식에서 거룩함을 탐구하는 것이다.'

---

9) James Durham, *Christ Crucified,* London 1723 (orig, Edinburgh, 1683), 66.
10) James Durham, *The Great Gain of Contenting Godliness, Commended in Four Sermons*(Edinburgh, 1685), 4.

그에 의하면 우리의 모든 욕망, 의도, 수고가 우리를 경건으로 인도해야만 한다는 것이다. 그러므로 더람은 경건한 삶을 어떻게 실천할 수 있는지를 계속해서 상세하게 설명하고 있다.[11]

'경건한 삶이란, 경건한 방식으로 의무를 습관적으로 실천하는 것입니다. 그것으로 당신의 가족에게 일반적이고 특별한 소명의 의무들을 경건한 방식으로 제공하는 것입니다. 당신과 식구들에게, 아내와 자녀들에게 먼저 하나님의 나라를 구하게 하십시오, 그리고 다른 것들은 그다음 순위에 두십시오. 왜냐하면, 하나님은 이런 것들로 인하여 하나님의 나라를 구하는 것을 미루거나 차등 순위에 두는 것을 결코 경건이라고 생각하지 않으실 것입니다. 그렇습니다. 심지어 그런 것들을 위해서 일하는 것조차도 경건한 방식으로 행해야 합니다. 아내나 남편이나 자녀들과 친척들을 향한 당신의 사랑도 경건한 방식이어야 합니다. 기도와 독서와 찬양과 가족들과의 대화에 있어서만이 아닙니다. 또한, 당신이 행하는 합법적인 일에도 무엇을 하든지 경건해야 합니다. 무슨 일을 하든지 그것이 경건한 방식으로 진행되지 않으면 당신이 듣는 모든 설교, 모든 신앙의 고백, 당신이 소유한 경건이 무엇이든지 당신에게 아무 유익이 없을 뿐만 아니라 하나님이 당신과 정산하고자 하는 날에 당신을 유익하게 하는 것은 아무것도 없을 것입니다. 왜냐하면, 하나님께서 당신에게 중요하게 요구하신 경건한 삶을 드리지

---

11) Ibid., 16.

않았기 때문입니다.'

데이빗 딕슨 목사(1583-1663)

이러한 경건의 삶은 물질적인 소득으로 이루어진 것이 아니라 삶에 대한 만족으로 이루어진다. 왜냐하면 '인간의 삶은 소유의 풍족함에 만족이 있는 것이 아니기' 때문이다. 더람은 '참된 경건이란 항상 충분하고 완전한 만족과 자급자족이 없이는 결코 존재하지 않는다.'라고 하였다.[12] 왜냐하면, 하나님을 소유한 자는 하나님과 함께 모든 것을 가진 자이기 때문이다.

데이빗 딕슨은 이러한 만족이란 '복'이지 '부'가 아니라고 말했다. '진짜 부는 많이 가지는 것이 아니라 더 욕망하지 않는 것이다.'[13] 그러므로 그는 '부자가 되려고 하지 말고 선함이 풍부하게 되기를 원하라'라고 말했다. 이렇게 거룩하고 경건하게 살고자 하는 그러한 책임감은 추상적인 방식이 아니라 구체적인 방식으로 가르쳐졌다. 우리가 알게 되었듯이 경건한 삶이란 매일 매일의 행동 속에 반영되어야 한다. 먹고 마시고 이야기하고 옷 입고 공부

---

12) Ibid., 2-3.
13) David Dickson, *The Duty of Man is Choice Sentences,* Andrew Symson(Edinburgh,1702), 10.

하고 시간을 보내며 집을 꾸미는 모든 일에 경건이 반영되어야 한다.[14] 더람은 비록 명확하게 수도원적 삶을 정죄하였을지라도 그러한 일들을 강한 금욕적인 경향과 결부하는데 주저하지 않았다. 그러나 세상에서 자신의 위치가 어떠하든지 간에 경건을 실천하는 것은 모든 사람의 의무이다. 이것은 모든 사람의 일반적이거나 특정한 소명 가운데 습관적인 의무의 실천으로 이어져야만 한다.

더람은 7계명 주해에서 다음과 같이 명백하게 말하고 있다.[15] '여기서 이 계명이 제정된 금지의 죄악들을 생각해보십시오…. 그리고 그 아래에 있는 다른 죄들, 게으름, 폭식, 술 취함, 무례함, 욕심, 정숙하지 못한 옷차림이나 벌거벗음, 춤, 외설적인 노래 부르기, 느슨한 동료 또는 교제와 같은 더 많은 묵시적인 죄가 포함되어 있습니다. 이 모든 것들은 우리를 죄로 이끌고 죄악들을 들춰내며 죄인이라는 확실한 증거를 나타내는 것입니다. 그와 반대되는 덕목들과 그런 것들을 제압할 수 있는 수단들을 생각해보십시오. 곧 정숙함과 절제와 수줍어함과 금주와 합법적인 결혼, 그 외의 여러 가지 처방들을 이 계명이 요구하며 그런 것들은 거룩한 삶을 위해 매우 유용한 것들입니다.'

언약도의 지도자들은 우리가 먹고 마시고 하는 자연적인 기능

---

14) J. Durham, *An Exposition of the Ten Commandments*(London, 1675), 366, 381, 383.
15) Ibid., 352f.

들과 같은 것에 있어서도 모든 것을 경건한 방식으로 행하라고 권고한다. 그런 자연적인 기능들은 단지 육체적인 필요에 의해서만 지배당해서는 안 될 뿐만 아니라 그리스도인이라면 오히려 하나님의 영광에 이바지하도록 먹는 것과 마시는 것까지도 하나님의 계명을 따라 합당하게 고려되어야 한다. 먹는 것과 마시는 것이 그리스도인들의 마음을 영적인 것들로부터 돌아서게 만들면 안 된다. 만약 그렇게 된다면 그것들은 죄악 된 것들로 여겨질 것이다. 집을 예쁘게 꾸밈으로써 성적 부도덕함에 이바지하면 안 되는 것과 마찬가지라고 더람은 가르치고 있다[16]:

'옷을 입는 것 말고도 집을 꾸미고 장식하는 것, 또한 침대나 가구들을 장만하는 것도 악한 정욕과 쾌락 그리고 무절제한 정서가 깃들게 되어서는 안 됨을 지적하는 것 역시 절절한 것이라고 할 수 있다. 우리 마음은 종종 작고 사소한 것들로 인해 자극받고 불이 붙기 때문이다. 이것은 잠언 7:17에 잘 나타나 있다. 한 여자가 창녀의 옷을 입고, 침대에 색실과 주단으로 향초로 몰약과 침향과 계피를 뿌리며 침실을 꾸미고 있다. 아모스 6:4은 상아로 만든 침대로 꾸민 방을 비난하고 있다. 사람들이 이렇게 사치스러운 향락에 탐닉하고 물들기 쉬운 것이다. 그러나 확실히 그리스도인들은 자신의 집을 분에 넘치게 꾸미지 않으며 마음대로 살거나 사치스럽

---

16) Ibid., 366.

게 살지 않는다…. 위와 같이 집과 건물을 경박하고 음란한 방식으로 꾸미며 상스러운 그림들이나 사진들 그리고 조각품들로 꾸미는 행위들은…. 참으로 정죄 받을 짓이다.'

그러므로 언약도들은 자기관리를 철저히 하고 모든 물질적인 것들을 사용하면서 절도있는 자세를 취할 것을 교육받았다. 그들은 비싼 음식과 고기, 옷, 쾌락, 허영심 등 무엇이든지 지나치게 과도히 사용하는 것들에 대해 경계를 했다. 이런 것들을 탐닉하는 것은 하나님을 욕되게 하는 크나큰 죄로 간주했다. 이런 금욕적인 삶은 시간 사용에서도 잘 나타난다. 시간을 정확하게 사용하는 것은 사람이 가진 소명을 실현하면서 '성실성'을 드러내는 것이 중요한 관점으로 평가되었다. 이것은 게으름을 방지하는 방편이기도 하다. 도날드 카길은 시간 사용의 적절한 방법을 제시했다. 더람과 카길 목사가 시간 낭비에 대한 대책 가운데 하나로 즉흥 기도를 추천한 것은 놀랍다. 더람은 '즉흥 기도는 신자를 게으름으로부터 지켜주며, 그것으로 인해 많은 시간을 큰 평안과 위로를 얻는 시간으로 보낼 수 있도록 도움을 준다'라고 말했다.[17] 카길 목사는 '당신은 하늘나라를 향한 감미로운 기도를 많이 해야 한다…. 이것이 우리의 가장 중요한 간청이었다면 우리 가운데 발생하는 시간 낭비가 훨씬 줄어들 것이다'라고 촉구했다.[18] 그는 언약도들에게 다

---

17) J. Durham, *An Exposition of the Whole Book of Job*(Glasgow, 1759) 307.

18) D. Cargill, Sermon IV in Howie, *Sermons delivered in Times of Persecution*,(Edinburgh,

음과 같이 말함으로 격려했다:

'당신의 일을 각각의 과업으로 시간을 배치하라. 많은 시간을 말씀 듣기에 힘쓰고, 많은 시간을 독서와 기도와 묵상에 할애하고 일상적 소명을 위하여 시간표를 짜라. 우리가 시간표대로 시간을 보내면서 "이것이 우리가 하고자 하는 일이며 이것이 우리가 해야만 할 일이야"라고 말한다면 참으로 잘하는 것이다. 오, 형제들이여, 이것이 기독교인의 일을 주님께 달콤한 것이 되게 만들 것입니다. 그러나 멸망하는 성질의 것들에 너무 많은 시간을 쓰지 말아야 합니다. 이것은 영혼의 위안을 주기 위한 것입니다. 그러나 썩어 없어질 것들에 시간을 많이 쓰게 되면 참된 경건의 풍성함이 거의 없게 될 것이며, 참된 경건이 풍성한 곳에서는 멸망하는 성질의 것들은 거의 없을 것입니다. 이들 양자는 서로 함께 나아갈 수 없는 것들이기 때문입니다.'

금욕주의적 삶의 필요성은 세계관에 의해서 통제되었다. "때가 악하니 세월을 아끼라"(엡 5:16)라는 말씀은 시간의 적절한 사용에 대한 언약도들이 가르친 교훈의 본질적 기초이다. 사무엘 루터포드는 이 세상이 무가치할 뿐만 아니라 그리스도인에게는 위험한 곳이라고 생각하였다. 그에게 있어서 이 세상은 영혼이 결코 안식을

1880), 518-20.

찾을 수 없는 '나쁜 침상'이었다. 그는 세상을 그리스도 자신과 비교하였고 사람들이 그리스도를 얻기 위해서는 마땅히 세상을 포기하라고 촉구했다. 이 세상은 유기된 자들의 기업이다. 그러므로 하늘나라와 그리스도를 유업으로 받은 택자들은 유기된 자들이 이 세상의 것들을 소유함으로 만족하도록 내버려 두라고 하였다. 그는 다음과 같이 말한다: '나는 서로 때리고 괴롭히며 욕하고 싸우는 이 세상의 어리석은 자들이 갖고자 하는 벌레 먹은 사과, 이 회칠한 썩은 세상이 버림받은 자들이 받을 충분히 합당한 유업이라고 생각한다. 왜냐하면, 이것이 그들이 찾는 전부이기 때문이다.'[19]

제임스 렌윅 또한 같은 세계관이었다. '세상이란 그곳에는 이익과 쾌락만을 추구하는 사자 굴이요 표범들의 굴이다. 세상은 탐욕스럽고 남의 피를 흘리기 좋아하는 성향의 사악하고 불경건한 자들의 소굴이다. 그러므로 이 세상은 성도들이 머물러 쉴 수 있는 곳이 아니며 그런 자들과 함께 누울 수 있는 곳도 아니다.'[20] 이 세상의 것들은 신자들을 결코 만족하게 할 수 없다. 오직 그리스도만이 신자들의 만족이다. 그런데도 언약도들이 이 세상에 대하여 전적으로 부정적인 태도만 취한 것이 아니었다. 물론 언약도들에게 세상은 그리스도께로 나아가는 데 크나큰 장애물이 된다는 것은 사실이다. 왜냐하면, 이 세상과 짝하는 것은 하나님과 원수되

---

19) S. Rutherford, *Letters*, ed, by Andrew A. Bonar(Edingurgh, 1891), 227.

20) Renwick, *Sermons*, 556.

는 것이기 때문이다(약 4:14). 그런데도 언약도들은 이 세상을 그리스도인의 목적에 부합하게 활용할 것을 교훈하였다.[21] 딕슨은 다음과 같이 주장하고 있다. '그러므로 우리는 세상을 마치 사랑하지 않는 것처럼 사랑해야 합니다. 하나님은 이 세상의 것들을 그저 스쳐 지나듯이 보실 것이며 절제하며 자기를 지킬 것입니다. 우리는 세상의 것들에 대한 욕망에 있어서 단호하지 못할 수도 있으나, 우리 구주께서 고난의 잔을 의연하게 받으신 것과 같아야 합니다. 아버지여! 내 뜻대로 마옵시고 아버지의 뜻대로 하옵소서. 우리의 종교는 우리에게 겸손히 하나님께 순종하도록 가르치며, 하나님이 생각하는 것이 우리에게도 최선의 것으로 생각하도록 가르칩니다. 단지 이 세상 것들을 소망한다고 해서 그것이 불법을 행하는 것은 아닙니다. 먼저 기도하라고 우리를 가르치신 주님은 우리에게 '일용할 양식을 주옵소서'라는 간구를 허락하십니다. 금하시는 것은 세상의 것들을 사용하면서 혹은 돌봄에 있어서 본래 해악을 끼치는 것들이 아니더라도 지나치게 되면 그것이 우리에게 해악이 되게 하는 것입니다.'

세상에 대해 이렇게 긍정적인 관점은 언약도들이 세상을 사랑하는 자들도 아니요, 세상을 증오하는 자들도 아니라는 점을 보여준다. 오히려 이 세상은 하나님의 유업을 물려받도록 훈련받는 학

---

21) David Dickson, op. cit., 18.

교요 무대로 간주했다. 딕슨이 묘사하기를 "이 무대는 인간의 삶과 죽음에 대한 비극적-희극이다. 모든 사람은 이 무대에서 자신의 역할을 수행하고 사라진다."[22] 그는 이 무대에서 무슨 역할을 할지에 관심을 가지기보다는 그 역할을 잘 해내기를 소망하는 데 더 관심을 기울인다. 그러므로 이 세상은 슬픔과 기쁨이 혼합된 언약도들의 '작업장'이다. 바로 이 점에서 루터포드는 딕슨과 함께한다. 그는 이 작업장에서 일하는 삶을 다음과 같이 묘사하였다: '주님의 양육방식은 징계와 꾸지람과 교정함과 돌봄에 의한 것이었다. 그가 어떤 아이를 기르더라도 예외가 있는지를 보라. 절대로 없다. 그의 장자이자 유업을 물려받을 자인 예수 그리스도도 예외는 아니셨다(계 3:19; 히 12:7, 8; 2:10). 우리는 고통을 겪어야 한다. 우리가 태어나기도 전에 하나님께서 우리를 작정하셨기 때문이다…. 양심의 고통이 우리를 낙심케 한다는 것은 사실이다. 그러나 비가 없으면 말라비틀어지는 곡식이나 식물처럼 고난과 절제가 없이는 우리도 더 이상 성장할 수 없다.'[23]

이러한 사상은 언약도들이 그리스도를 붙들고 박해의 가혹함을 견뎌낼 수 있는 도움이 되었다. 그들은 단지 이 세상에서 산 것이 아니라 이 세상에서 나그네로 살았다. 순례자로서 그들의 영원한 본향인 천국으로 돌아가고자 했다. 그들은 '하나님께서 이 모든

---

22) Ibid., 19.
23) S. Rutherford, op. cit., 75, 76.

세상을 인간을 위하여 지으셨고 인간은 하나님을 위하여 지음 받았다고 믿었다. 다른 피조물들은 자기 자신들과 우리를 위하여 지음을 받았다고 믿었다. 우리는 하나님을 찬양하고 하나님께 감사하며 살도록 지음 받았으며, 우리에게 이 땅에서 거주할 장소를 마련해 주신 주님은 우리를 위해서 하늘에 거처를 마련하시고자 하늘에 가셨음을 믿었다.[24) 그러므로, 거룩 혹은 경건한 삶은 그들이 천국에 합당한 자가 되기 위하여 매일매일 필수적으로 강조되었다. 의로움, 순결, 자기통제, 근신과 그리스도와 언약 정신에 충성하는 것은 언약도들의 경건한 삶의 열매들이었다. 윌리엄 거쓰리가 말한 것과 같이 '새로운 피조물은 먹고 마시고 잠자고 여가활동하고 옷 입는 것까지도 하나님을 향해 눈을 부릅뜨고 사용하는 자들이다.'[25) 이것이 세상에서 언약도들이 그리스도인으로서 사는 신앙 여정의 시작이었다.

언약도들은 경건 생활에 있어서 항상 하나님이 제일 먼저이고 자신들의 모든 일은 나중이었다. 그들의 신앙생활은 하나님께서 우리 마음에서 생겨나는 말과 모든 행동을 매 순간 감찰하고 계심을 인정하는 데서 더욱 강화되었다. 딕슨은 다음과 같이 조언하였다: '결론에서 항상 하나님을 가지라, 그렇지 않으면 시작도 안 하

24) D. Dickson, op. cit., 23.
25) W. Guthrie, *Christian's Great Interest*, Free Presbyterian Publications, 1969(orig. 1658), 82.

는 게 더 낫다.'[26] 그들의 경건한 삶은 두려움에서 나오는 것이 아니라 사랑에서 나오는 순종이었다. 제임스 렌윅은 스스로 거룩함 뿐만 아니라 사랑 안에도 머물 필요가 있음을 강조하게 되었다고 고백한다: '모든 이들에게 온유함으로 대하고 모든 죄와는 열정적으로 싸워라.'[27] 그러므로 언약도들은 그들의 마음속에 있는 그리스도의 사랑으로 말미암아 자신들의 대적자들까지도 용서하였다. 그들에게 하나님의 형상대로 지음 받은 다른 사람들을 미워하는 것은 불가능해 보였기 때문이다. 그들을 공격하는 자들을 용서해야 할 필요성뿐만 아니라 그들을 위하여 행동할 필요성도 갖고 있었다.[28] 즉 '그대를 저주하는 자들을 위해 기도하고 선으로 대하십시오. 이것은 말하기 매우 어려운 말(*Durus Sermo*: 가혹한 말씀 혹은 엄한 말씀이라는 라틴어 표현)이며 순리에도 맞지 않는 말입니다. 모든 악한 것들을 한 번에 잊어버리기는 전혀 쉬운 일이 아닙니다. 그러나 우리가 그리스도인이라면 반드시 그래야만 합니다. 사랑으로 행하지 않는 자는 결단코 천국에 들어가지 못할 것입니다. 다른 사람들이 그렇게 안 한다고 해서 왜 내게 해를 입히는 일을 해야 하겠습니까?'

그러므로 언약도들은 박해의 기간마저도 참고 '서로 용서하도

---

26) D. Dickson, op. cit., 3.

27) H. Macpherson, *The Covenanters under Persecution*(Edinburgh, 1923), 115.

28) D. Dickson, op. cit., 33.

록 권면하였고, 복수하려고 하지 말고, 복음의 정신을 보여라'라고 권면하였다.[29] 그들은 자신들의 원수들을 미워하지 않았기 때문이다. 그들은 차라리 이렇게 말했다. '나는 모든 사람에 대해 그들을 위하여 용납하고 사랑하겠습니다. 그러나 그리스도인인 나는 하나님의 자녀이기 때문에 그들을 위해서 뿐만 아니라 하나님을 위하여 갑절로 사랑하겠습니다.'[30] 데이빗 딕슨이 1701년에 출판한 『참된 그리스도인의 사랑』은 언약도들의 사랑관을 보여주는 전형적인 모범이다.

만약 박해받는 기간에 언약도들이 누군가를 살해했거나 반역적인 행동을 했다면 어떻게 그것을 설명할 수 있을까? 그것은 참된 사랑의 정신에 모순되는 것이 아니겠는가? 언약도들이 옥외 집회에서 무장 하는 것이 올바르다고 볼 수 있겠는가? 그런 사안들에 대해서는 언약도들 사이에 하나의 일치된 목소리는 존재하지 않았다. 트라퀘어(Traquair)의 목사였던 J. 블랙카더(Blackadder)는 집회 당시에 무장하는 것을 반대했으며 차라리 하나님을 신실하게 믿으며 그의 전능하신 보호하심을 의지하자고 촉구했다. 엘딩톤(Eldington)의 존 셈플도 무력 사용을 반대했으나(비록 그는 살해당했지만), 웜프레이(Wamphray)의 목사 존 브라운은 그와 반대로 무력 투쟁을 옹호하며 다음과 같이 말했다: '자연의 법칙에 따라 사람은 자신의

---

29) H. Macpherson, op. cit., 115.
30) D. Dickson, op. cit., 11.

생명을 지켜야 할 필요가 있다. 그 이유는 하나님께서 모든 피조물 가운데 자신을 지키고자 하는 성향과 활동력을 심어놓으셨기 때문이다. 그리고 자연의 법칙은 차라리 사람에게 죽임당하는 것보다는 죽이는 것을 그리고 이웃을 지키는 것보다는 자신을 지키는 것을 허락하고 있다.'[31] 이런 사상은 알렉산더 쉴즈(Shields)에 의해 지지된 것으로 그의 작품 『A Hind Let Loose』(1687)에서 제임스 샤프 주교의 암살을 정당화하고 있다. 그는 '우리는 무력으로 종교를 전파하는 것이 그리스도께서 제정하신 방식은 아니라고 생각한다. 그러나 무력으로 우리의 종교를 보호하고 지키는 것은 그리스도께서 허락해주신 특권이라고 생각한다.'라고 말했다.[32]

이러한 생각은 일명 리처드 카메론을 따른 '카메로니안들'이라고 하는 후기 언약도들의 사상이었다. 그들이 인간사(人間事)에 있어서 그들의 적들을 사랑했다는 것은 사실이다. 그러나 대적자들에 대해서는 그들이 명백한 그리스도의 원수라고 말했고 그들로부터 증오와 적대행위가 계속 이어질 때는 카메로니안들은 그들을 혐오하고 반대해야 한다고 주장했다. 그것이 그리스도께 대한 충성의 증거라고 했다. 왜냐하면, 그들의 대적자들이 그리스도의 원수들이며 하나님을 위한 대의를 박해하고 있기 때문이었다.[33] 그러므

---

31) *Apologetical Relation*, 163, citation from, H. Macpherson, op. cit.,120.

32) H. Macpherson, Ibid, 121.

33) John Howie, *Sermons in Times of Persecution in Scotland*, (Edinburgh, 1880), 403. 존 하위는 『스코틀랜드 살인 시대의 설교 모음집』 403쪽에서 다음과 같이 말한다. '여러분 자신들을 속이지 마십시오. "오 주님, 주님을 미워하는 자들을 내가 미워하지 말아야 합니까?" 그러나 주님은 "우리

로 언약도들이 자신들을 그리스도의 제자들로서 하나님의 원수들에 대항하여 무력으로 싸우는 군사들로 여긴 것은 그들의 권리였다. 1684년 6월 22일에 카메로니안들은 정부에 대한 전쟁을 선포하는 '상콰르 선언문'을 발표했다.

19세기 작가이자 역사학자인 헥터 맥퍼슨(Hector Macpherson)은 수동적 저항과 무력 저항을 두 가지 관점에서 이해하고자 했다. 그는 언약도들이 '보복과 살해에 대한 이론적 정당화에도 불구하고, 그들의 윤리적 개념들은 상당히 수준 높은 것이었다. 그들은 잔혹한 억압의 시기에 인간의 영혼을 파고드는 자연적인 원한과 증오의 감정들을 통제할 힘이 있었다'라는 사실을 인정했다.[34] 그의 첫 번째 관점은 실제적인 살해의 사례들은 거의 없었다는 점이다. 샤프 주교는 그의 대적들에게 죽임을 당한 유명한 인물 중에 유일하

가 우리의 원수들을 사랑해야 하지 않겠느냐?"고 말씀하셨습니다. 그렇습니다. 우리는 원수를 사랑해야 합니다. 그러나 그들이 분명히 그리스도의 적이며 그리스도를 미워하고 배신한다면 그들은 우리의 원수보다도 더 지독한 자들입니다. 그들은 그리스도의 원수요, 하나님의 대의를 박해하는 복음의 원수요, 종교개혁의 언약사역에 대한 원수들입니다. 이런 점에서 우리는 그들을 증오하고 혐오해야 합니다. 우리는 그 원수들과 그들을 따르며 그들 편에 함께 하는 모든 자와 맞서 싸웁니다. 슬픔의 날이 그들 앞에 있습니다. 그들은 차지도 덥지도 않았던 라오디게아 교회 사람들보다 더 나쁜 자들입니다. 그런 자들을 그리스도께서는 입에서 토해버릴 것이라고 선포하셨습니다. 종교 자유령을 받아들인 목사들이 교황주의자들이나 감독주의자들보다 나을 게 뭐가 있습니까? 나는 감독주의자들이 종교 자유령을 수용한 자들보다 더 많은 교회 직제 형식을 가지고 있음을 분명히 말합니다. 왜냐하면, 그들은 교회 직제의 형태를 전혀 가지고 있지 않기 때문입니다. 그들은 그리스도의 사역자가 아닙니다. 그렇습니다. 그들은 왕의 졸개들입니다. 그들은 한때 목사들이었고, 우리도 그렇게 인식하고 있었습니다. 그러나 이제 그들은 왕과 대신들의 일군들에 불과합니다. 그들은 높은 자들에게 조종당하며 그들로부터 자유를 얻습니다. 그들은 다른 어떤 공공연한 원수들보다도 더 왕과 대신들에게 순종함으로써 종교개혁의 사역에 큰 피해를 입혔습니다. 그러므로 나는 이런 점에서 여러분들은 속지 말기를 바랍니다. 왜냐하면, 우리와 그들은 서로 다른 편이기 때문입니다.'

34) H. Macpherson, op. cit., 122-123.

며, 한두 명의 목사들과 몇몇 군인들이 가장 박해가 심한 시기에 죽임을 당했을 뿐이다. 그이 비해 무수히 많은 죄 없는 사람들이 들판에서 총살당하고 또는 교수대에서 처형당했다는 사실을 기억해야만 한다. 예를 들어, 존 셈플(Semple)은 '결코 무장하지도 정부에 최소한의 저항도 하지 않은' 사람이었지만, '오직 양심의 원리를 따라서 교회를 보호하고자 설교를 듣기 위해서 접근하지 않았고, 그들의 목숨을 사냥하던 자들이었기에 그들의 설교를 들으려고 가지 않았고 호의를 베풀지 않았을 뿐이었는데' 살해되었다.[35] 워드로우(Wodrow)는 그것을 이렇게 설명했다. '내가 서술하고 있는 이 28년간의 박해 기간에 암살 같은 일이 시도된 사례들은 4~5차례일 뿐이며, 내가 아는 한 고난 당하는 장로교도들이 알고 있지만 부인한 적이 없는 그들 중 누구도 변호하지는 않았다. 그래서 몇 개월 안에 우리는 반대 입장(평화적 입장)에 있는 자들에 의해서 아무런 절차나 근거가 없이 잘라버린 스무 번의 사례를 발견할 수 있다.'[36] 이러한 현상은 언약도들의 강력한 종교적 삶으로부터 온 결과였다. 『구름같이 허다한 증인들』이란 책은 이들의 난공불락의 믿음을 입증해 주었다.

맥퍼슨이 주목한 두 번째 관점은 승리를 거둔 장로교도들이 그들의 대적에게 했던 일들에 무엇이 포함되었는지를 주목한 것이

---

35) R. Wodrow ,op. cit., IV, 244.
36) R. Wodrow, III. 53.

다. 명예혁명이 일어났고 장로교도들이 교회의 힘을 되찾게 되었을 때 그들은 자신들의 힘을 '모범적인 온건함'을 보이는 데 사용했다. 심지어 카메로니안들도 자신들의 행동을 엄청나게 절제하였다. 그들은 사람들을 강압적이거나 힘으로 모범적인 그리스도인이 되게 하는 것이 아니라 경건한 삶의 모범에 의한 것임을 알았다. 언약도들이 고난받는 시기에 경건한 삶을 어떻게 실천했는지는 이해하기 쉽지는 않지만 그들의 행동을 보면 알 수 있다. 제임스 더람은 경건한 삶을 위한 지침들에 대해 사람들이 행하는 어떤 일에든지 꼭 짚고 넘어가야만 하는 질문의 형식으로 제시하고 있다:[37]

(1) 그대의 행동이 하나님께 인정받는 것인가 아닌가?

(2) 그대의 행동은 합법적이고 유익한 것인가 아닌가?

(3) 그대의 책무를 수행하면서 하나님을 인정하는 일인가 아닌가? (잠언 3:6)

(4) 그대의 책무에 대한 동기는 무엇인가? 이기적인 목적으로 행하는가? 하나님의 영광을 위해서 행하는가?

(5) 그대의 책무를 신실함과 정직과 성실을 다하여 행한 것인가 아닌가?

(6) 그대의 책무를 그리스도께서 주신 능력으로 감당한 것인가 아닌가?

---

37) James Durham, *Heaven upon Earth*(Edinburgh, 1685), 246.

어떤 책무를 수행하기 전에 사람의 양심은 이 모든 사항을 만족하게 해야 한다. 언약도 윤리 사상에서 선한 양심은 지배적인 요소였다. 이것은 교회의 권징에도 드러나 있다. 교회가 어떤 권징 절차에 들어가기 전에 먼저 해야 할 일은 죄인의 양심에 호소하는 것이다.[38] 이것은 교회가 죄인이 자신이 한 일에 대해 양심에 찔림을 받을 수 있도록 하는 의미이다. 그러므로 17세기 그리스도인들 특히 언약도들은 예배에 대한 모든 의무를 수행토록 요구되었고 특별한 소명과 신분과 관계에 있어서 모든 책임을 다하도록 요구되었다. 여기서 가장 중요한 점은 언약도들은 진정으로 종교적인 사람들이었고 말이나 행동에서 신실하였고 선한 일을 열심히 하였던 사람들이라는 사실이다.

2. 참된 장로회주의의 재정립

언약도들이 투쟁하고 순교했던 교회론의 원리들은 존 낙스와 멜빌, 헨더슨 등이 주장한 것과 동일한 것이었다. 왕의 권위를 부정하는 문제에 있어서 렌윅이 했던 다음과 같은 말은 명예혁명으로 말미암아 그 정당성이 입증되었다. '나는 모든 권위가 하나님께서 규정하시고 제한하신 그분의 말씀에 있음을 인정한다. 그러나 이런 권위의 강탈자를 정당한 왕으로 인정할 수 없다. 이것은

---

38) W. Ross, *Pastoral Work of the Covenanting Times*, 175.

하나님의 말씀 때문에…. 또한 왕국의 고대법이 보이는바, 개신교의 신앙을 수호하기로 맹세하기 전까지는 스코틀랜드의 왕권으로 인정할 수 없기 때문이다. 이것은 어느 누군가의 단순한 신앙고백만으로는 이룰 수 없는 큰일이기 때문이다.' 전해지는 바에 따르면 '렌윅이 붙잡았던 그 원리들이 아주 짧은 시간 안에 명예혁명에 의해서 채택되었다고 한다. 교수대에 올라선 언약도들이 영광스러운 승리를 얻은 것이다. 피로 쓰인 그들의 회고록들은 자유를 사랑하는 모든 스코틀랜드 사람들의 가슴속에 영원히 타오르고 있기에, 그들은 불멸의 삶을 사는 자들이다.'[39]

이 영광스러운 승리는 장로회주의가 오랫동안 투쟁하던 역사적 대적들(로마 가톨릭과 왕들의 독재정치)로부터 해방을 얻게 했다. 비록 스코틀랜드의 모든 지역이 즉각적으로 장로교 원리에 의해 다스려지지는 않았다는 것은 사실이지만,[40] 특히 언약도들의 지역사회를 중심으로 급진적인 변화들이 일어나기 시작했다는 점도 사실이다. 함께 모여 평화적으로 기도할 자유가 있었다. 그들은 함께 모여 아름다운 멜로디로 하나님을 찬양하기를 더 이상 두려움이 없이 할 수 있었다. 네덜란드에서 목사 안수를 받았던 토마스 리닝(Linning)은 렌윅과 알렉산더 쉴즈 이후 남은 자들을 이끌었고 윌리엄 보이드(Byod)와 함께 광야에서 오랜 세월 동안 흩어져 있던 교회

---

39) H. MacPherson, *Scotland's Debt to Protestantism*, (Edinburgh, 1912), 78.

40) 애버딘(Aberdeen)과 그 북동부 지역은 이전에 다른 지역들보다 상당히 낙후된 곳이었다. 심지어 그 곳은 장로교에 호의적인 자들조차도 거의 없는 곳이었다.

오렌지 공 윌리엄(1650-1702)

들을 정착하는 일에 몸을 바쳤다. 그들은 장로교 형제들의 변절을 비난하면서 이전에 종교 자유령을 받아들인 목사들이 회개하지 않는 한 그들과 만남을 거절하였다. 그들은 1689년 3월에 언약을 지키기로 한 자신들의 의지를 재확인하였다. 쉴즈는 언약의 의무들을 배반하는 일의 해악성에 관하여 신명기 29:25절을 가지고 설교하였다. 그 결과 사람들은 박해 기간에 일어난 장로교 동료들의 죄악들뿐만 아니라 자신들의 죄악들까지도 자백하고 회개하였다. 그들은 1688년에 '윌리엄 오렌지 공'의 선포가 변절한 것을 주목하였다. 그는 장로회주의와 스코틀랜드의 자유를 수호하도록 국가의 권력을 수행한다고 했었다. 그런데도, 사실은 신앙고백서와 언약의 수호를 약속하지 않고 하나님을 진정으로 예배하는데 반대하는 모든 이단과 대적들을 제거하기를 거절했다. 언약도들에게는 '오렌지 공 윌리엄'이 교회와 국가 사이에 이루어졌던 종교개혁의 언약적 사역을 무시하는 것으로 보였다.[41] 이러한 사실은 그가 스코틀랜드 의회에게 교회 정치를 '하나님의 영광에 가장 어울리면서도 동시에 대중들의 성향에 가장 어울리는' 방식으로 제정하라고 명령했을 때에 확인되었다. 그 결과 스코틀랜드 의회는 웨스트

---

41) Michael Shields, *Faithful Contendings Displayed*, ed. by John Howie(Glasgoww, 1780), 365, 370, 371.

민스터 신앙고백서는 채택하였으나 장로교회 정치형식은 무시해 버렸다. 언약도들이 스코틀랜드에 세우고자 투쟁했던 교회는 그들이 소망했던 그런 방식으로 세워지지 않았다. 1720년대 후반까지 스코틀랜드의 구백 개 교구 중에는 수백 명의 감독교회 성직자들이 여전히 존재하고 있었기 때문이다.

Bothwell Bridge 전투

비록 언약도들이 위와 같은 사실에 애통하였음에도 불구하고 이들을 교회로 인정하고 받아들인 이유는 그들이 성경적으로 올바른 교회였기 때문이 아니라 박해가 끝났기 때문이었다. 그래서 '남은 자들' 그룹의 지도자 3명은 28년의 박해 기간에 변절했던 목사들과 함께 사람들이 연합하도록 격려하였다.[42] 대부분 사람은 그들의 목사들을 따라 스코틀랜드 교회에 연합하였으나, 보쓰웰 브리지(Bothwell Bridge)에서 비밀 옥외 집회파 군대를 이끌었던 로버트 해밀턴(Robert Hamilton)을 따르는 많은 사람은 교회와 국가에 대항

---

42) 마이클 쉴즈는 이 상황을 다음과 같이 설명했다. '비록 우리가 힘들고 불안한 시대였던 이 살인 시대 동안에 우리를 배반했던 이 목사들을 퇴출할 이유가 충분하지만, 이제 그들이 사라지고 교회가 개혁 운동하며 성장했기 때문에 상황이 많이 바뀌었다. 그 당시에는 싸울 방법이 오직 하나, 곧 그들에게서 물러나는 것이었으나, 오늘날은 다른 방법, 곧 항거하는 데에 연합하여 배반자들과 싸우는 것이다.' Ibid, 421.

해서 저항을 계속하였다. 비타협적인 저항에 직면한 '윌리엄 오렌지 공'은 장로교회 정치형식을 받아들이기 위해서 감독 정치를 폐지해야만 했다.[43] 그리하여 마침내 이전에 제정되었던 장로교 정치형식이 완전히 회복되고 총회가 다시 소집되게 되었다. 성직 임명권은 폐지되었고, 1662년에 추방당한 목사들은 이전의 자기 교구로 복귀하였다. 모든 목사와 목사 후보생들과 장로들은 웨스트민스터 신앙고백서에 동의하도록 규정되었다. 사적인 성찬과 세례는 금지되었다. 자격 미달에 게으르고 부정을 일삼고 잘못을 저지르는 모든 목사를 직분과 성직록에서 추방하는 교회의 권한이 승인되었다. '장로회 제도를 재확립하는 것에 대항하여 혀 놀리는 개도 없고, 감독제도에 투표하는 입도 하나 없었다.'[44] 그러나 그 당시의 영적 상황은 매우 통탄할만했다. 교회 지도층 인사들은 사람들이 교회를 보존하기 위해서 교회의 머리되신 그리스도만을 의지하라고 주장했다. 그들은 이전에 했던 것과 같이 동일한 진리를 선포하였다. 그러나 '큰 희생을 치르고도 살아남았던 그들의 모임은 몇 년도 지나지 않아서 공동체 가운데 분열이 가속화되었다.'[45]

핍박받은 언약도들은 또한 현대 민주주의 정치에 견고한 기초

---

43) 이것은 1690년 7월 7일에 장로교의 요구사항을 충족시키기 위해 법제화되었다. 그러나 로버트 해밀턴과 그 동료들은 이 법의 제정 이후에도 더 열심히 투쟁하였다.

44) Daniel Defore, *Memoirs of the Church of Scotland*, (Perth, 1844), 327.

45) Ian B. Cowan, The Scottish Covenanters, (London, 1976), 145f.

를 제공해주었다. '정치철학의 아버지는 존 로크(John Locke)이지만 그의 철학의 본질은 명예혁명의 정치적 원리들을 예견한 가련하고 멸시당한 언약도들의 저술들에 발견된다.'[46] 바로 이점이 '교회에 대한 국가의 관여는 최소한이어야 한다는 순수한 결의를 확보했던' 그 남은 자들의 사회가 이룩한 엄청난 공헌임을 잊어서는 안 된다. 이 원리를 지키는 것이 후기 언약도들의 투쟁 배후에 있는 진정한 핵심 요소이며[47], 그러한 투쟁은 바로 영적 독립성과 국민적 자유를 얻기 위하여 더욱 '국가의 불관용에 대항한 교회의 보편적인 투쟁'이었다.

---

46) H. MacPherson, *Scotland's debt*, 73-74. 맥퍼슨은 루터포드의 『Lex Rex』를 인용하고 있다. '왕을 만드는 힘은 백성들에게서 나온다. 능력은 곧바로 하늘에서 물려받은 것이 아니다. 그러나 사람의 태생적 존엄성은 하늘에서부터 빌려온 것이다.'

47) Cowan, op. cit. p. 147.

7

결론:
죽어가는 세상을 위한 살아있는 진리

제 7 장

결론:
죽어가는 세상을 위한 살아있는 진리

언약도들의 종교적 실천에서 오늘날 얻을 수 있는 교훈은 무엇일까? 최소한 두 가지 원리를 생각해볼 수 있다: 첫째, 가정예배에 대한 강조와 더불어 성경적 가정관이다. 그들의 종교적 실천이 대부분 가정에서 이루어졌기 때문이다. 둘째, 그리스도의 교회를 순결한 신부로 보존하는 주된 능력인 설교 사역이다. 오늘날 우리는 성경적 가정관을 다시금 강조할 필요성이 크다. 언약도들은 결혼이란 남편과 아내를 서로 돕는 배필이 되도록 하나님께서 정하신 것이라고 믿었다. 그렇기에 한 남자와 한 여자 사이의 결혼 생활은 인류의 생육 번성을 위해서 주님 안에서 지속해야 하는 동시에 간음, 불륜, 성적 부도덕 등 어떤 종류든지 부정하고 타락한 것을 막기 위한 것이라고 믿었다.[1] 딕슨은 그리스도인의 올바른 결혼에 대해 다음과 같이 충고한다: '하나님께서는 처음에 많은 여인과 한

---

1) *Westminster Confession of Faith*, Chapter 24 " Of Marriage and Divorce".

남자를 만드신 것도 아니며, 많은 남자와 한 여자를 만드시지도 않았다. 왜냐하면, 모든 남자는 세상에서 그에게 정해진 한 여자보다 더 많은 여자가 있다고 생각해서는 안되기 때문이다. 모든 여자도 마찬가지다. 그리스도께서는 너희가 나를 떠난다면 나는 너희를 도무지 알지 못하노라고 말씀하셨다.[2]

언약도들에게 가정이란 단지 주님께서 정해주신 사회적 기초 단위일 뿐만 아니라 자녀를 올바른 그리스도인으로 양육하며 교회와 사회에 유익을 끼치는 선한 시민으로 가르치는 중심적 장소이기도 했다. 이런 목적을 위하여 그리스도인 교육의 가장 중요한 수단으로서 가정예배가 활용되었다. 가정예배는 언약도들에게 있어서 가장 중요한 종교적 활동이었다. 가정예배는 개개인들과 가정들과 국가를 변화시키는 영향력을 가진 것이다. 이런 사상은 청교도들에게서도 발견할 수 있다. 청교도들은 하나의 가정을 작은 국가 혹은 작은 교회 혹은 작은 신학교로 여겼으며, 가정에 있는 자녀들과 남종과 여종들을 국가와 교회를 섬기도록 준비시켰다(청교도들의 가정관에 대해서는 필자의 『청교도 신학과 신앙』, 지평서원, 2013, 윌리암 고우지의 *Domestic Life*를 참고하라).

타볼튼(Tarbolton)의 목사인 존 거쓰리는 1663년 다음과 같이 주

---

2)   D. Dickson, op. cit., 15.

장했다. '여기 있는 하나의 가정은 전 국가가 언약을 거부하는 맹세를 할지라도, 내가 이 가정의 가장으로 섬기고 있는 한 나는 여호와만을 섬기겠다…. 교황이나 대주교들을 섬기지 않을 것이다.'[3] 언약도들은 그들의 가정을 그리스도인의 행동과 유용한 성품을 함양하는 장소로 소중하게 여겼다. 오늘날도 가정은 선한 시민들을 길러내는 학교가 되어 모든 사회생활 속에 복을 안겨주는 처소로 간주해야 할 것이다. 오늘날 사회에 대한 교회의 영향력을 잃어버린 영역이야말로 가정에서의 경건 생활 실천이다. 모든 그리스도인 가정들은 부지런히 가정에서의 신앙실천에 힘써야 한다. 가정은 이 땅에서 하나님의 나라를 번성케 하는 주된 영향력을 발휘하는 곳이어야 한다. 언약도들은 참된 경건의 사람들이었다. 그들은 항상 하나님과 교제하며 또한 모든 사람과 교제하며 살았다. 아어가일 후작과 그의 아내 마가렛 더글러스는 언약도의 경건한 삶의 대표적인 모범이었다.[4] 전하는 바에 따르면 후작은 새벽 5시에 규칙적으로 일어나서 8시까지 개인 경건의 시간을 지속하는 습관을 지녔다고 한다. 아침저녁으로 가정예배와 개인 기도하는 것 외에도 그의 부인과 남녀 시종들이 참석한 가운데 함께 정기적으로 기도 모임을 했다. 후작이 처형된 후에 마가렛 부인은 슬픔 속에서 더더욱 하나님을 의지하고 나아갔다: '그녀는 고통스럽고, 싫증나며 끊임없는 괴로움과의 투쟁을 견디어 내는 한편, 믿음과 인

---

3) *Sermons in Times of Persecution*, 673.
4) *Ladies of the Covenant*. 84-4.

내와 순종과 그리스도인의 관대함으로도 끝까지 참아냈다. 이것은 매우 뚜렷이 드러나는 칭찬할 만한 모범이며, 기도와 독서와 말씀 듣기와 찬양과 모든 예배의 의무를 따르는 그 같은 성실함과 헌신이며, 모든 공적이고 사적인 의식과 책임을 항상 지키는 것으로 매주일 교리문답에까지 참석하기를 기뻐했으며, 그것으로 말미암아 큰 유익을 얻게 되었노라고 고백하였다.[5]

언약도들은 삶의 지침과 믿음과 열심과 거룩과 견고함과 온유와 인내와 겸손이라는 그리스도인의 전신 갑주로 무장할 수 있도록 귀중한 교훈을 남겨주었다. 그들은 원수를 위해 기도하고 사형 집행인들까지도 용서했다. 그런 성품들은 고난과 위험 가운데서도 더욱 성장하였다. 그들은 교조적 지성인들도 아니었으며 세상의 고난과 혼란으로부터 도피한 신비적 경건주의자들도 아니었다. 그들은 자신들의 대적 앞에서도 담대히 윤리적 이상을 형성하고 도덕적 기준을 확정한 사람들이었다. 딕슨에 의하면 '몸이란 보통 그것에 따라 붙어오는 무엇인가를 선호하기 마련이므로, 우리가 자라가면서 죄에 익숙해지면 그런 다음에는 죄를 보호하게 마련이다'라고 했다. 참된 신앙은 언제나 그 자체로 적절한 경건의 행동 속에 드러나게 된다. 언약도들의 종교적 실천에서 나타나는 존경할만한 경건의 연습은 설교와 가르침과 훈련에서 드러난 영적 지

---

5)   Ibid. 104.

도력의 열매들이었다.

본 저서는 언약도들이 얼마나 생동감 넘치며, 얼마나 성경적이며, 얼마나 신학적이며, 얼마나 실천적인 사람들이었는지를 보여주고자 했다. 그리고 오늘날의 교회 지도자들도 더욱 성경적이어야 하며 강단에서나 집에서나 모두 거룩한 삶을 구현해야 할 필요가 있어야 함을 역설한 것이다. 그렇지 않으면 위와 같은 리더십의 모범을 보이는 것은 불가능하기 때문이다. 오늘날의 교회에 있어서 영적 전쟁터는 군주의 독재정치나 모든 종교를 장악하려는 특정 당파의 문제에 관한 것이 아니다. 오직 종교적 다원주의와 맞서 싸워야 한다. 언약도들은 진리를 위하여서 그리고 하나님의 권리를 위하여 싸웠기 때문에 세상을 섬기는 최고의 방법은 오직 성경에 순종하는 참된 교회가 되는 것 말고는 없다. 그러면 세상은 그리스도인들을 모든 악에서 자유케 하는 참된 진리의 맛을 다시 볼 수 있다. 이것은 주님께 모든 사람을 충성하도록 이끄는 주된 능력인 설교 사역을 통해서 잘 이루어졌음을 알 수 있다.

이런 의미에서 제임스 커크톤이 그의 책 「스코틀랜드 교회의 비밀과 진정한 역사: 왕정복고에서부터 1678년까지」에서 말한 것은 오늘날 실현될 필요가 있는 것이다: '왕이 돌아오자마자 모든 교구에 목사들이 있게 되었고, 모든 마을에 학교가 생기고 거의 모든 가정이 성경을 소유하게 되었다. 실로 거의 모든 지역에 있는 성년이 된 자녀들은 부모나 목사로부터 성경을 받았기 때문에 성경을 읽을 수 있었다. 모든 목사는 산적한 개인적인 공무를 떠나서 믿음의 분량에 따라 일주일에 세 번 설교하고, 교리문답을 한 번 강론할 의무가 있었다. 장로교가 존속하는 한 그 누구도 수치스러운 생활을 하거나 자신의 직무를 게을리하거나 할 수 없었다…. 자신이 진실로 하나님께로부터 소명 받은 자라는 것을 증거하기 위해서라도 자신의 목회사역에 신적인 승인(인침)을 받지 않고는 그 누구도 스스로를 만족할 수 없었을 정도였다. 나는 오랫동안 나의 교구에서 헛된 맹세하는 것을 목격하지 못했는데, 만약 그런 맹세하는 것을 하나라도 들으려면 몇 마일 더 멀리 가야 할지도 모르겠다. 이 나라의 대부분 지역 어느 집에서 묵어가더라도 주님께 예배하기 위해 말씀을 읽고, 찬양하고, 공적인 기도를 하는 집들을 거의 다 만나게 되었다. 자신의 가게가 교회 때문에 파탄했다고 탄식하는 선술집 주인만큼 교회를 악평하는 사람이 보이지 않았을 정도로 거의 모든 사람이 매우 건전하게 되었다.[6]

교회의 지도자들은 사회의 요구사항을 주목하기보다는 그리스도를 닮아가는 데에 더 힘을 기울여야 한다. 그들이 굳건하게 붙잡아야 하는 원리들은 모든 사람이 복종해야 할 하나님 말씀의 절대적 권위, 영적인 문제들에 관한 교회의 독립적인 사법권, 오직 말씀에 따라 시민적 업무들에 대해 행사하는 통치자의 독립적인 권

---

6) James Kirkton, *The Secret and True History of the Church of Scotland*(Edinburgh,1817), 63-64.

한이다. 설교는 성경 중심적이어야만 한다. 모든 시대의 사람들은 나이를 불문하고 이 땅의 삶을 위해서 뿐만 아니라 영생을 위해서도 하나님의 말씀을 들어야 한다. 성경은 단지 종교적이고 교회적인 사안들에 있어서만 표준으로 여겨질 것이 아니라 인간사의 모든 관계와 활동에서도 또한 최고의 궁극적인 기준이어야 한다. 교회의 권징은 하나님의 말씀에 따라 정당하게 집행되어야 한다. 목사들은 복음적 설교와 실천적인 경건의 삶을 통해서 사람들을 하나님께로 가까이 인도하는 영혼을 사랑하는 자라야 한다. 그러한 방식으로 성경적 기준과 가치를 가정에서나 일터에서나 살아있는 진리로 장려하기에 힘써야 한다.

언약도들이 보이지 아니하는 주님을 바라봄으로써 참고 인내했던 것처럼 오늘날 교회의 지도자들도 코람 데오(*Coram Deo*, 하나님 앞에서)의 기치를 확실하게 주장해야만 한다. 그들은 하나님 앞에 있는 듯이 살아야만 한다. 그들의 삶의 특징은 '에반겔리움 라이체'(*evangelium laice*, 평신도들의 복음이다. 라틴어 표현)'이어야 한다. [7] 신자들이 말씀을 듣고 존경해야 하는 교회의 모든 지도자는 그리스도께서 제정하고 지명하신 방법에 따라 합법적으로 임명된 목사들이어야 한다. 렌윅은 참된 설교 사역의 3가지 의무를 다음과 같이 열거하였다:

---

7) *Vita cleric est evangelium laice*(성직자의 삶은 평신도의 복음이다).

(1) 그리스도의 전권대사로서 목사는 '건전한 교리를 굳게 붙드는' 자라야 한다(딤후 1:13). 그리고 복음의 근본적 진리에 풍성히 젖어있는 자라야 한다.

(2) 사도 바울을 따라서 목사들도 '모든 사람의 피에 대해 무죄하며, 모든 사람에게 하나님의 모든 경륜을 선포하기를 꺼리지 않는 자'라고 말할 수 있어야만 한다(행 20:26-27). 목사들은 사람들의 죄악과 그 유혹들, 매일 이행해야 할 의무들과 위험들에 대해 선포해야만 한다.

(3) 목사들은 말씀을 신실하게 전해야 한다. 그들의 설교 사역은 때를 얻든지 못 얻든지 언제나 지속적이어야 한다.[8]

이와 같은 목사들은 오늘날에도 매우 귀중히 여김을 받을 것이며, 귀한 면류관과 큰 영광을 한 몸에 받는 귀한 자들이 될 것이다. 신앙고백과 교리문답을 활용함에서도 오늘날 교회 지도자들은 다음 세대들을 하나님을 아는 지식으로 교육하려는 방편으로 언약도들이 사용했던 방식으로 추구해야만 한다. 이러한 문서들은 오늘날 교회들이 그리스도인 교육을 감당하면서 활용 가능한 가장 귀중한 유산들 가운데 속하는 것이다. 자녀들은 모든 생활 방식 가운데 빛과 같이 거룩하게 빛나며, 비뚤어지고 타락한 세상 가운데 하나님의 자녀로서 흠도 없고 점도 없이 순결케 하는 교육을 받을 필

---

8) James Renwick, *Sermons*, 567.

요가 있다. 세상은 사탄이 지배하고 있는 사람들을 일으켜 세우는 선한 그리스도인들이 필요하다. 가정예배, 개인 경건, 말씀 읽기와 기도는 오늘날 사회에서 그리스도인들을 최고의 시민으로 만드는 필수적 도구들이다. 카메론이 말한 것처럼 '사회적 의는 절대적인 명령이다.'[9] 렌윅에게 있어서 하나님의 백성들이란 의로운 자들이며 동시에 의롭게 사는 자들이었다. 그리스도인들의 마음속에 꼭 새겨야 할 것은 '그리스도 예수 안에서 진실로 경건하게 살려는 자는 핍박을 받을 것이라'는 점이다(딤후 3:12).

장로들은 성도 중에 가정예배에 소홀한 자나 기도와 경건의 능력을 비웃는 자들, 불경건하고 수치스러운 자들을 관심을 기울이고 심방하여 그들이 견책을 달게 받을 수 있도록 해야 한다. 또한 은혜가 넘치는 삶을 추구하고 하나님을 구하는 자들에게 특히 주목하고 그런 일에 그들을 더욱더 강해지도록 격려해야 한다. 능력 있는 설교와 가르침과 동반되는 이러한 사역은 흑암의 자녀들 가운데서 거룩한 백성들을 낳는 복된 수단들이다. 이것은 모든 점에서 이 시대에 가장 훌륭한 종교가 될 것이다. 언약도들과 관련하여 "여호와 앞에 기념책에 기록된 자들이 있었던 것처럼" 오늘날 교회도 여호와를 경외하며 그 이름을 존중히 여기는 자들을 위하여 준비된 주님의 기념책에 쓰임을 받는 것이 될 것이다.

---

9)   James Barr, *The Scottish Covenanters*(Glasgow, 1946), 232에서 인용.

이제 모든 결론을 맺고자 한다. 언약도들은 이러한 강력한 원리들을 붙잡았던 사람들이었다. 그들이 믿었던 바가 그들의 삶의 형태를 만들었다. 그들은 그들의 믿음대로 거룩하게 효과적으로 가르치고 선포했다. 그와 반대로, 오늘날 어떤 그리스도인들은 동일한 진리를 믿으면서도 그 정도에 있어서는 훨씬 못 미치게 자신들의 실천이 뒤따르지 않는 것을 보여준다. 오늘날의 교회는 다시금 진리에 신실하고 충성 되어서 교회가 그리스도에게 속한 신부임을 세상이 알도록 할 필요가 있다. 이 글은 그리스도인 삶의 모든 측면에서 쇠락해가는 듯이 보이는 오늘날 교회들에게 스코틀랜드 언약도들의 중요성을 알리기 위해서 특별히 스코틀랜드 언약도들의 영적 경험에 초점을 두었다. 한 지역 장로교회의 목사로서 저자는 다시 한 번 그러한 언약도들의 소망이 이와 같은 확신으로 되살아나기를 진심으로 바란다. 오늘날 죽어가는 이 시대에 살아있는 진리가 되기를!

Soli Deo Gloria!

BIBLIOGRAPHY

BIBLIOGRAPHY

Aikman, J, *Annals of the Persecution in Scotland*, Hugh Paton, Edinburgh, 1842.

_____. *The History of Scotland*, 6 Vols. Blackie and Son, Glasgow, 1845.

Ainslie, J. L. 'The Chruch and people of Scotland, 1645-1660: influences and conditions' in RSCHS, vol. 9, 1947.

Anderson, J. *The Ladies of the Covenant*, Blackie & Son, Glasgow, 1857.

Argyll, Duke of, *Presbytery examined*, Edward Moxon, London, 1849.

Baillie, R. *The letters and Journals of Baillie*, 3 vols, ed, by David Laing, Robert Ogle, Edinburgh, 1841.

Barr, J. *The Scottish Covenanters*, John Smith & Son, Glasgow, 1946.

Bennet, G. V. & Walsh, J. D. *Essays in Modern Church History*, A. & C. Black, London, 1966.

Blaikie, W. G. *The Preachers of Scotland*, The Banner of Truth Trust, Edinburgh 2001.

Blair, R. *The life of Mr Robert Blair*, ed, by T. M'Crie, The Wodrow Society, Edinburgh, 1848.

Brodie, *Dairies of the Laird of Brodie*, 1652- 1685, Spalding Club, Aberdeen.

Burleigh, J. H. B. *A Church History of Scotland*, Hope Trust, Edinburgh, 1983.

Calvin, J. *Institutes of the Christian Religion*, ed, by John McNeill, The Westminster Press, 1967.

Cameron, J. K. *The First Book of Discipline*, The Saint Andrew Press, Edinburgh, 1972.

Campbell, W. M. 'The Scottish Westminster Commissioners and Toleration',

In RSCHS, vol. 9, 1947.

_____. *The Triumph of Presbyterianism,* The Saint Andrew Press, Edinburgh, 1958.

Chambers, R. *Domestic Annals of Scotland,* W&R Chambers, Edinburgh, 1874.

Christie, G. 'Scripture Exposition in Scotland in the Seventeenth Century', in RSCHS, Vol.1, 1929.

Clark, I. M. A *History of Church Discipline in Scotland,* W. & W. Lindsay, Aberdeen, 1929.

Collins, G.N.M. *The Heritage of our Fathers,* The Knox Press, Edinburgh, 1974.

Cowan, I. B. 'The Covenanters' ; A revision article in SHR, Vol. 47, 1968.

_____. *The Scottish Covenanters,* Victor Gollancz Ltd, London, 1976.

Cramond, W. *Annals of Bannf,* Vol. 2, New spalding Club, Aberdeen, 1893.

Defore, D. *Memoir of the Church of Scotland,* James Dewar, Perth, 1844.

Dickinson, W. C. and Donaldson, G. A. *Source Book of scottish History,* vol. 3, Nelson, Edinburgh, 1961.

Dickson, D. *The Duty of Man in Choice Sentences,* Andrew Symson, Edinburgh, 1702.

_____. *An Exposition of all St. Paul's Epistles,* R. I., London, 1659.

_____. *True Christian Love,* Edinburgh, 1701.

Dodds, J. *The Fifty Years' Struggle of the Scottish Covenanters,* Houlston and Sons, London, 1868.

_____. *Lays of the Covenanters,* John Maclaren & Son, Edinburgh, 1880.

Donaldson, G. *The Making of the Scottish Prayer Book of 1637,* Edinburgh University Press, 1954.

_____. *Scottish Historical Documents,* Scottish Academic Press,

Edinburgh, 1970.

_____. *Scotland: James V to James VII,* Oliver & Boyd, Edinburgh, 1971.

_____. *Scottish Church History,* Scottish Academic Press, Edinburgh, 1985.

Douglas, J. D. *Light in the North,* The Paternoster Press, 1964.

Drummond, A. L. *The Kirk and the Continent,* The Saint Andrew Press, Edinburgh, 1956.

Durham, J. *Christ Crucified,* London, 1723(orig. Edinburgh, 1683).

_____. *An Exposition of the Whole Book of Job,* Glasgow, 1757.

_____. *The Great Gain of Contenting Godliness, Commended in FourSermons,* Heir of A. Anderson, Edinburgh, 1685.

_____. *Heaven Upon Earth,* Heir of A. Anderson, Edinburgh, 1685.

_____. *The Law Unsealed : A Practical Exposition of the Ten Commandments,* D. Shaw, London, 1675.

Fleming, H. *The Story of the Scottish Covenanters,* Oliphant, Anderson & Ferrier, Edinburgh, 1904.

_____. *The Fulfilling of the Scripture,* Rotterdam, 1671.

Foster, W. R. *The Church before the Covenant,* Scottish Academic Press, Edinburgh, 1975.

_____. *Bishop and Presbytery,* S.P.C.K. London, 1958.

Graham, H. G. "King, Kirk and Covenant", in *Scottish History and Life,* ed, by James Paton, James Maclehose & Sons, Glasgow, 1902.

Grant, M. *No King but Christ,* Evangelical Press, 1988.

The Lion of the Covenant, Evangelical Press, 1997.

Guthrie, W. *The Christian's Great Interest,* Free Presbyterian Publication, Inverness, 1969(orig. 1658).

Hamilton, R. A. *A Cloud of Witness and Naphtali,* W. R. M'phun, Glasgow, 1846.

Henderson, G. D. *The Burning Bush,* The Saint Andrew Press, Edinburgh, 1957.

_____. *Religious Life in Seventeenth Century Scotland,* Cambridge University Press, 1937.

_____. *The Scottish Ruling Elder,* James Clark, London, 1935.

_____. *The Claims of the Church of Scotland,* Hodder & Stoughton Ltd, London, 1951.

Heron, A. I. *The Westminster Confession in the Church Today,* The Saint Andrew Press, Edinburgh, 1982.

Herron, A. *Kirk by Divine Right.* The Saint Andrew Press, Edinburgh, 1985.

Hetherington, W. M. *History of the Westminster Assembly of Divines,* R. Carter. erpr. 1993

Hewison, K. J. *The Covenanters,* 2 vols. John Smith & Son, Glasgow, 1908.

Howie, J. *Lives of the Scottish Covenanters,* W. R. M'phun, Glasgow, 1858.

_____. *Sermons Delivered in Times of Persecution in Scotland,* Johnstone, Edinburgh, 1880.

Jackson, C. *Restoration Scotland,* 1600-1690, Boydell Press, Suffolk, 2003.

Johnston, J. C. *Alexander Peden,* Mourne Missionary Trust, 1988.

_____. *Treasury of the Scottish Covenant,* Andrew Elliot, Edinburgh, 1887.

Kerr, J. *First International convention of Reformed Presbyterian Churches,* Alex. Malcolm & Co., Glasgow, 1896.

_____. *The Covenants and the Covenanters,* R. W. Hunter, Edinburgh, 1895.

Kerr, R. P. *The Blue Flag,* Athena Books, Barocelona, 2004.

Kirk, J. *The Second Book of Discipline,* The Saint Andrew Press, Edinburgh, 1980.

Kirkton, J. *The Secret and True History of the Church of Scotland,* James Ballantyne and Co., Edinburgh, 1817.

Knox, J. *Works,* vol.3 ed, by David Laing, Wodrow Society, Edinburgh, 1846-64.

Lane, J. *The Reign of King Covenant,* R. Hale : London 1956

Lee, M. 'Scotland and the General Crisis of the Seventeenth Century',

in SHR, vol.63, Oct. 1984.

Lindsay, *Religious Life in Scotland,* T. Nelson and Sons, London, 1888.

Livingston, J. *A Brief Historical Relation of the Life of Mr. J. Livingston,* ed,

by T. Houston, 1848.

Loane, M. L. *Sons of the Covenant,* Angus & Robertson, Sydney, 1963.

Love, D. *Scottish Covenanter Stories,* Neil Wilson Publishing, Glasgow, 2000.

Lumsden, J. *The Covenants of Scotland,* Alexander Gardner, Paisley, 1914.

Makey, W. *The Church of the Covenant 1637-51,* John Donald, Edinburgh, 1979.

Marshall, G. *Presbyteries and Profits,* Clarendon, Press, 1980.

Macpherson, H. *The Covenanters under Persecution,* W. F. Henderson, Edinburgh, 1923.

_____. 'The Political ideals of the Covenanters',1660-88, in RSCHS, VoL. I, 1926

_____. *Scotland's Battles for Spiritual Independence,* Oliver & Boyd. Edinburgh,

1905.

_____. *Scotland's Debt to Protestantism,* William Blackwood and Sons, Edinburgh, 1912.

_____. *Outlaws For Freedom,* sketches of the persecuted Covenanters, The Protestant Institute of Scotland, Edinburgh, 1956.

M' Crie, T. *Memoirs of Mr. W. Veitch and Mr G. Brysson,* William Blackwood, Edinburgh, 1825.

_____. *Sketches of Scottish Church History,* 2vols, Edinburgh, 1846-9.

_____. *The Story of the Scottish Church,* Bell and Bain Ltd., Glasgow, 1874.

Mason, R. A. 'Usable Past: History and identity in Reformation Scotland' in SHR. Vol. LXXVI, 1. No. 201. 1997.

Meikle, J. 'The Seventeenth Century Presbytery Meigle', in RSCHS, Vol.5, 1935.

Mitchison, R. *Lordship to Patronage: Scotland 1603-1745,* Edinburgh, 1983

Mitchell, A. F. *Catechisms of the Second Reformation,* James Nisbet & Co.. London, 1886.

Moore, E. N. *Our Covenant Heritage,* Christian Focus Publications Ltd, 2000.

Morrill. J. *The Scottish National Covenant in its British Context,* Edinburgh, 1990

Morton, A, S *Galloway and the Covenanters,* Alexander Gardner, Paisley, 1914

Murray, G. I. *Records of Falkirk Parish,* Dunken & Hurray, Falkirk, 1887.

Nisbet, J. *The Private Life of the Persecuted,* William Oliphant, Edinburgh, 1827.

Ogilvie, J. D. 'Church Union in 1641' in RSCHS, Vol. 1, 1926.

Paterson, R. C. *A land Afflicted,* John Donald publishers Ltd, Edinburgh, 1998.

Patrick, M. *Four Centuries of Scottish Psalmody,* Oxford University Press, 1949.

Peterkin, A. *Records of the Kirk of Scotland,* John Sutherland, Edinburgh, 1838.

Pollock, R. *Tales of the Covenants,* Oliphant, Anderson & farrier, Edinburgh, 1912.

Prothero, R. E. *The Psalms in Human Life,* John Murray, London, 1920.

Pryde, G. S. *Scotland from 1603 to the Present Day,* Thomas Nelson & Sons Ltd.. Edinburgh, 1962.

Reid, D. *The Party-Coloured Mind,* Scottish Academic Press, Edinburgh, 1982.

Reid, J. M. *Kirk and Nation.* Skeffington, London, 1960.

Renwick, J. *A Choice Collection of very Valuable Prefaces, Lectures and Sermons,* Glasgow, 1804.

Rollock, R. *Certain Sermons upon Several Texts of Scriptures,* Edinburgh, 1616.

_____. *Lectures upon the First and Second Epistle of Paul to the Thessalonians,* Edinburgh, 1606.

Ross, W. *Glimpses of Pastoral Work in the Covenanting Times,* James Nisbet & Co., London, 1877.

Row. W, *The Life of Mr Robert Blair,* Edinburgh, 1848

Rutherford, S. *Letters,* ed, by Andrew A. Bonar, Oliphant, Anderson & farrier, Edinburgh, 1891.

Scott, H. *Fasti Ecclesiae Scoticanae,* W. Paterson, Edinburgh, 1866.

Shields, A. *A Hind Let Loose,* William Paton, Glasgow, 1797.

Shields, M. *Faithful Contendings Displayed,* ed. by John Howie, Glasgow, 1780.

Simpson, R. *The Banner of the Covenant,* John Johnstone, Edinburgh,1847.

_____. *Traditions of the Covenanters,* Gall and Inglis, Edinburgh 1929.

Smellie, A. *Men of the Covenant,* Andrew Melrose, London, 1909.

Stevenson, D. T*he Covenanters,* Saltire Pamphlets, No.11, Edinburgh, 1988.

_____. *The Scottish Revolution,* 1637-44 : The Triumph of the Covenanters, Newton Abbot: David & Charles, 1973.

_____. 'The Financing of the Cause of the Covenanters, 1638-51', in SHR, Vol.51. April,1972.

_____. *Revolution and Counter Revolution,* The Royan HistoricalSociety, London, 1977.

_____. *King Or Covenant,* Tuckwell Press, 1996.

Taylor, J. *The Scottish Covenanters,* Hodder & Stoughton, 1889.

Todd, A. B. *Covenanting Pilgrimages and Studies,* 0liphant, Anderson & Ferrier, Edinburgh, 1911,

Torrance, J. B. 'Covenant or Contract' in SJT, Vol.23, 1970.

Torrance, T. F. *The School of Faith,* Clarke, tendon, 1959.

Vos, J. G. *The Scottish Covenanters,* Crown and Covenant Publications, Pennsylvania, 1940.

Walker, J. *The Theology and Theologians of Scotland,* T.& T. Clark, Edinburgh, 1880.

Walker, P. *Biographia Presbyteriana,* 2 vols, D. Speare & J. Stevenson, Edinburgh, 1827.

_____. *Six Saints of the Covenant,* 2 Vols, Hodder & Stoughton,London, 1901.

Walsh, J "Origin of the Evangelical Revival" in Essays in *Modern Church History,* ed, by G. G. Bennett & J. D. Walsh, London, 1966.

Watson, T. *Heaven taken by storm,* Soli Deo Gloria, Pennsylvania, repr. 1997

Wedderburn, A. *Heaven upon Earth,* John Reid, Edinburgh, 1703.

Wedgwood, C. V. 'The Covenanters in the first Civil War', in SHR, Vol.39, April, 1960.

Westerkamp, M. J. *Triumph of the Laity,* Oxford University Press, 1988.

Wright, D. *The Bible in Scottish Life and Literature,* The Saint Andrew Press, Edinburgh. 1988.

Wodrow, R. *The History of the Sufferings of the Church of Scotland,* 4 Vols, Blackie, Fullarton & Co., Glasgow, 1828.

Special Issues

Tercentenary Of the National Covenant of Scotland, Blackie & Son Ltd, London, 1939.

A Testimony to the Truths of Christ, Associate Synod of Original Seceders, Richard Cameron, Edinburgh, 1896.

Periodicals

Scottish Journal of Theology (SJT)

Records of Scottish Church History Society (RSCHS)

The Scottish Historical Review (SHR)

The Banner of Truth Magazine

Murray, I. H 'The Scots at the Westminster Assembly'The Banner of Truth Magazine, 1994

Flinn. R 'Samuel Rutherford and Puritan Political Theory', Journal of

Christian Reconstruction 5:2, 1978-9.

Modern Church History, ed, by G. G. Bennett & J. D. Walsh, London, 1966.

Manuscripts

Acts of the Parliament of Scotland Lauderdale Papers , MS 2512 in the National Library of Scotland. Ellis is Original totters. Vol. 7.

Unpublished theses

Tweed R. B. Cargill's family background, Ph.D. Thesis, Edinburgh University, 1964.

Weir, T. E. Pastoral Care in the Church of Scotland in the 17th Century, Ph.D. Thesis, Edinburgh University, 1961.

Dictionary

The Concise Scots Dictionary, ed. Mairi Robinson, Aberdeen University Press, 1985.

Dictionary of Scottish Church History & Theology, ed. M. de. S. Cameron, T & T Clark, Edinburgh, 1993.